Die Rolle der Kognition in der Therapie schizophrener Störungen

DIE ROLLE DER KOGNITION IN DER THERAPIE SCHIZOPHRENER STÖRUNGEN

Hans-Peter Volz
Siegfried Kasper
Hans-Jürgen Möller
Gabriele Sachs
Annett Höse

Hrsg.
Hans-Jürgen Möller
Siegfried Kasper

Deutscher Universitäts-Verlag

Die Deutsche Bibliothek - CIP-Einheitsaufnahme

Die Rolle der Kognition in der Therapie schizophrener Störungen / Hans-Peter Volz ...
Hrsg. Hans-Jürgen Möller ; Siegfried Kasper. - Wiesbaden : Dt. Univ.-Verl., 2000
  (DUV : Medizin)
  ISBN 3-8244-2146-1

Der Deutsche Universitäts-Verlag ist ein Unternehmen der Fachverlagsgruppe BertelsmannSpringer.

http://www.duv.de
Herstellung: Gütersloher Druckservice GmbH, Gütersloh
Gedruckt auf säurefreiem Papier
Printed in Germany

ISBN 3-8244-2146-1

Inhalt

Vorwort

Kognitionsstörungen bei schizophrenen Patienten rücken immer stärker in das Zentrum des Interesses. Solche Defizite wurden zwar bereits von KRAEPELIN und BLEULER beschrieben, in den darauf folgenden Jahrzehnten aber wenig beachtet. Erst nach intensiven Forschungen, die zeigten, dass Kognitionsstörungen für die schizophrene Symptomatik und vor allem für den Verlauf der Erkrankung entscheidend sind, fanden solche Defizite wieder verstärkt Beachtung. Höchste Zeit also, das aktuelle Wissen zu diesem Thema zusammenzufassen.

In dem vorliegenden Buch wird der Versuch unternommen, die in mancher Hinsicht komplexen Zusammenhänge klar und übersichtlich darzustellen. Neben den z.T. gravierenden Folgen schizophrener Kognitionsstörungen und der Therapie kognitiver Defizite werden die möglichen Ursachen dieser Einschränkungen erörtert. Wir hoffen, mit diesem Buch einen Beitrag zu einem erweiterten Schizophrenieverständnis zu leisten und so auch die Behandlungsstrategien zu verbessern.

Siegfried Kasper und
Hans-Jürgen Möller,
Wien / München, im Sommer 2000

1. Kognitive Prozesse - eine Einführung
- H.-P. Volz -

Unter kognitiven Funktionen versteht man bewusste und unbewusste Vorgänge, die bei der Verarbeitung externer und interner Informationen ablaufen. Hierzu gehören Wahrnehmung, Erkennen, Vorstellen, Denken, Gedächtnis, Handlungsplanung und Kommunikation. In ihrer Gesamtheit umfassen diese Leistungen:

- integrative, multisensorische und erfahrungsgeleitete Wahrnehmungsprozesse;
- Vorgänge, die sowohl das Erkennen als auch die kontextgerechte Wertung von Objekten, Personen sowie Ereignissen umfassen;
- Prozesse, die sich bewusst oder unbewusst auf der Grundlage interner Repräsentationen (Modellvorstellungen, Hypothesen etc.) vollziehen;
- Prozesse, die Aufmerksamkeit, Erwartungshaltungen und aktives Erkunden der Reizsituation voraussetzen sowie
- „mentale Aktivitäten" wie Gedächtnis und Denken.

Die so charakterisierten kognitiven Leistungen sind gegen folgende Sachverhalte abzugrenzen:

- rein physiologische Vorgänge, wie sie an Zellmembranen und Synapsen ablaufen und das funktionelle Substrat kognitiver Leistungen repräsentieren;
- neuronale Prozesse auf Zellebene, wie z.B. wellenlängen-, tonhöhen- und orientierungsspezifische Reaktionen von Nervenzellen, bzw. einfache Reiz-Reaktionsbeziehungen wie bei mono- und oligosynaptischen Reflexen, Habituation und Sensibilisierung und schließlich
- so genannte präkognitive Prozesse wie Konstanzleistungen (Farb-, Helligkeits-, Form-, Größen-, Bewegungs- und Richtungskonstanz), einfache Wahrnehmungsleistungen im Rahmen der Figur-Hintergrund-Unterscheidung sowie das automatisierte Segmentieren komplexer Szenen nach Gestalten, das Erkennen einfacher Ordnungszustände, Muster und Objekte. Diese präkognitiven

Prozesse laufen grundsätzlich vorbewusst ab.

1.1 Was sind kognitive Prozesse?

In diesem Abschnitt sollen einzelne Teilbereiche, die Kognition ausmachen, gesondert betrachtet werden. Diese Darstellung erhebt keinen Anspruch auf Vollständigkeit, vielmehr wird versucht, den Blick für Prozesse zu schärfen, die häufig unbemerkt ablaufen und bei Patienten mit schizophrenen Störungen eine krankheitsbedingte, zuweilen bizarr anmutende Störung erfahren.

1.1.1 Wahrnehmung

In Bezug auf die Wahrnehmung können frühe und späte Verarbeitungsprozesse unterschieden werden. Unter früher Verarbeitung versteht man die Fähigkeit, in einem kurzen Moment eine große Zahl von Einzelinformationen zu erfassen, ohne hierfür kognitive Strategien im engeren Sinne einzusetzen.
Bei späten Verarbeitungsprozessen kommt die Interpretation und Bedeutungszuweisung der über verschiedene Sinneskanäle aufgenommenen Informationen hinzu.

Umweltereignisse können nicht direkt auf das Nervensystem einwirken. Im Rahmen der sensorischen Transduktion erfolgt zunächst eine Umwandlung in die neuroelektrisch-neurochemische „Einheitssprache des Nervensystems". Dies bedeutet eine „Übersetzung" in Nervenzellimpulse (neuro*elektrisch*), die an Synapsen (neuro*chemisch*) verschaltet werden. Während dieses Prozesses werden die aufgenommenen Stimuli durch die primären Sinneszellen und ihnen nachgeschaltete sensorische Neurone aus Kapazitäts- und Effizienzgründen nicht in ihrer ursprünglichen Komplexität repräsentiert, sondern in Elementarereignisse zerlegt. Letztlich erzeugt das Gehirn alle Wahrnehmungsinhalte, so einfach sie auch subjektiv erscheinen mögen, durch Kombination und Ergänzung dieser Elementarereignisse. Ein analoger Vorgang findet etwa beim Einscannen einer Abbildung in einen PC statt. Die vielfältigen Informationen des Bildes, wie Formen und Farben, werden in die Digitalsprache des Computers, also 0 und 1, übertragen, allerdings in ganz bestimmter Ordnung.
Anders als beim Einscannen überprüft das Zentralnervensystem Umweltreize allerdings nicht ungeprüft, da sie für die Sinnesorgane häufig uneindeutig und räumlich-zeitlich

stark veränderlich sind. Sie müssen daher zunächst aufgrund gehirninterner Prinzipien interpretiert, stabilisiert und zu einer kohärenten Wahrnehmung zusammengefügt werden. So ist es z.B. aufgrund dieser Mechanismen einem Menschen möglich, anhand weniger Striche sofort einen Buchstaben oder eine Zahl zu erkennen, also die fehlenden Gestaltanteile zeitnah zu ergänzen.

Hieraus geht hervor, dass Wahrnehmung selektiv, konstruktiv und interpretativ vonstatten geht und in jedem Falle mehr als den bloßen Gebrauch unserer Sinne darstellt.

1.1.2 Aufmerksamkeit

Die Begriffe Aufmerksamkeit und Konzentration werden häufig synonym gebraucht. Unter (gerichteter oder selektiver) Aufmerksamkeit wird die Auswahl eines bestimmten Reizes, auf den wir dann unsere bewusste Wahrnehmung ausrichten, aus zahlreichen anderen Reizen verstanden. Sie erfordert also die Auswahl eines kritischen Reizes aus einer Anzahl ablenkender Reize (Distraktoren).

Aufmerksamkeit stellt allerdings eine begrenzte physische Ressource dar. Daher kommt es darauf an, wie wir diejenige sensorische Eingangsinformation auswählen, die weiter analysiert werden soll. Im Folgenden kommen einige der theoretischen Ansätze zur Erklärung des Phänomens der selektiven Aufmerksamkeit zur Spache:

Die so genannte Filtertheorie postuliert, dass nur bestimmte, relevante Informationen aus einer Vielzahl unwichtiger Reize „herausgefiltert" werden. BROADBENT (1958) ging in einem der ersten filtertheoretischen Ansätze zur selektiven Wahrnehmung davon aus, dass wir eintreffende Informationen nach physikalischen Charakteristika ordnen.

TREISMAN (1960, 1964) formuliert in seinem Abschwächungsmodell, dass Informationen nicht einfach herausgefiltert, sondern so verarbeitet werden, dass die Eindrücke, die sie hinterlassen, immer schwächer werden. Somit werden die meisten der eintreffenden Stimuli nicht beachtet, sondern nur solche, die eine besondere Bedeutung für uns besitzen. Das Abschwächungsmodell impliziert, dass alle eintreffenden Informationen zunächst auf ihre Bedeutungsinhalte hin analysiert werden, und zwar auch dann, wenn es sich um sehr schwach ausgeprägte Reize handelt.

NEISSER (1976) hingegen vertritt die Ansicht, dass wir aktiv nach Informationsreizen suchen, die auf unseren Vorerfahrungen und Erwartungen basieren. In seinem Konzept des Wahrnehmungszyklus verlässt er die Vorstellung von der passiven Informationsaufnahme. Er nimmt an, dass antizipatorische Schemata unsere Aufmerksamkeit und konzeptuelle Perzeption bei der Auswahl wahrzunehmender Informationen aus der Umwelt lenken. Darüber hinaus modifizieren dieselben Informationen unsere Schemata und damit die Richtung, in der wir als nächstes nach Informationsreizen Ausschau halten. Insbesondere jene Reize, die unseren antizipatorischen Schemata widersprechen, ziehen unsere Aufmerksamkeit auf sich und veranlassen uns, die Richtung unserer Aufmerksamkeit zu überprüfen und ggf. zu verändern. Insofern unterliegt unsere Aufmerksamkeit einer ständigen Modifikation und Anpassung, die von den Reizen selbst gesteuert wird.

Vom informationsverarbeitenden Standpunkt aus betrachtet sind die Modelle zur Beschreibung aufmerksamkeitsrelevanter Prozesse rein hypothetisch; auch neuroanatomisch sind sie nicht belegbar. Sie dienen jedoch dazu, beobachtbares Verhalten zu erklären und in gewissem Umfang vorhersagen zu können und es somit für Problemlösungsstrategien und zur Beurteilung krankheitsbedingt gestörter Aufmerksamkeitsleistungen nutzbar zu machen.

1.1.3 Gedächtnis

Unser Gedächtnis versetzt uns in die Lage, erworbenen Erfahrungen einen Sinn zu verleihen und aus ihnen zu lernen. Ohne Gedächtnis wäre uns alles und jedes fremd, Kommunikation und Orientierung in unserer gewohnten Umgebung wären unmöglich und auch motorische Automatismen müssten täglich neu erlernt und geübt werden. Man kann also ganz allgemein formulieren: Gedächtnis ist die Speicherung von Erfahrungen und Lerninhalten.

Sensorische Gedächtnisspeicher stellen die erste Stufe der Informationsverarbeitung dar. In ihnen werden sehr kurzlebige visuelle (ikonisches Gedächtnis) oder auditive (echoisches Gedächtnis) Stimuli für ca. eine halbe Sekunde gespeichert.

Der größere Teil unserer Gedächtnisleistung erstreckt sich jedoch über Zeiträume, die die Kapazität der sensorischen Speicher bei weitem übersteigen und daher zusätzliche Speichersysteme erforderlich machen. Etwas länger werden Informationen behalten, wenn sie in unser *Arbeitsgedächtnis* übertragen worden sind. Dort stehen sie so lange bereit, wie sie zum unmittelbaren Lösen einer Aufgabe (z. B. Zwischensumme beim Addieren behalten) gebraucht werden. Durch Üben, Wiederholen oder wenn Informationen eine ganz außergewöhnliche Bedeutung für uns haben, kann ein Transfer in das *Langzeitgedächtnis* erfolgen. Dort sind sie dann auch nach längerer Zeit immer wieder abrufbar und die von ihnen geformten, in ihrem Mechanismus unbekannten Gedächtnisspuren (Engramme) verstärken sich bei jeder Benutzung und bleiben mitunter ein Leben lang erhalten. Hiermit ist eine erste Einteilungsmöglichkeit des Gedächtnisses, nämlich in sensorisches Gedächtnis, Arbeits- und Langzeitgedächtnis, aufgezeigt worden. Diesen drei Teilbereichen gemeinsam sind die Basisfunktionen *Enkodieren, Speichern* und *Abrufen* von Informationen. Fehler auf einer dieser drei Stufen führen in jedem Fall zum Vergessen.

Enkodierung

Unter Enkodierung versteht man die Übersetzung aufgenommener Informationen in einen speicherfähigen Code. Obwohl die diesem Vorgang zugrunde liegenden Mechanismen noch nicht vollständig aufgeklärt sind, kann davon ausgegangen werden, dass Wahrnehmungs- und Aufmerksamkeitsprozesse maßgeblich an der Enkodierung von Informationsinhalten beteiligt sind. Der Grad an Aufmerksamkeit, den wir einem Ereignis beimessen, ist Voraussetzung dafür, ob eine Weiterverarbeitung und fortgesetzte Reizanalyse stattfindet oder nicht. Zahlreiche Gedächtnisprobleme lassen sich daher auf mangelnde Aufmerksamkeit zurückführen.

Speichern

Es existieren zahlreiche theoretische Modelle, mit deren Hilfe gezeigt werden soll, wie Informationsspeicherung in unserem Gedächtnis funktioniert. So unternehmen beispielsweise BADDELEY und HITCH (1974) mit ihrem Arbeitsspeichermodell den Versuch, bestimmte Schwachpunkte älterer Speichermodelle zu überwinden. Sie verwarfen die Vorstellung vom passiven Kurzzeitspeicher des Multi-Speicher-Modells von ATKINSON und SHIFFRIN (1968) zugunsten des aktiven Arbeitsspeichers. Im Arbeitsspeichermodell wird der Begriff des Kurzzeitgedächtnisses durch die so genannte zentrale Verarbeitungseinheit ersetzt, die im Sinne eines hierarchisch aufgebauten Verarbeitungssystems und ohne Beschränkung auf Informationen aus bestimmten Sinneskanälen andere Funktionseinheiten kontrolliert bzw.

13

dirigiert und somit zur Realisierung höchst anspruchsvoller kognitiver Leistungen beiträgt.

Abruf

Der Abruf von Informationen betrifft die Lokalisierung der zuvor im Gedächtnis gespeicherten Items. Eine Störung des Abrufs ist eher auf Probleme des Zugriffs denn der Verfügbarkeit zurückzuführen. Es gibt verschiedene Möglichkeiten, Informationen aus dem Gedächtnis abzurufen. Hierzu zählen Wiedererkennen, freie Wiedergabe, Wiedererlernen, Reintegration, Rekonstruktion, Konfabulation sowie zustands- und kontextabhängige Wiedergabe. Was passiert jedoch, wenn der Abruf von Informationen zusammenbricht? Theoretische Erklärungsansätze hierzu reichen von Hirnverletzungen oder Spurenzerfall über Interferenzen und fehlende Verarbeitung bis hin zu der simplen Annahme, dass wir Dinge vergessen, weil uns entsprechende Abrufreize und/oder Motivationen für deren Erinnerung fehlen.

Neben der Einteilung in sensorisches Gedächtnis, Arbeits- und Langzeitgedächtnis kann nach der Art des abgespeicherten Materials auch in verbales und nicht verbales Gedächtnis eingeteilt werden.

Das verbale Gedächtnis befasst sich mit dem Erinnerungsvermögen sprachlicher Inhalte. Hierbei ist die Wiedergabe („recall") dadurch gekennzeichnet, dass eine Geschichte nacherzählt werden kann, während das Wiederkennen meint, dass z. B. vorher präsentierte Worte in einer vorgelegten Wortliste benannt werden können. Nicht verbale Gedächtnisinhalte umfassen dagegen Erinnerungen an Formen, Strukturen, Gesichter usw.

Auch diese Einteilung erscheint nicht vollständig. Sie berücksichtigt nämlich nicht das unbewusste Erlernen von Abläufen z.B. von bestimmten Bewegungsabfolgen. Hier hilft die Unterscheidung in *explizites (deklaratives)* und *implizites (nicht deklaratives) Gedächtnis* weiter. Unter explizitem (deklarativem) Gedächtnis wird verstanden, dass vorher gesehene oder gehörte Inhalte bewusst wiedergegeben werden können, beispielsweise in Form der Wiedergabe oder des Wiedererkennens. Im Gegensatz dazu fasst der Begriff implizites (nicht deklaratives) Gedächtnis unbewusste Gedächtnisleistungen zusammen. Ein Beispiel hierfür stellt das prozedurale Lernen dar. Hier müssen die Probanden eine Aufgabe durch Wiederholen z. B. eines bestimmten Bewegungsablaufes lernen. Geprüft wird nicht, wie gut sie die Aufgabe am Anfang meistern, sondern wie schnell sie diese Aufgabe (durch Rekurrieren unbewusster Gedächtnisinhalte) lernen. Abb. 1 versucht die wichtigsten Gesichtspunkte dieses Abschnittes im Überblick darzustellen.

1.1.4 Exekutivfunktionen

Exekutivfunktionen umfassen in erster Linie die Fähigkeit, Probleme zu lösen sowie Handlungspläne zu entwerfen.

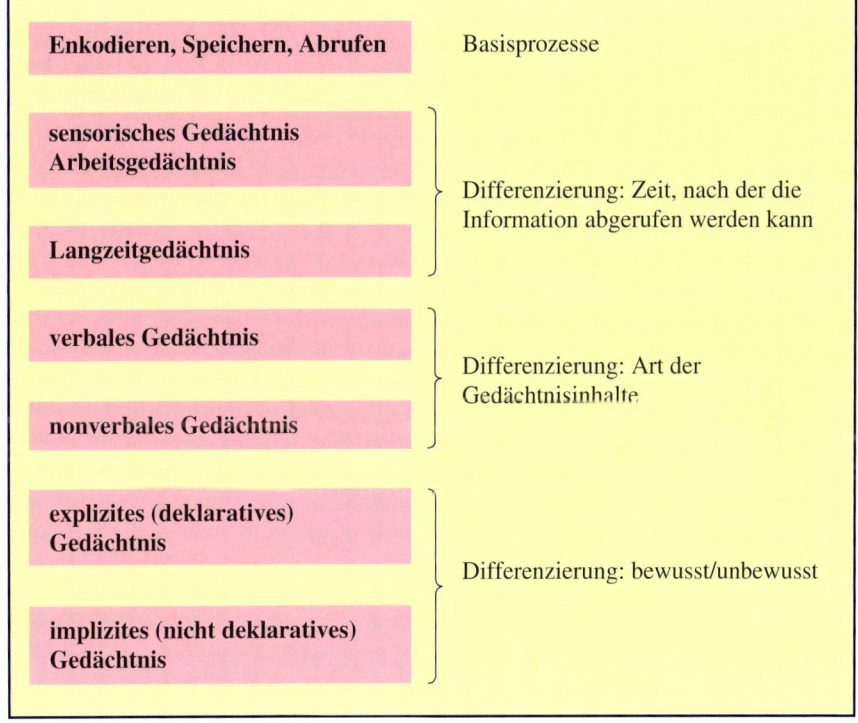

Abb. 1: Wichtige Einteilungen der Gedächtnisprozesse. Die als Basisprozesse bezeichneten Funktionen sind generell für Gedächtnisprozesse entscheidend.

Probleme bestehen aus a) einem Ausgangs- und b) einem Zielzustand sowie c) Regeln und Restriktionen, denen wir auf dem Weg von a) nach b) folgen müssen. Voraussetzung für a) bis c) ist das Verstehen des Problems, d. h. die Konstruktion einer internen Repräsentation der Problemsituation und die Fokussierung der Aufmerksamkeit insbesondere auf Ausgangspunkt und Reglement. Wie aber lösen wir nun Probleme? Eines der ersten Experimente, das sich mit dem Phänomen des Problemlösens auseinander setzte, geht auf THORNDIKE (1898) zurück. Er postulierte Problemlöseverhalten über Versuch und Irrtum. Von HARLOW (1949) stammt die These, dass sich das Lernen über Versuch und Irrtum unter Zuhilfenahme eines so genannten Lernsets generalisieren lasse. Dies kennzeichne einen Zustand mentaler Bereitschaft, bestimmte Probleme auf spezifische Art und Weise zu lösen. Die Erfahrung, ein bestimmtes Problem auf eine definierte Art und Weise gelöst zu haben, kann jedoch dazu führen, dass die bewährte Lösungsstrategie auch dann zum Einsatz kommt, wenn das aktuelle Problem auf anderem Wege schneller und besser zu lösen wäre. Somit hätte eine bestimmte Einstellung („mental set") bezüglich der nunmehr verallgemeinerten Herangehensweise an zu lösende Probleme die Sicht auf Alternativlösungen versperrt. Einmal erlernte Assoziationen und Denkgewohnheiten („habits of thought") sind mitunter so fest verankert, dass neue Problemlösestrategien nicht gefunden werden. In der Folgezeit wurden zahlreiche Versuche unternommen, die Mechanismen zu charakterisieren, die es uns mitunter doch erlauben, diese Beschränkungen zu durchbrechen. DE BONO (1969) beschrieb beispielsweise die Fähigkeit des lateralen Denkens. Hierbei wird der ursprüngliche Rahmen eines Problems verlassen, um den Weg für Lösungsalternativen freizumachen. Dies setzt voraus, dass wir uns über die Grenzen unserer bislang praktizierten Problemlösungsstrategien bewusst werden und uns anschließend dem Problem auf einem völlig neuen Weg nähern, ganz so als würden wir zum ersten Mal mit einer derartigen Situation konfrontiert. Dem heute immer wieder schlagwortartig verwendeten Brainstorming liegt eine dem lateralen Denken verwandte Technik des Problemlösens zugrunde, bei der man drei Phasen unterscheiden kann: Zuerst werden hinsichtlich der zu bearbeitenden Thematik so viele Einfälle wie möglich unter Vernachlässigung pragmatischer Erwägungen gesammelt. Anschließend werden alle irrelevanten und/oder unpraktikablen Ideen eliminiert, um letztlich die verbleibenden Möglichkeiten auf ihre praktische Durchführbarkeit hin zu prüfen und dann die am ehesten geeignete Lösungsstrategie zu realisieren. Brainstorming stellt eine außerordentlich nützliche Technik dar, um zu neuen, jenseits der ausgetretenen Pfade gelegenen Problemlösungen zu gelangen. Es regt unsere Phantasie an und lässt uns Ideen produzieren, die oft außerhalb unseres Vorstellungsvermögens liegen.

1.1.5 Denken und Intelligenz

Denken kann vielfältige Formen annehmen, sodass es beinahe unmöglich scheint, eine umfassende Definition des Begriffes zu liefern. Nach Ansicht des englischen Philosophen Locke bilden Ideen, die Verknüpfungen mit anderen Ideen eingehen, die Elemente menschlichen Denkens. Diese Ideenketten bzw. deren Verknüpfungen bestimmen die gedanklichen Abläufe und steuern letztlich über die Aufnahme von immer neuen Elementen (Ideen) als Glieder der Kette unsere Denkabläufe. FREUD (1914) hingegen vertrat die Ansicht, dass Denken das Ergebnis unserer mannigfaltigen Versuche darstellt, unterschiedliche biologische Bedürfnisse zu befriedigen. Diese Bedürfnisse lassen ein inneres Bild dessen entstehen, was zu ihrer Befriedigung nötig ist. Sie nehmen somit die Form von Problemlösestrategien an, deren Hauptaugenmerk darauf gerichtet ist, das Bild in die Realität zu überführen.

Das Konzept des Denkens als Teil eines Prozesses der biologischen Anpassung geht auf PIAGET (1952) zurück. Demnach passen sich alle Organismen der sie umgebenden Umwelt an, indem sie ein Modell dieser Umwelt in ihrem Gehirn entstehen lassen. Dieses Modell basiert auf Erfahrungen und bildet den Rahmen, den der Organismus benötigt, um zukünftige Handlungen zu planen und auszuführen sowie den dabei gemachten Erfahrungen Bedeutung und Sinn zu verleihen. Während eines kontinuierlichen Interaktionsprozesses mit der Umwelt werden bestehende Schemata aktualisiert, was eine größtmögliche Effizienz der Umweltanpassung gewährleisten soll.

Der theoretische Ansatz von DEWEY betrachtet Denken als das Ergebnis einer Inkongruenz unserer Erfahrungen, Erwartungen, Vorstellungen und Wünsche. Demnach handeln wir die meiste Zeit relativ automatisch. Sobald jedoch Handlungen nicht mit den mit ihnen verbundenen Erwartungen übereinstimmen, entsteht ein Zustand der Verwirrung, den wir mit Hilfe unseres Denkens aufzulösen versuchen.

Es gibt also eine Reihe von unterschiedlichen Erklärungsansätzen, wie Denken entsteht und was es ausmacht. Zusammenfassend lässt der Begriff „Denken" unterschiedliche Definitionsmöglichkeiten offen:

- symbolische Informationsverarbeitung,
- eine Kette von Einfällen,
- Ideation, d. h. die Bestimmung von Lösungen für Probleme bzw.

inkongruente Zustände in bestimmten Sachverhalten über die Bildung von Vorstellungen und Gedanken dazu.

Denken bezeichnet für gewöhnlich bewusste Kognition unter Ausschluss unbewusst ablaufender kognitiver Prozesse, die weit über die bloße Erstellung von Problemlösungsstrategien hinausgeht.

Im Allgemeinen wird die Fähigkeit zu denken in engem Zusammenhang mit der Intelligenz gesehen. Allerdings setzt sich Intelligenz aus mehr als nur gutem Denkvermögen zusammen. Folgt man der Definition von WECHSLER (zitiert nach MATARAZZO, 1982), kommen noch die im vorausgegangenen Abschnitt beschriebenen Exekutivfunktionen hinzu. WECHSLER betrachtet nämlich die Intelligenz als „ein hypothetisches Konstrukt, ... als zusammengesetzte globale Fähigkeit eines Individuums, zielgerichtet zu handeln, rational zu denken und sich wirkungsvoll mit seiner Umwelt auseinander zu setzen", kurz und gut also als die Befähigung, die Welt zu verstehen, sich in ihr zurechtzufinden und in ihr eigene Pläne und Vorstellungen zu verwirklichen.

Betrachtet man diese Definition genauer, so bestehen die einzelnen Komponenten der Intelligenz nicht ausschließlich aus Denken und Exekutivfunktionen, zwei sich überschneidenden Bereichen, sondern auch die weiter oben erörterten kognitiven Funktionen Wahrnehmung und Gedächtnis sind in diesem Konstrukt enthalten. Stark vereinfacht formuliert umfasst Intelligenz alle kognitiven Prozesse. Unterschiedlich ausgeprägte Intelligenzleistungen sind auf unterschiedliche Ausprägung der einzelnen kognitiven Funktionen und ihrer individuellen Kombination in jedem Einzelnen zurückzuführen.

Wir wollen nun den Bereich der Definition kognitiver Funktionen verlassen und uns zunächst den zugrunde liegenden neuronalen Prozessen zuwenden.

1.2 Vom Molekül zur Kognition

Für die Informationsverarbeitung sind Neurone die entscheidenden Gehirnzellen. Sie empfangen elektrische Signale über Dendriten und leiten sie über Axone an andere, mitunter sehr weit entfernt liegende Neurone weiter. Der Kommunikation zwischen den verschiedenen Nervenzellen dienen kleine Auftreibungen an den Enden der Nervenfortsätze, die Synapsen. Über sie werden Informationen in Form ständig wechselnder elektrochemischer Potenziale ausgetauscht. Darüber hinaus erfolgt an diesen Schaltstellen eine Modulation der Neuronenaktivität im Sinne einer Aktivitätserhöhung (Erregung) oder -minderung (Hemmung).

Die Muster neuronaler Erregung repräsentiert das funktionelle Substrat kognitiver Prozesse. Permanente Gedächtnisinhalte (s. o.) werden darüber hinaus durch Engrammbildung, der eine Veränderung synaptischer Verbindungen zwischen den Neuronen zugrunde liegt, gewährleistet, wobei der eigentliche Vorgang der Engrammbildung letztlich noch immer nicht vollständig aufgeklärt ist. Das menschliche Gehirn ist komplex organisiert. Es umfasst ca. eine Billion Zellen, hiervon sind ca. 10%, also 100 Milliarden, Nervenzellen. Die restlichen 90% bestehen aus Gliazellen, Gefäßzellen sowie Ependymzellen. In Netzwerken verknüpft bilden die Neurone das morphologische und funktionelle Substrat unserer kognitiven Leistungsfähigkeit. Die Großhirnrinde ist der evolutionsgeschichtlich jüngste und am höchsten entwickelte Teil des menschlichen Gehirns. Ihre stark gefurchte Oberfläche ist lediglich zwei Millimeter dick und nimmt bei einer Fläche von ca. 1,5 Quadratmetern etwa die Ausdehnung einer Schreibtischplatte ein. Sie lässt sich nach anatomischen und funktionellen Gesichtspunkten in unterschiedliche Felder untergliedern, die der Wahrnehmung und Verarbeitung von Sinneseindrücken oder der Kontrolle der Motorik dienen. Daneben lassen sich – allerdings weniger scharf – so genannte assoziative Rindenfelder mit integrativen Funktionen abgrenzen (Abb. 2).

1.2.1 Nervenzellen als Basis kognitiver Prozesse

Der spanische Anatom SANTIAGO RAMÓN Y CAJAL (1852-1934) bezeichnete die Nervenzellen schwärmerisch als „die Schmetterlinge der Seele, deren Flügelschläge eines Tages womöglich das Geheimnis geis-

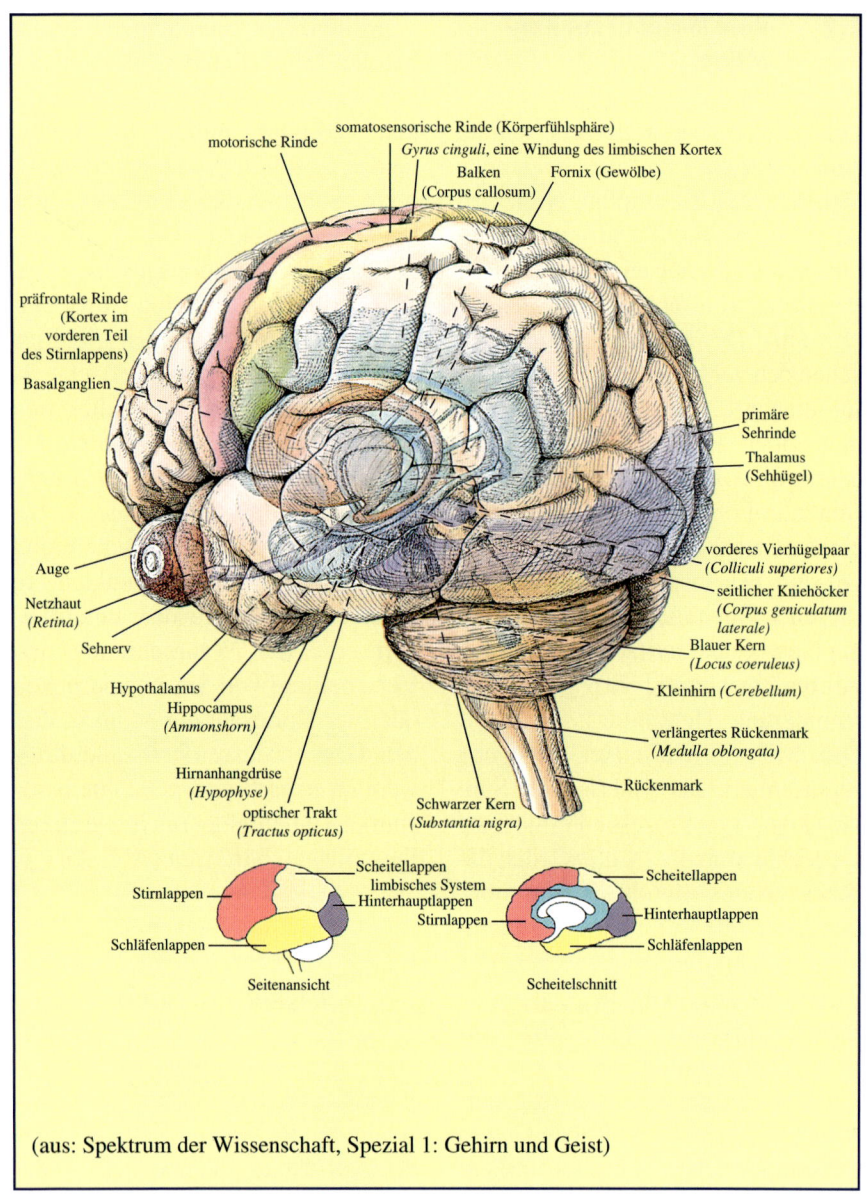

motorische Rinde

somatosensorische Rinde (Körperfühlsphäre)

Gyrus cinguli, eine Windung des limbischen Kortex

Balken
(Corpus callosum)

Fornix (Gewölbe)

präfrontale Rinde
(Kortex im
vorderen Teil
des Stirnlappens)

Basalganglien

primäre
Sehrinde

Thalamus
(Sehhügel)

vorderes Vierhügelpaar
(*Colliculi superiores*)

Auge

seitlicher Kniehöcker
(*Corpus geniculatum
laterale*)

Netzhaut
(*Retina*)

Sehnerv

Blauer Kern
(*Locus coeruleus*)

Kleinhirn (*Cerebellum*)

Hypothalamus

Hippocampus
(*Ammonshorn*)

verlängertes Rückenmark
(*Medulla oblongata*)

Hirnanhangdrüse
(*Hypophyse*)

Rückenmark

optischer Trakt
(*Tractus opticus*)

Schwarzer Kern
(*Substantia nigra*)

Scheitellappen
limbisches System
Hinterhauptlappen

Scheitellappen

Stirnlappen

Stirnlappen

Hinterhauptlappen

Schläfenlappen

Schläfenlappen

Seitenansicht

Scheitelschnitt

(aus: Spektrum der Wissenschaft, Spezial 1: Gehirn und Geist)

Abb. 2: Das menschliche Gehirn

tigen Lebens enthüllen würden". Er beschrieb die Neurone als Zellen mit zwei Enden unterschiedlicher Funktion: An den vielfach verzweigten Ausläufern ihrer Zellkörper, den Dendriten, so mutmaßte er, empfängen sie Signale und entlang ihrer unverzweigten dünnen Fasern, den Axonen, gäben sie die Informationen an andere Zellen weiter. Diffizile Färbemethoden enthüllten ihm die zahlreichen unterschiedlichen Formen von Zellkörpern und Dendritenbäumen sowie teils kurze, teils längere Axone. Letzteres sei laut CAJAL ein Kriterium dafür, ob das jeweilige Neuron lediglich mit Zellen seiner unmittelbaren Umgebung kommuniziere oder aber Informationen mit weiter entfernt liegenden Hirnregionen austauschen könne.

Die heute möglichen Betrachtungen auch auf molekularer Ebene lassen die Vielfalt der Nervenzellen noch größer erscheinen. Zwar weisen alle Zellen eines Organismus prinzipiell gleiche genetische Merkmale auf, je nach Zellart und -funktion wird jedoch nur ein bestimmter Teil davon exprimiert. So können äußerlich vollkommen identisch anmutende Zellen selektiv ganz unterschiedliche Gene aktivieren und dadurch völlig verschiedenartige Funktionen erfüllen. Als Beispiel hierfür können nach außen homogen erscheinende Zellpopulationen wie die Motoneurone des Rückenmarks, die amakrinen Zellen der Retina und die Purkinje-Zellen des Kleinhirns angeführt werden. Noch feiner werden die Unterschiede, wenn man das Woher und Wohin der ausgetauschten Informationen betrachtet, also die Verknüpfungen der Neurone an ihren Dendriten und Axonen analysiert.

1.2.2 Wie Neurone Informationen austauschen

In Ruhe besteht zwischen der Außenseite der Zellmembran einer Nervenzelle und ihrem Inneren eine elektrische Potenzialdifferenz von 50 bis 90 mV. Dieser Spannungsgradient, der die physiologische Integrität der Nervenzelle gewährleistet, wird, vereinfacht gesagt, dadurch aufrechterhalten, dass der Eintritt von Natrium-Ionen in die Zelle unterbunden, der Ausstrom von Kalium-Ionen aus der Zelle hingegen gefördert wird. Wird nun ein Neuron über eintreffende Signale erregt, so kommt es zum Einstrom von Natrium-Ionen in die Zelle. Wird dabei eine bestimmte Schwelle überschritten, entsteht am Axonhügel ein Aktionspotenzial. Dieses Aktionspotenzial hat eine Amplitude von ca. 100 mV und dauert in etwa eine Millisekunde. Das Membranpotenzial kehrt sich für kurze Zeit um und infolge der Ladungsverschiebungen werden auch die davor liegenden Abschnitte der Nervenzellmembran durchlässiger für den Einstrom von Natrium-Ionen. Auf diese Weise pflanzt sich das Aktionspotenzial über das gesamte Axon hinweg fort. Am Ende des Axons findet sich eine kölbchenförmige Verdickung, die Synapse. Hier werden aus speziellen Speichervesikeln chemische Botenstoffe (Neurotransmitter) als Überträger des weiterzuleitenden Signals freigesetzt. Die Transmittermoleküle diffundieren durch den synaptischen Spalt und heften sich an die eigens dafür vorgesehenen Rezeptoren auf der Empfängerseite der nachgeschalteten Zellen. Diese Rezeptorbindung verändert die Permeabilität der Zellmembran für bestimmte Ionen.

Dabei entscheiden Rezeptor- und Transmitterart sowie deren Interaktionsmuster darüber, ob die nachgeschaltete Zelle in ihrer Aktivität erregt oder gehemmt wird. So können, sofern das Aktionspotenzial stark genug ist, Informationen innerhalb eines Neuronenverbandes über weite Strecken weitergeleitet oder aber unterbunden werden (s. Abb. 3). Der Effekt eines einzelnen synaptischen Signaleingangs an einer dendritischen Verzweigung ist jedoch vergleichsweise gering. Wie oft und ob eine Nervenzelle überhaupt auf ein Aktionspotenzial reagiert, stellt das Resultat zahlreicher Verrechnungsprozesse dar. Dabei muss das Neuron kontinuierlich die Informationen, die an etwa 1000 synaptischen Eingängen z. T. simultan anfluten, integrieren. Somit stellt jedes Neuron die Miniaturausgabe eines leistungsfähigen Computers dar.

1.2.3 Chemie der Psyche

Wie oben bereits erwähnt, erfolgt die Informationsverarbeitung und -verbreitung im Gehirn auch durch den Austausch bestimmter Botenstoffe an der Synapse. Der erste dieser Neurotransmitter wurde bereits 1921 identifiziert; seither wächst ihre Zahl stetig und liegt aktuell bei etwa fünfzig. Die Synthese und Freisetzung dieser Stoffe, ihre Wirkungsweise an spezifischen Rezeptoren der prä- oder postsynaptischen Zellmembran und die sich daraus ergebenden funktionellen Konsequenzen für die Arbeitsweise des menschlichen Gehirns sind bislang nur teilweise aufgeklärt. Vereinfachend kann davon ausgegangen werden, dass Transmitter modulierend an den Rezeptoren wirken; sie regulieren die Stärke,

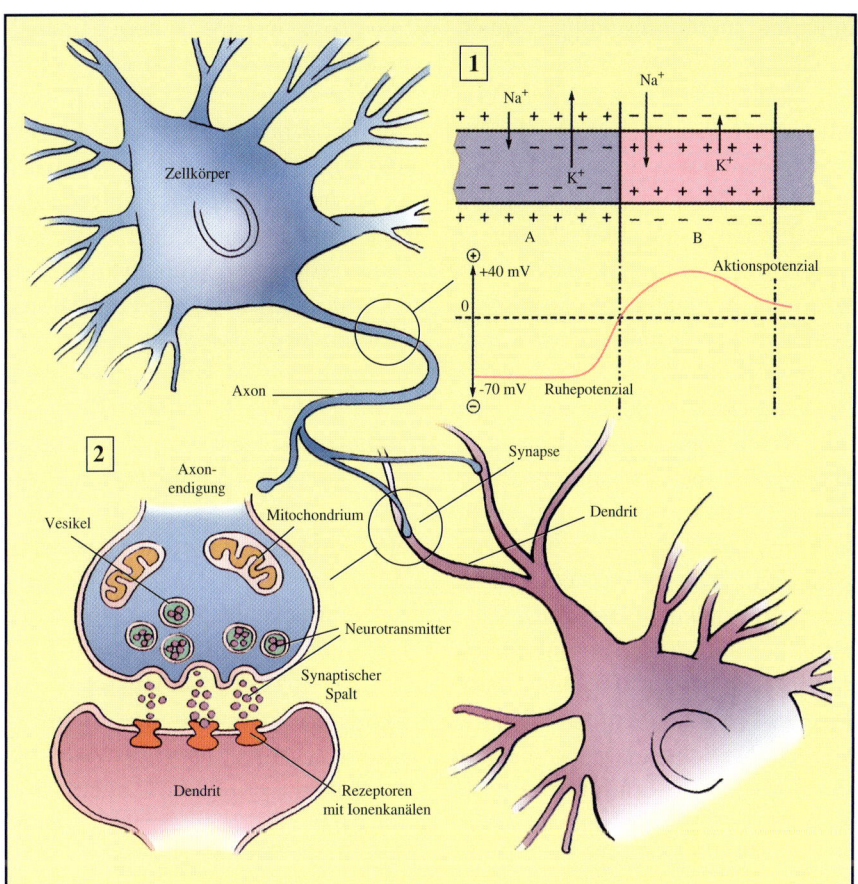

Die Informationsweiterleitung erfolgt entlang der Axone elektrisch. Im Ruhezustand ist die Zellmembran außen relativ positiv, innen relativ negativ, die Spannungsdifferenz beträgt ca. -70mV (s. 1, Abschnitt A). Diese Spannungsdifferenz wird aufrechterhalten durch eine relativ hohe Na-Konzentration an der Außenseite der Membran. Bei einer Erregung strömt relativ viel Kalium von innen nach außen, sodass es zu einer Umkehr dieser Spannungsdifferenz kommt (Abschnitt B). Diese Umkehr der Spannungsdifferenz wird sukzessiv über das gesamte Neuron weitergeleitet.

An den axonalen Endigungen wird über Synapsen (s. 2) Verbindung mit den Dendriden der nächsten Nervenzelle aufgenommen. Diese Verbindung erfolgt über chemische Substanzen, so genannte Transmitter, die durch den synaptischen Spalt differenzieren und dann eine Verbindung mit postsynaptischen Rezeptoren eingehen, infolge derer sich Ionenkanäle öffnen und so auch ein neues Aktionspotenzial ausgelöst werden kann. (modifiziert nach: Spektrum der Wissenschaft, Spezial 1: Gehirn und Geist)

Abb. 3:   Wie Neurone Informationen austauschen

mit der membranständige Ionenkanäle auf anflutende Signale reagieren – ähnlich wie sich mit den Pedalen eines Klaviers Klang und Lautstärke dämpfen oder verstärken lassen. Im Zuge der neurowissenschaftlichen Forschung gelang es, Substanzen zu synthetisieren, die entweder in gleicher Weise wie die genuinen Transmitter an den Rezeptoren wirken, deren Konzentration im synaptischen Spalt via Abbau oder Wiederaufnahmehemmung erhöhen, oder die Transmitterwirkung (kompetitiv) antagonisieren. Derartige Untersuchungen tragen wesentlich zum Verständnis physiologischer Vorgänge innerhalb des Gehirns bei und versetzen uns gleichzeitig in die Lage, Störungen dieser Prozesse zu erkennen und besser zu verstehen. Darüber hinaus liefern sie die Basis für die erfolgreiche medikamentöse Beeinflussung psychiatrischer Krankheitsbilder.

1.2.4   Neuronale Plastizität

Die in den vorangehenden Abschnitten geschilderte strukturelle und funktionelle Vielfalt in unserem Gehirn mag den einen oder anderen zwar verwirren, bietet aber entgegen allem Anschein noch immer keine hinreichende Basis für alle kognitiven Prozesse. Eine weitere Dimension muss hinzukommen – die Plastizität. Hierunter versteht man die Tendenz von neuronalen Schaltkreisen und Synapsen, ihre Arbeitsweise den an sie herangetragenen Anforderungen anzupassen. Dieses Adaptationsvermögen ist zumeist mit einer Effizienzsteigerung verbunden und ermöglicht es, dass sich geistiges Leben, wie wir es kennen, überhaupt entfalten kann. Ganz allgemein vervielfacht sich die Komplexität aller präexistenten Kombinationen molekularer Merkmale und/oder zellulärer Funktionen und dies wiederum schafft ein noch leistungsfähigeres Substrat geistiger Phänomene.

Die in den Kapiteln 1.2.2 und 1.2.3 bereits skizzierte Arbeitsweise der Synapsen eröffnet einige Möglichkeiten, wie sich deren Effizienz bei der Signalübertragung steigern lässt. So kann beispielsweise die Menge der pro Aktionspotenzial ausgeschütteten Botenstoffe erhöht bzw. der Abbau der Transmitter im synaptischen Spalt oder ihre Wiederaufnahme in die präsynaptischen Vesikel reduziert werden. Auch die Wahrscheinlichkeit, mit der Rezeptoren der postsynaptischen Membran tatsächlich aktiviert werden, vermag sich den aktuellen Gegebenheiten anzupassen. Darüber hinaus kann sich auf längere Sicht infolge vermehrter oder verminderter Aktivität die Anzahl und Dichte funktionsfähiger Rezeptoren verändern. Abgesehen von der Übertragungsstärke sind auch Anzahl und Lokalisation der Synapsen selbst variabel. So lassen Axone neue Endigungen sprießen, wenn ihre Nachbarn funktionsuntüchtig werden, und auch die terminalen Verästelungen der Dendritenbäume gestalten sich fortwährend um.

Kurzfristige synaptische Veränderungen, etwa bei einfachen Formen des Lernens und Behaltens, gehen mit molekularen Modifikationen an Proteinen einher. Als ein Beispiel hierfür sei die Phosphorylierung genannt. Ein solcher durch Neurotransmitter oder Medikamente ausgelöster biochemischer Vorgang kann die zuvor meist inaktiven Proteine aktivieren. Die so aktivierten Eiweißstoffe werden allerdings schon binnen Minuten oder längstens Tagen abgebaut, kommen also als Substrat des Langzeitgedächtnisses nicht infrage.

Erlerntes und Erlebtes zu behalten, um ein Leben lang davon zu zehren, bedarf demnach stabilerer Veränderungen. Als Basis bleibender Gedächtnisinhalte wird insbesondere die Langzeitpotenzierung („long term potentiation", LTP), eine anhaltende Steigerung der synaptischen Effizienz nach kurzer, tetanischer Stimulation, diskutiert. Während der Langzeitpotenzierung wird mit modulatorischen Substanzen in den präsynaptischen Neuronen eine aktivitätsabhängige Verstärkung der synaptischen Transmission ausgelöst, d. h., es wird eine größere Menge des signalübertragenden Botenstoffes ausgeschüttet. Hierfür müssen mehrere Neurone gleichzeitig aktiv sein.

TIMOTHY BLISS und TERJE LOMO konnten in diesem Zusammenhang 1973 erstmals zeigen, dass Neurone der Hippocampusformation plastische Eigenschaften aufweisen, die sie für Lernvorgänge prädestinieren. Durchlief eine kurze, hochfrequente Salve von Aktionspotenzialen die Hippocampusbahnen, erhöhte sich die Effizienz der darin geschalteten Synapsen. Wie sich später zeigte, wiesen die unterschiedlichen Synapsentypen des Hippocampus hierbei unterschiedliche Eigenschaften auf. Entscheidend für eine Langzeitpotenzierung ist, dass durch die durch Depolarisation nicht mehr blockierten NMDA-Rezeptorkanäle Kalzium in die postsynaptische Zelle einströmt. Kalzium evoziert die LTP, indem es mindestens drei Typen von Proteinkinasen aktiviert (s. Abb. 4). Während die Einleitung einer Langzeitpotenzierung auf den oben be-

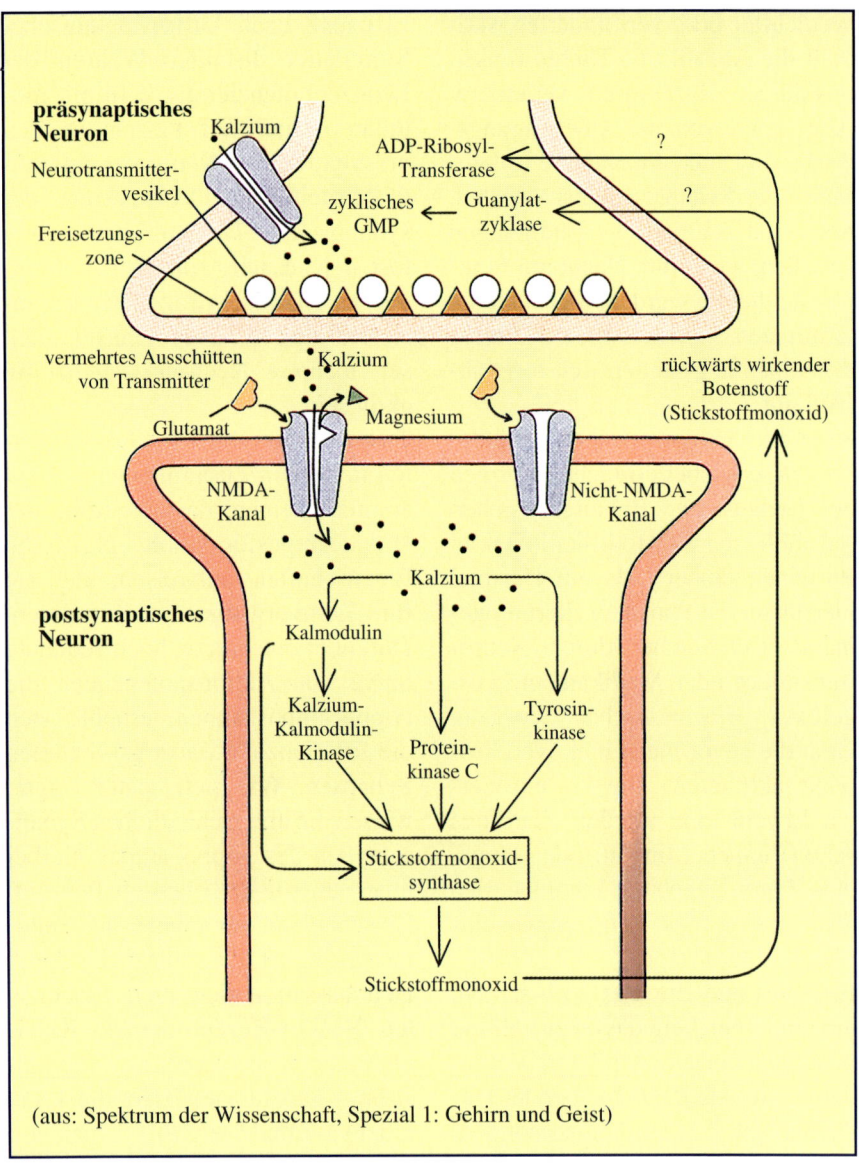

(aus: Spektrum der Wissenschaft, Spezial 1: Gehirn und Geist)

Abb. 4: Prinzip der Langzeitpotenzierung innerhalb der Hippocampusformation

schriebenen Prozessen – Depolarisation, Kalzium-Einstrom und Aktivierung von Proteinkinasen – beruht, muss zu ihrem Erhalt präsynaptisch mehr Transmittersubstanz ausgeschüttet werden. Es bedarf also zum Aufbau einer Langzeitpotenzierung eines post- und zu deren Erhalt eines präsynaptischen Ereignisses. Die Frage, wie das Signal vom nach- zum vorgeschalteten Neuron gelangt, stellte die Neurowissenschaftler lange Zeit vor große Probleme. Heute geht man davon aus, dass die durch Kalzium aktivierten Prozesse oder aber das Kalzium selbst in der nachgeschalteten Zelle die Freisetzung eines Plastizitätsfaktors induzieren. Dieser diffundiert durch den synaptischen Spalt in die vorgeschaltete Zelle und aktiviert dort einen oder mehrere Botenstoffe. Im Ergebnis kommt es zu einem vermehrten Transmitterausstoß und konsekutiv zur Aufrechterhaltung der LTP. Da es den postsynaptischen Zellen an Speichervesikeln fehlt, musste es sich bei diesem rückwärts wirkenden Botenstoff um eine Substanz handeln, die leicht verfügbar ist und schnell aus der Zelle über den synaptischen Spalt in die vorgeschaltete Nervenendigung diffundieren kann. 1991 konnte experimentell belegt werden, dass es sich bei diesem „Plastizitätsfaktor" aller Wahrscheinlichkeit nach um Stickstoffmonoxid handelt. Allerdings fiel auf, dass die Substanz nur dann eine Langzeitpotenzierung bewirkt, wenn zur gleichen Zeit auch die präsynaptischen Neurone aktiv sind. Daher liegt es nahe anzunehmen, dass bei der Langzeitpotenzierung zwei assoziative synaptische Lernmechanismen kombiniert sind. Die Hypothese besagt, dass die Aktivierung der postsynaptischen NMDA-Rezeptoren ein auf die vorgeschaltete Zelle rückwirkendes Signal erzeugt, dessen Mediator wahrscheinlich Stickstoffmonoxid ist. Auf diese Art und Weise wird ein aktivitätsabhängiger Mechanismus in Gang gesetzt, der die präsynaptische Transmission erleichtert.

Die Hippocampusformation stellt nach allem, was wir heute wissen, einen Zwischenspeicher des Langzeitgedächtnisses dar. Hier werden neu erlernte Informationen einige Wochen oder auch Monate verarbeitet und aufbewahrt, um dann in dauerhaftere Speicher anderer Hirnareale überführt zu werden.

1.2.5 Höhere kognitive Leistungen

Nachdem in den vorangegangenen Abschnitten die neuronalen Grund-

27

lagen geistiger Tätigkeiten erläutert wurden, soll im Folgenden die Komplexität kognitiver Leistungen und ihre Lokalisation innerhalb des Gehirns skizziert werden.

Höhere kognitive Leistungen sind beim Menschen immer mit der Aktivierung assoziativer Kortexareale verbunden. Vereinfachend betrachtet könnte man drei große Assoziationsfelder mit drei psychischen Hauptfunktionen voneinander abgrenzen: Während der Temporalkortex primär Gedächtnisfunktionen realisiert und der frontale Kortex motorisch-motivationale Verhaltensweisen steuert, stellt der parietale Kortex die Basis sensorisch-kognitiver Funktionen dar. Diese drei Areale gelten als die eigentlichen Integrationszentren der Wahrnehmung; sie können ihre Leistungen jedoch nur im Zusammenspiel mit subkortikalen Zentren wie dem limbischen System, den Basalganglien, den verschiedenen thalamischen Kernen sowie der Formatio reticularis erbringen.

1.2.5.1 Parietallappen

Einen der wichtigsten Bestandteile des Parietallappens stellt das posteriore Striatum (bestehend aus Putamen, Nucl. lentiformis sowie Nucl. caudatus) dar. Es stellt u. a. Verbindungen zu präfrontalen Regionen her. Der parietale Kortex nimmt über diese Schaltstelle aufgrund seiner multisensorischen Integrationsfunktion Einfluss auf Bewegungsabläufe, die auf ein motivational bestimmtes Ziel gerichtet sind.

Die Funktionen des Parietalkortex erklären sich aus seiner zentralen anatomischen Stellung zwischen den drei Sinnesmodalitäten Sehen, Hören und Somatosensorik, von denen er seine Informationen bezieht. Im (posterioren) Parietallappen finden Körper- und Raumwahrnehmung sowie das Erkennen und Verarbeiten von Symbolen statt. Hierzu zählen die Konstruktion einer dreidimensionalen Welt, die sequenzielle Lokalisation von Sinnesreizen des eigenen Körpers und seiner Bewegungen in der Umwelt; ferner die Initiierung, Planung und Ausführung komplexer und zielgerichteter Bewegungsabläufe im Zusammenspiel mit dem Frontalkortex (s. o.). Weiter schließen die Leistungen des Parietalkortex das Wissen über den eigenen Aufenthaltsort (d. h. die Orientierung anhand „geographischer" Karten) ein, das Erfassen räumlicher Perspektiven sowie den Umgang mit abstrakten Raumkonzepten einschließlich des Erkennens, Deutens und Benutzens von Karten und Zeichnungen. Hierbei besteht eine enge Zusammenarbeit mit dem Hippocampus. Andere Funktionen des Parietallappens umfassen das Lesen (auch dasjenige der Uhr), das Rechnen und ganz allgemein das Erkennen von und den Umgang mit Symbolen. Verletzungen dieser Struktur führen zu erheblichen Beeinträchtigungen des abstrakten Denkens.

Der Parietalkortex weist physiologischerweise eine deutliche funktionelle Hemisphärenasymmetrie auf: Auf der linken Seite werden vornehmlich symbolisch-analytische Informationen verarbeitet, beispielsweise Arithmetik oder Sprache, die Bedeutung von Symbolen und Abbildungen. Im rechten Parietalkortex dominiert die räumliche Lokalisation, die konkrete oder mentale Konstruktion des Raumes mit der Möglichkeit zum Perspektivwechsel. Läsionen dieser Region führen zur Ausbildung kontralateraler Neglect-Phänomene. Dabei ignoriert der Patient sowohl in der Wahrnehmung als auch in der Vorstellung die linke Körper- und Gesichtshälfte. Unklar ist nach wie vor, ob es sich dabei um eine Wahrnehmungs- oder um eine Aufmerksamkeitsstörung handelt. Alles in allem stellt der parietale Assoziationskortex als Kreuzungspunkt aller sensorischen Eingänge eine zentrale sensorische Integrationsstruktur dar und steuert auf diese Weise vor allem die visuell-räumliche Aufmerksamkeit, aber auch alle Funktionen, die einen Zugriff auf aktuelle oder gespeicherte sensorische Informationen erfordern.

1.2.5.2 Temporallappen

Hier finden die Integration und Bewertung nicht räumlicher auditorischer und visueller Aspekte von Objekten und Prozessen statt. Auditorische Informationen werden im oberen, visuelle im unteren Bereich des Temporallappens verarbeitet. So ist der inferotemporale Kortex beispielsweise am Erkennen bedeutungshafter visueller Stimuli wie Gesichtern beteiligt. Während man die visuellen Diskriminationsfunktionen des Parietallappens mit „Wo ist es?" umschreiben könnte, fragt der Temporalkortex „Was ist es?". Die medialen Anteile des Temporalkortex, der Hippocampusformation, Area entorhinalis und des Gyrus parahippocampalis repräsentieren das „Koordinationszentrum" des deklarativen Gedächtnisses. Die vielfältigen Aufgaben der temporalen Regionen lassen sich am besten anhand typischer Ausfallmuster illustrieren: Läsionen des Temporallappens führen je nach Lokalisation zu

Störungen der Organisation und Kategorisierung visueller und auditorischer Wahrnehmungen (betroffen ist hierbei auch die Sprachwahrnehmung), zu Beeinträchtigungen beim kontextgerechten Abrufen von Informationen aus dem Langzeitgedächtnis sowie zu Veränderungen der Primärpersönlichkeit, insbesondere der affektiven Gestimmtheit.

1.2.5.3 Frontallappen

Einen wichtigen Bestandteil des Frontallappens stellt der so genannte präfrontale Kortex dar. Hiermit wird der Anteil der Gehirnrinde bezeichnet, der sich anterior der prämotorischen Areale befindet. Die Präfrontalregion stellt neben dem Kleinhirn die Hirnstruktur mit der ausgeprägtesten Größenzunahme im Laufe der phylogenetischen Entwicklung dar (Abb. 5). Schon hieraus kann vermutet werden, dass diese Gehirnregion große Bedeutung für die beim Menschen vorhandenen spezifischen kognitiven Leistungen besitzt.

Der präfrontale Kortex ist der Ort der zeitlich-räumlichen Strukturierung von Sinneswahrnehmungen, der Kontrolle planvollen und kontext-

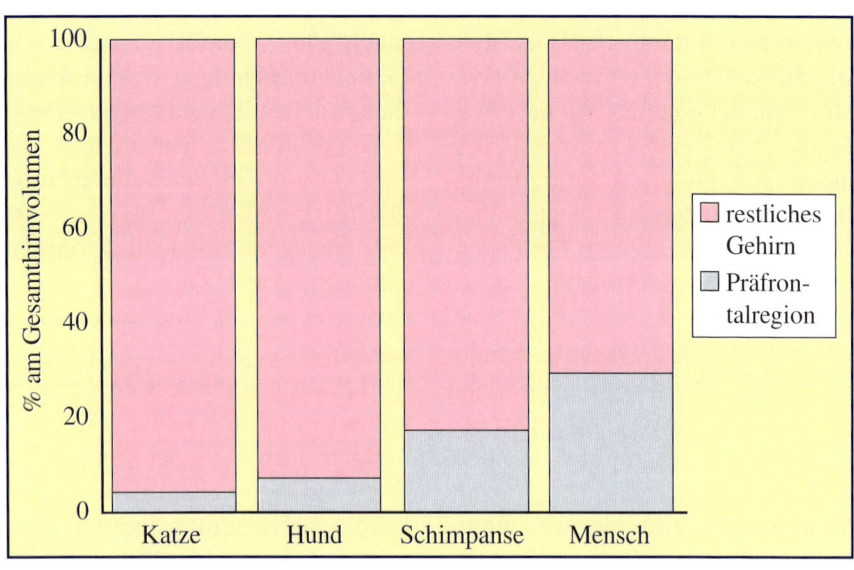

Abb. 5:   Größenzunahme des Präfrontalkortex im Laufe der Phylogenese

gerechten Handelns und Sprechens sowie der Verhaltensbewertung. Hierzu zählt auch die Erfassung soziokommunikativer Kontextaspekte, beispielsweise des Bedeutungsinhaltes szenischer Darstellungen, der Mimik von Gesichtern etc. Eine weitere wichtige Funktion ist die Steuerung und Ausrichtung der Aufmerksamkeit, wobei diese Region gewissermaßen als „überwachendes Aufmerksamkeitssystem" fungiert. Die Annahme, der Präfrontalkortex sei das „höchste Hirnzentrum", ist jedoch nicht gerechtfertigt. Vielmehr bedarf auch der Präfrontalkortex als phylogenetisch jüngster Hirnteil der arbeitsteiligen Zusammenarbeit mit anderen sensorischen, motorischen und assoziativen Arealen (s. u.).

Hinsichtlich seiner vielfältigen Funktionen lässt sich Folgendes zusammenfassen: Ohne Präfrontalkortex wären wir nicht in der Lage, unser Verhalten im Voraus zu planen und „richtige" Verhaltensabläufe vorwegzunehmen. Des Weiteren gelänge es nicht, ablenkende Reize zu ignorieren, Probleme zu lösen und den Inhalt von Denken und Tun den (äußeren) Erfordernissen flexibel anzupassen. Patienten mit Frontalhirnläsionen zeigen demnach einen Hang zur Perseveration, einen Verlust von Verhaltensspontaneität und

Kreativität sowie Einschränkungen des adaptiven Verhaltens, insbesondere im sozialen Bereich.

Abschließend sei nochmals darauf verwiesen, dass alle in diesem Kapitel beschriebenen kognitiven Leistungen als Resultat der Zusammenarbeit verschiedener Hirnregionen anzusehen sind. Um dieses komplexe Zusammenspiel zu illustrieren, soll im Folgenden auf eine der vermeintlich höchsten kognitiven Leistungen, zu denen (psychisch gesunde) Menschen fähig sind, die Selbstkontrolle, eingegangen werden. Um Selbstkontrolle zu erzielen, muss

- die gegenwärtige oder vergangene Information (Langzeitgedächtnis im Temporalkortex) über den Reizkontext aus den Parietalregionen in den ventro- und dorsolateralen Präfrontalkortex transportiert werden.

- Dort angekommen muss diese Information auch in Abwesenheit des Stimulus zumindest für Sekunden bis Minuten präsent gehalten werden können (Arbeitsgedächtnis im ventromedialen Präfrontalkortex).

- Es muss eine Entscheidung für einen bestimmten Handlungsplan auf der Grundlage antizipierter positiver und negativer Konsequenzen (Informationsfluss aus limbischen in orbitofrontale Regionen) und der gegenwärtig vorhandenen oder erinnerten (imaginierten) Situation (aus der Parietalregion) erfolgen.

- Die Entscheidung muss von einem generellen Handlungsplan (präfrontal) in zunehmend spezifischere Handlungsziele und -abfolgen bzw. deren kontextgerechte Hemmung umgesetzt werden (via supplementär-motorische Areale zum motorischen Kortex unter Einbeziehung regulatorischer Einflüsse aus dem Thalamus und den Basalganglien).

1.3 Erfassungsmöglichkeiten kognitiver Prozesse

1.3.1 Klinisch-technische Erfassungsmöglichkeiten

Neuronale Prozesse, die kognitiven Leistungen zugrunde liegen, lassen sich im Gehirn messen, lokalisieren und bildlich darstellen. Zu den in der klinischen Praxis angewandten Methoden zählen hierbei u. a. das Erfassen lokaler elektrischer oder korrespondierender magnetischer Aktivitäten von Neuronenverbänden während kognitiver Leistungen unter Zuhilfenahme der Elektroenzephalographie (EEG) und der Registrierung

ereigniskorrelierter Potenziale (EKP) sowie der Magnetenzephalographie (MEG), des Weiteren die bildliche Darstellung von Hirnperfusions- und -stoffwechselprozessen, die mit kognitiven Leistungen korrelieren. Hier kommen u. a. die Positronen-Emissions-Tomographie (PET) und die funktionelle Magnetresonanztomographie (fMRT) zur Anwendung. Die aufgezeigten Zusammenhänge zwischen lokaler Hirndurchblutung, lokalem Hirnstoffwechsel, lokaler neuronaler Aktivität und kognitiven Leistungen ganz allgemein sind dabei keineswegs linear. Diese Verfahren haben für die Aufklärung der neuronalen Grundlagen kognitiver Leistungen, insbesondere in Kombination angewendet, eine überragende Bedeutung gewonnen.

Nachfolgend sollen die oben angeführten Verfahren kursorisch ihren Funktionsprinzipien nach skizziert werden.

1.3.1.1 Elektroenzephalographie (EEG)

Das EEG erfasst mit Hilfe von Oberflächenelektroden die elektrische Aktivität großer Neuronenverbände. Dabei werden diejenigen extrazellulären Ströme aufgezeichnet, die aufgrund synaptischer Potenziale senkrecht zur Kortexoberfläche vor allem entlang der Ausdehnung der Pyramidenzellen fließen. Je nach Position des Inputs sind diese Ströme negativ (Input aus tiefen kortikalen Schichten) oder positiv (Input aus oberflächlichen Schichten). Die zeitliche Auflösung dieses Verfahrens liegt im Millisekundenbereich, durch Verwendung größerer Elektrodenzahlen wird eine räumliche Darstellung der lokalen kortikalen Aktivität möglich. Diese kann durch rechnergestützte Interpolierung bis auf ca. 100 Aktivitätspunkte erhöht werden (EEG-Mapping), sodass eine zeitlich genaue Wiedergabe der Erregungsabläufe während kognitiver Leistungen möglich wird. Die zeitliche Auflösung dieses Verfahrens ist sehr hoch, die räumliche Zuordnung der gemessenen Potenzialschwankungen allerdings nur sehr eingeschränkt möglich. Die „Eindringtiefe" beträgt nämlich nur wenige Millimeter, somit können elektrische Phänomene z. B. aus dem Thalamus oder den Basalganglien nicht dargestellt werden.

1.3.1.2 Ereigniskorrelierte Potenziale (EKP)

Wird ein definierter Reiz gesetzt, ändert sich mit einer bestimmten Latenz die EEG-Aktivität als Reaktion auf diesen Reiz. Die Änderung auf einen Einzelreiz ist allerdings so gering ausgeprägt, dass sie in der Spontan-EEG-Aktivität nicht zur Darstellung gelangt. Wird dieser Reiz immer wieder dargeboten und die nachfolgende EEG-Aktivität gemittelt, so löscht sich die Spontan-EEG-Aktivität gegenseitig aus und die in immer derselben Latenz nach dem Reiz auftretende Potenzialantwort summiert sich zu einer klar abgrenzbaren Welle, dem ereigniskorrelierten Potenzial (EKP) (s. Abb. 6). Hierbei werden wiederum positive und negative (lokale) Potenzialschwankungen unterschieden, die sowohl von der Art des sensorischen Reizes als auch vom Ort der Ableitung abhängen. Während das EEG generell kortikale Prozesse in der Nähe der Elektroden registriert, erlauben es die EKP, frühe subkortikale (Hirnstamm-)Potenziale von späteren thalamischen und rein kortikalen Verarbeitungsprozessen zu unterscheiden.

1.3.1.3 Magnetenzephalographie (MEG)

Im Gegensatz zum EEG werden mit der MEG parallel zur Kortexoberfläche verlaufende magnetische Fel-

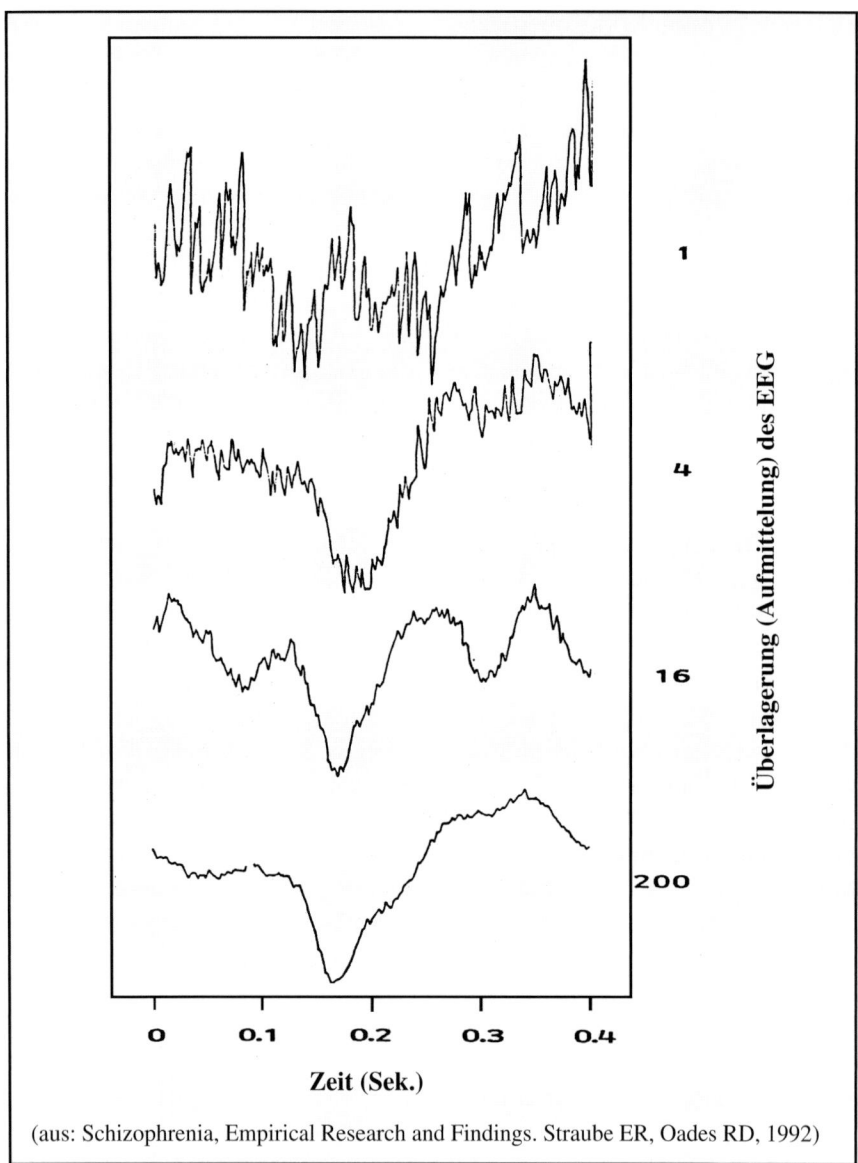

(aus: Schizophrenia, Empirical Research and Findings. Straube ER, Oades RD, 1992)

Abb. 6: Ereigniskorreliertes Potenzial, dargestellt durch die Aufmitte-
lung des EEG in definierter zeitlicher Folge nach dem Ereignis

der gemessen, die durch die elektrische Massenaktivität von Neuronenverbindungen entstehen (elektrische Leitung induziert immer ein senkrecht zu ihr stehendes magnetisches Feld). Dies geschieht u. a. mit Hilfe eines heliumgekühlten SQUID (Superconducting Quantum Interference Device)-Magnetometers. Das MEG verfügt bei gleich guter zeitlicher Auflösung über eine bessere Ortsauflösung als das EEG, da die magnetische Leitfähigkeit des Hirngewebes – und damit die Signalausbreitung innerhalb desselben – geringer ist als seine elektrische Leitfähigkeit. Zu beachten ist ferner, dass EEG und MEG unterschiedliche Signalquellen (vertikal vs. horizontal) registrieren und daher verschiedene Aspekte lokaler Erregungszustände abbilden können. Die MEG erlaubt es vor allem, Ströme dreidimensional darzustellen und auch tiefer gelegene Hirnstrukturen besser zu analysieren.

1.3.1.4   Bildgebende Verfahren

Die zerebral bildgebenden Verfahren nutzen die Tatsache, dass jegliche neuronale Aktivität eine lokale Veränderung von Hirnperfusion und -stoffwechsel nach sich zieht. Diese Veränderungen können durch die im Folgenden dargestellten Verfahren sichtbar gemacht werden.

1.3.1.4.1   Single-Photon-Emissions-Computer-Tomographie (SPECT)

Die im Rahmen der Untersuchung von kognitiven Prozessen am häufigsten angewandte SPECT-Methode benutzt radioaktives Xenon als Tracer, das entweder inhaliert oder injiziert wird. Das Xenon emittiert Photonen, die von geeigneten Kameras erfasst werden. Da sich Xenon homogen in Blut löst, können bei zerebralen Untersuchungen die Gehirnregionen mit einem erhöhten Blutfluss erfasst werden. Die wesentliche methodische Einschränkung der SPECT besteht neben der radioaktiven Belastung in einer nur geringen räumlichen Auflösung.

1.3.1.4.2   Positronen-Emissions-Tomographie (PET)

Bei der PET wird dem Blut ein Positronen aussendendes Isotop (^{18}F, ^{15}O, ^{13}N, ^{14}C) in Verbindung mit einer am Hirnstoffwechsel beteiligten Substanz zugesetzt. So kann z.B. Glukose mit ^{18}F (^{18}Fluorid-Desoxy-Glukose- oder FDG-PET) oder Wasser mit ^{15}O ($H_2{}^{15}O$- oder Wasser-PET) „markiert" werden. Mit FDG werden v.a. energieabhängige neuronale Prozesse, die vermehrt Glukose umsetzen, dargestellt; mit $H_2{}^{15}O$ vor allem Prozesse, die eine erhöhte Blutperfusion auslösen, da $H_2{}^{15}0$ sich homogen in Blut löst. Die Messung selbst beruht darauf, dass die von dem markierten Atom ausgesandten Positronen im Gewebe mit Elektronen kollidieren; dabei werden Gammastrahlen emittiert, die mit einem Detektor erfasst werden können. Hieraus lässt sich ein dreidimensionales Aktivitätsbild des Gehirns rekonstruieren. Die räumliche Auflösung dieser Technik liegt im Millimeterbereich, allerdings benötigt die Erstellung eines aussagekräftigen Bildes ca. 40 bis 90 Sekunden, sodass schnellere neuronale oder kognitive Prozesse nicht erfasst werden können. Darüber hinaus liefern PET-Bilder keine Darstellung der Anatomie des untersuchten Gehirns, weshalb sie in aller Regel mit computertomographischen oder magnetresonanztomographischen strukturellen Darstellungen kombiniert werden.

1.3.1.4.3 Funktionelle Magnetresonanztomographie (fMRT)

Atome mit ungerader Kernladungszahl verfügen über ein Eigendrehmoment, den so genannten Kernspin, dessen Ausrichtung über die Einstrahlung elektromagnetischer Hochfrequenzwellen beeinflusst werden kann. Die Orientierung erfolgt entlang des Magnetfeldes entweder parallel oder antiparallel, wobei lediglich die parallel ausgerichteten Spins kernmagnetische Resonanzeigenschaften aufweisen. Die Erfassung dieser Spinänderungen erlaubt die Erstellung sehr genauer anatomischer Abbilder des untersuchten Gehirns. Die Methode ist sowohl in vivo als auch in situ anwendbar. Bei der funktionellen MRT werden zusätzlich Schwankungen im Sauerstoffgehalt des arteriellen oder venösen Blutes in Abhängigkeit vom Aktivitätsgrad des Gehirns erfasst und bildlich dargestellt. Dies ist dadurch möglich, dass oxygeniertes und desoxygeniertes Hämoglobin unterschiedliche magnetische Eigenschaften besitzen. Ändert sich deren Verhältnis während neuronaler Aktivität durch den erhöhten Bedarf an oxygeniertem Hämoglobin, so ändert sich auch das magnetische Verhalten dieses Gehirngebietes. Die räumliche Auflösung der fMRT ist etwa mit der des PET vergleichbar. Mittels bestimmter Techniken (echoplanare Bildgebung etc.) lässt sich die Geschwindigkeit, mit der sich der lokale Oxygenierungsgrad des Blutes verändert, in weniger als einer Sekunde registrieren, sodass auch dynamische Veränderungen, wie sie im Rahmen kognitiver Leistungen erfolgen, zur Darstellung gelangen. Um die Aktivitätsverteilung während spezifischer kognitiver Leistungen ermitteln zu können, bedient man sich zusätzlich so genannter Subtraktionsverfahren. Dabei wird die Differenz der Hirnaktivität während der Bearbeitung einer kognitiven Aufgabe im Vergleich zu einer Kontrollbedingung (z. B. Ruhe) bestimmt.

1.3.2 Kognitionspsychologische Erfassungsmöglichkeiten

1.3.2.1 Wahrnehmung

Schon früh wurde dem Phänomen der Wahrnehmung und insbesondere den frühen visuellen Wahrnehmungsprozessen große Aufmerksamkeit gewidmet. Ein Maß für frühe visuelle Verarbeitungsprozesse ist die Fähigkeit, in einem kurzen Moment eine große Zahl von Einzelin-

formationen zu erfassen, ohne spätere kognitive Strategien einsetzen zu können. Ein historisches, dieses Problem sehr gut illustrierendes Beispiel gibt GREEN (1998) wieder. So wollte der Psychologe JEVONS (1871) überprüfen, was die Obergrenze für die exakte Erfassung einzelner Informationen darstellt. Hierzu führte er folgendes Experiment durch: Er warf eine große Anzahl von Bohnen in Richtung einer Schachtel, sodass eine unbestimmte Anzahl von Bohnen in die Schachtel fielen, die meisten aber daneben. In dem Moment, in dem ein Teil der Bohnen in die Schachtel fiel, stellte er eine Ad-hoc-Schätzung an über die Menge der Bohnen, d. h., er blickte *kurz* in die Schachtel, und zwar so kurz, dass er nicht zählen konnte. Danach verglich er seine Schätzung mit der tatsächlichen Anzahl von Bohnen in der Schachtel. Er führte dieses Experiment über eintausend Mal durch und fand, dass seine Schätzung nahezu immer korrekt war, wenn nicht mehr als 4 Bohnen in die Schachtel gefallen waren. Bei 6 Bohnen verminderte sich die korrekte Antwortwahrscheinlichkeit bereits auf 82 %, bei 10 Bohnen betrug sie nur noch 43 %. Dieses Experiment zeigte, dass maximal 4 bis 5 einzelne visuelle Informationselemente enkodiert werden können, wenn keine weiterführenden kognitiven Strategien benutzt werden (können).

In moderneren Untersuchungsansätzen zur Prüfung dieser frühen kognitiven Funktionen kommen tachistoskopische Präsentationen, heute meist mittels PC und Monitor, zum Einsatz. Tachistoskopie bedeutet lediglich, dass ein Stimulus für eine kurze, genau definierte Zeitspanne gezeigt wird. Diese Zeitspanne muss so kurz gewählt werden, dass wiederum keine Hilfsstrategien zur An-

wendung kommen können. Ein Beispiel für solche Untersuchungsansätze stellt der Span-of-Apprehension-Test dar (s. Abb. 7). Im dargestellten Fall muss der Proband entscheiden, ob ein Ziel (z. B. der Buchstabe „T" oder „F") in einem Feld von anderen Buchstaben enthalten ist oder nicht. Das Bild wird nur sehr kurz dargestellt (< 100 ms). Somit kann die Analyse nur stattfinden, wenn das Bild bereits wieder verschwunden ist, und zwar mit Hilfe

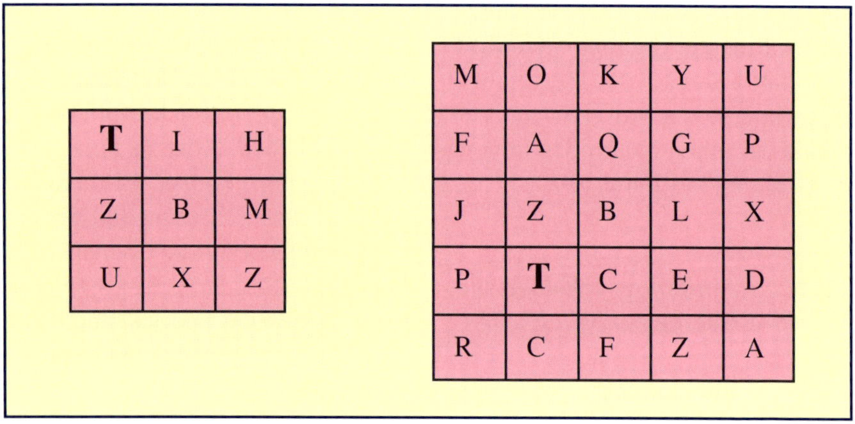

Abb. 7: Dargestellt ist ein Beispiel für den so genannten Span-of-Apprehension-Test. Links sind nur 8 Distraktorreize außer dem Zielreiz „T" aufgenommen, rechts sind es 24. Somit erhöht sich die Schwierigkeit, den Zielreiz zu erkennen, beträchtlich. Die Buchstabenfelder werden nur sehr kurz präsentiert, sodass es nicht möglich ist, Suchstrategien anzuwenden. Der Zielreiz in einem tatsächlichen Experiment ist natürlich nicht optisch hervorgehoben.

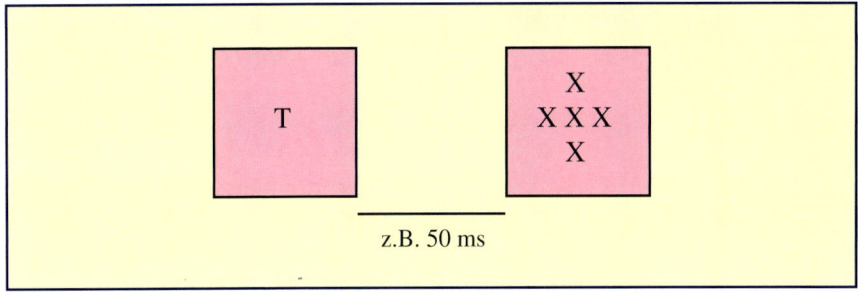

Abb. 8: Darstellung eines typischen Backward-Masking-Experiments. Die Erkennbarkeit des sehr kurz dargebotenen „T" wird durch die fast unmittelbar darauf folgende Präsentation einer Anzahl von „X" erschwert oder bei entsprechend kurzem Abstand gänzlich verhindert.

der so genannten inneren Repräsentation dieses Bildes, auch „Icon" genannt. Durch systematische Variation der Präsentationsdauer und der Zahl der ablenkenden Buchstaben kann der Schwierigkeitsgrad moduliert werden.

Eine andere Möglichkeit, die frühe visuelle Informationsverarbeitung zu testen, besteht in der Anwendung des so genannten Backward-Masking. Hierbei wird zunächst ein sehr einfacher Stimulus (in Abb. 8 ein „T") sehr kurz (5 bis 20 ms) dargeboten. Obwohl die Darbietungszeit extrem kurz ist, kann der Reiz von jedem absolut korrekt erkannt werden. Wird allerdings nach einer kurzen Pause ein Distraktor dargeboten (in Abb. 8 eine Anzahl von „X"), erschwert sich diese korrekte Erkenn-

barkeit des Zielreizes deutlich. Ist die Pause zwischen den beiden Stimuli kürzer als 100 ms, kann auch ein Gesunder den Zielreiz nicht mehr registrieren. Die Distraktorreize maskieren also den Zielreiz; da die Distraktorreize *nach* dem Zielreiz dargeboten werden, heißt die Prozedur Backward-Masking.

1.3.2.2 Aufmerksamkeit

Ein Standardmaß zur Überprüfung der Daueraufmerksamkeit – als Synonym wird häufig Vigilanz verwendet – ist der Continuous-Performance-Test (CPT), der ursprünglich entwickelt wurde, um die maximale Belastungsdauer von Soldaten an Radarschirmen mit einem sehr geringen Signal-Rausch-Verhältnis zu erfassen.

Mittlerweile gibt es zahlreiche Varianten dieses Testverfahrens. Die einzelnen Stimuli werden für einen kurzen Augenblick auf einem Bildschirm dargeboten, insgesamt wird der Test aber über eine längere Zeit, z. B. 10 Minuten, durchgeführt. Die Aufgabe besteht nun darin, einen Knopf zu drücken, wenn ein Zielreiz

erscheint. Man muss also über eine bestimmte Zeitspanne darauf achten, ob ein Zielreiz kurz zu sehen ist. In Abb. 9 sind zwei Versionen des CPT dargestellt, die sich in ihrem Schwierigkeitsgrad unterscheiden.

Neben den beiden dargestellten Schwierigkeitsgraden kann auch noch die Erkennbarkeit der Reize durch verschiedene Varianten der Formauflösung erhöht werden (so

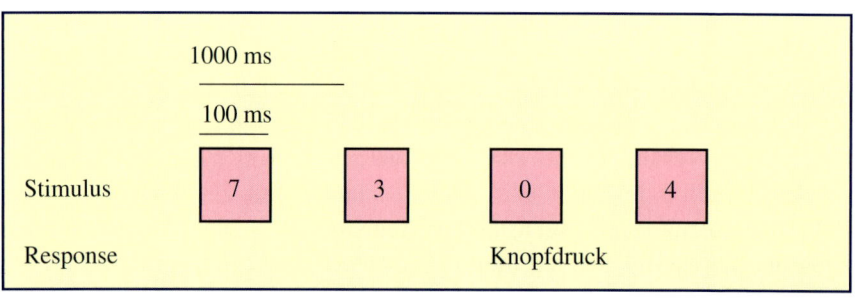

Abb. 9: a) Relativ einfache Version des Continuous-Performance-Tests. Es muss immer dann ein Knopf gedrückt werden, wenn eine „0" erscheint.

Abb. 9: b) Schwierigere Version des Continuous-Performance-Tests. Es muss immer dann ein Knopf gedrückt werden, wenn ein „T" erscheint, dem ein „T" vorausgegangen ist. Hierbei werden wesentlich höhere Anforderungen an die Aufmerksamkeit und zusätzlich an das Arbeitsgedächtnis gestellt.

genannte degradierte Versionen des CPT).

1.3.2.3 Gedächtnis

In Kapitel 1.1.3 sind die verschiedenen Einteilungsprinzipien des Gedächtnisses dargelegt worden. In der klinischen Praxis wird nun versucht, die meisten dieser Konstrukte in Form eines Gedächtnistestes zu berücksichtigen. Am häufigsten wird wohl die Wechsler-Memory-Scale-Revised (WMS-R) eingesetzt. Die Gedächtnisfunktionen, die von dieser Skala erfasst werden, schließen die Merkfähigkeit für verbale und figürliche Stimuli unter Berücksichtigung der Antwortlatenz, also sowohl sofortiges als auch verzögertes Antworten, ein. Die WMS-R umfasst die im Folgenden kurz charakterisierten Untertests, die jeweils einen bestimmten Bereich des Gedächtnisses erfassen.

- Orientierung: biographische Daten und Gegenwartsinformationen, Orientierungsfragen. Fragen zu biographischen Daten sind etwa „Wie alt sind Sie?" oder zu Gegenwartsinformationen „Wer ist der Ministerpräsident?". Eine typische Orientierungsfrage lautet: „Welchen Tag des Monats haben wir?"
- Information: Informationen aus dem Langzeitgedächtnis
- Mentale Kontrolle: Zahlen rückwärts von 20 bis 1 aufzählen, in Dreierschritten zählen mit Zeitbegrenzung, Aufsagen des Alphabets, Zählen, Addieren
- Figurales Gedächtnis: 1 von 3 sowie 3 von 9 Mustern wiedererkennen mit Zeitlimit; erfasst das Kurzzeitgedächtnis
- Logisches Gedächtnis I: unmittelbare Gedächtnisspanne, sofortige Reproduktion von zwei vorgelesenen Geschichten
- Visuelle Paarerkennung I: Fähigkeit zum Assoziationslernen im visuellen Bereich; es werden abstrakte Linienkonfigurationen gezeigt, jede mit einer anderen Farbe kombiniert; die entsprechenden Farben sollen danach aus sechs unterschiedlichen Farbvorlagen den einzelnen Linienkonfigurationen wieder zugeordnet werden
- Verbale Paarassoziationen I: Fähigkeit zum Assoziationslernen im verbalen Bereich; es werden Wortpaare vorgelesen, später soll beim Nennen eines Wortes das dazugehörige genannt werden
- Visuelle Reproduktion I: Merkfähigkeit und Lernen im visuellen Bereich; nach dem Betrachten

geometrischer Figuren sollen diese aus dem Gedächtnis gezeichnet werden; erfasst das Kurzzeitgedächtnis

- **Zahlennachsprechen:** unmittelbare Gedächtnisspanne (akustisch); zwei- bis siebenstellige Zahlen sollen in der Reihenfolge der einzelnen Ziffern bzw. rückwärts nachgesprochen werden
- **Visuelle Gedächtnisspanne:** Merkfähigkeit und räumliches Orientieren im visuellen Bereich; vom Testleiter aufgezeigte Reihenfolge von Quadraten soll vorwärts und rückwärts reproduziert werden, wobei die Anzahl der Quadrate zunimmt
- **Logisches Gedächtnis II:** entspricht logischem Gedächtnis I mit einer Verzögerung von 30 Minuten; Merkfähigkeit logischer Zusammenhänge über die Zeit; erfasst das Langzeitgedächtnis
- **Visuelle Paarerkennung II:** entspricht visueller Paarerkennung I; Behalten gelernter Assoziationen über die Zeit; erfasst das Langzeitgedächtnis
- **Verbale Paarassoziationen II:** entspricht verbalen Paarassoziationen I mit einer Verzögerung von 30 Minuten; Behalten gelernter verbaler Assoziationen über die Zeit; erfasst das Langszeitgedächtnis

- **Visuelle Reproduktion II:** entspricht visueller Reproduktion I mit einer Verzögerung von 30 Minuten; Merkfähigkeit visueller Inhalte über die Zeit; erfasst das Langzeitgedächtnis

Für die Auswertung werden zunächst für jeden Untertest Rohwerte ermittelt, die in Wertepunkte umgerechnet und addiert werden, diese werden in Indizes transformiert.

1.3.2.4 Exekutivfunktionen

Exekutivfunktionen werden am häufigsten mit dem Wisconsin-Card-Sorting-Test (WCST) überprüft. Der WCST (s. Abb. 10) basiert auf folgendem Ablauf: Der Proband bekommt 4 Karten vorgelegt und soll eine 5. Karte einer der 4 Karten zuordnen. Das Zuordnungsprinzip kann Farbe, Form oder Anzahl der Symbole sein; er weiß nicht, welches Zuordnungskriterium gilt. Er probiert also diese Regeln durch und findet er die zurzeit gültige, erhält er eine positive Rückmeldung vom Untersucher. Dann bleibt dieses Zuordnungskriterium für 10 Versuche konstant. Bei der 11. Zuordnung wechselt es plötzlich und unerwartet und für den Probanden gilt eine andere Regel, die er durch möglichst systematische Variation seines Vorgehens – basierend auf den Rückmeldungen des Untersuchers – wieder neu finden muss und so fort. Um diesen Test erfolgreich bewältigen zu können, muss der Proband ein Konzept erkennen (Finden der Zuordnungsregel), dieses Konzept beibehalten (während der 10 Darbietungen, die nach der gefundenen Regel

erfolgen) und darüber hinaus in der Lage sein, dieses Konzept sinnvoll zu ändern (bei dem Wechsel der Zuordnungsregel nach 10 Versuchen).

1.3.2.5   Intelligenz

Wie in Kapitel 1.1.5 ausgeführt stellt die Intelligenz „ein hypothetisches

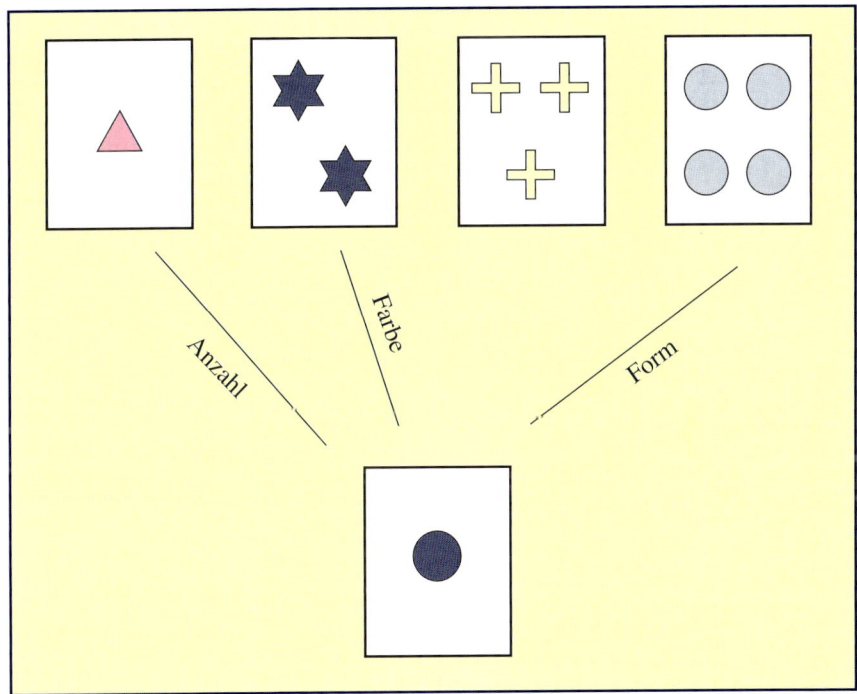

Abb. 10: Prinzip des WCST. Die unten dargestellte Karte muss einer der vier oben aufgedeckten Karten zugeordnet werden. Dies kann nach einem der drei dargestellten Zuordnungsprinzipien erfolgen; für weitere Details siehe Text.

Konstrukt dar, ... eine zusammengesetzte globale Fähigkeit des Individuums, zielgerichtet zu handeln, rational zu denken und sich wirkungsvoll mit seiner Umwelt auseinander zu setzen". Sie wird als eine Funktion der individualspezifischen Ausprägung und Kombination verschiedener Fähigkeiten aufgefasst.

Im Folgenden soll gezeigt werden, wie diese mysteriöse Größe Intelligenz relativ unspektakulär und dabei reliabel und objektiv „gemessen" werden kann: Wechslers Skalen zur Messung der Intelligenz wurden im Jahre 1939 erstmals als Wechsler-Bellevue-Intelligence-Scale veröffentlicht und zur Anwendung gebracht. Die deutsche Version, der Hamburg-Wechsler-Intelligenztest für Erwachsene (HAWIE), erschien erstmals 1956 in der Fassung von HARDESTY und LAUBER. Zwischenzeitlich vorgenommene Revisionen des Tests betrafen lediglich einzelne Aufgabeninhalte, die Skalentypen sind seit jeher in unveränderter Form erhalten.

Anders als in vielen der heute gleichfalls gebräuchlichen Testverfahren werden die zu lösenden Aufgaben nicht nach dem Multiple-Choice-Prinzip mit vorgegebenen Antwortalternativen dargeboten, was möglicherweise zulasten der Auswerterobjektivität geht, anderseits jedoch

gestattet, neben rein formalen Ergebnisregistrierungen auch Aussagen über das Lösungsverhalten des Probanden zu treffen. Denn gerade im klinischen Alltag ist neben dem Testresultat der Weg, auf dem es erzielt wurde, von großem Interesse, da sich hieraus häufig auf allgemeine Problemlösungsstrategien und kognitive Verarbeitungsmodi des Untersuchten schließen lässt.

Testaufbau

Der HAWIE-R besteht aus elf Untertests, die einem Verbal- und einem Handlungsteil zuzuordnen sind:

Verbalteil	**Handlungsteil**
Allgemeines Wissen	Bilderergänzen
Zahlennachsprechen	Bilderordnen
Wortschatztest	Mosaiktest
Rechnerisches Denken	Figurenlegen
Allgemeines Verständnis	Zahlen-Symbol-Test
Gemeinsamkeitenfinden	

Inhaltliche Bedeutung der Untertests
Das *Allgemeine Wissen* prüft das Wissen, „das sich ein Durchschnittsmensch mit durchschnittlichen Bildungsmöglichkeiten selbst aneignen kann" (MATARAZZO, 1982). Es gilt dabei jedoch die soziokulturellen Bedingungen, unter denen der Proband lebt, zu berücksichtigen, da diese seine Bildung maßgeblich beeinflussen können. Dennoch bildet dieser Untertest das intellektuelle Niveau gut ab, da er das Allgemeinwissen und auch die Aufgeschlossenheit einer Person gegenüber der Umwelt, in der sie lebt, widerspiegelt. Die abgefragten Wissensbereiche sind sehr heterogen gehalten, auf komplizierte Aufgabenkonstruktionen wurde bewusst verzichtet.

Es werden insgesamt 24 Fragen gestellt, die nach Schwierigkeitsgrad geordnet sind. So lautet die erste Frage „Wie viel Monate hat ein Jahr?", die 14. Frage „Wie viel Einwohner hat Deutschland" und die 24. und schwerste Frage „Wie viel Planeten hat das Sonnensystem?"

Ein gestörtes Zahlengedächtnis, wie im Test *Zahlennachsprechen* erfassbar, kann als Hinweis auf das Vorhandensein hirnorganischer Erkrankungen mit Beeinträchtigung verschiedener Gedächtnisbereiche gewertet werden oder aber auf Aufmerksamkeitsstörungen jedweder

Genese bzw. eine erhöhte Testangst hindeuten.

Beim Zahlennachsprechen (vorwärts und rückwärts) werden 3 bis 9 Zahlen vorgegeben, diese müssen in der richtigen Reihenfolge entweder vorwärts oder rückwärts wiedergegeben werden, z. B. 5-8-2 (3 Zahlen) oder 2-7-5-8-6-2-5-8-4 (9 Zahlen).

Der *Wortschatztest* gilt als „exzellentes Maß" der allgemeinen Intelligenz und ist allem Anschein nach weitgehend unabhängig vom Lebensalter (MATARAZZO, 1982). Daneben gibt er Auskunft über die Lernfähigkeit des Probanden und die individuell zu bewältigende verbale Informationsbreite.

Fragen im Wortschatztest sind beispielsweise „Was bedeutet Apfel?" (Antwort: Obst, Frucht) oder – schwerer – „Was bedeutet anonym?" (Antwort: unbekannt, geheim, ohne Namen).

Rechnerisches Denken, von WECHSLER (1939) als „gutes Maß für die geistige Beweglichkeit" und von MATARAZZO (1982) als „allgemeines Intelligenzmaß" bezeichnet, ist in hohem Maße von schulischer/beruflicher Erfahrung beeinflusst und stellt hohe Anforderungen an das Aufmerksamkeits- und Konzentrationsvermögen der Testperson.

Dazu eine einfache Aufgabe: „Sie haben drei Mäntel und verschenken einen davon. Wie viel Mäntel haben Sie übrig?" (Antwort: 2; in 15 Sekunden zu geben). Die schwierigste Anforderung lautet: „Mit 8 Maschinen kann man eine Arbeit in 6 Tagen erledigen. Wie viele Maschinen sind nötig, um die gleiche Arbeit in einem halben Tag zu erledigen?" (Antwort: 96; in 120 Sekunden zu geben). Der Untertest *Allgemeines Verständnis* sei im Wesentlichen geeignet, den „gesunden Menschenverstand" zu prüfen, daneben erfasse er die generelle Fähigkeit, aus Erfahrung zu lernen und in Ursache-Wirkungs-Zusammenhängen zu denken. Dabei sind auch Sprachverständnis und sprachliches Ausdrucksvermögen von großer Wichtigkeit.

Das *Gemeinsamkeitenfinden* dient der Prüfung des allgemeinen Abstraktionsvermögens. Es werden somit Aussagen hinsichtlich der logischen Struktur der Denkprozesse des Probanden möglich (WECHSLER, 1939; MATARAZZO, 1982). Neben der quantitativen ist hierbei auch die qualitative Testauswertung bedeutsam. So neigen schizophrene Patienten beispielsweise zu einem übergeneralisierenden Antwortverhalten. Eine einfache Aufgabe lautet „Apfelsine – Banane" (Antwort: Obst), schwerer ist „Zoo – Bücherei" (Antwort: Sammlung, Aufbewahrung, Ausstellung von Dingen).

Die Fähigkeit, Wichtiges von Unwichtigem auf einer visuellen Vorlage zu unterscheiden, wird mit dem Untertest *Bilderergänzen* erfasst. Mit dem Bilderergänzen kann also die Wahrnehmung, Begriffsbildung, der Realitätsbezug sowie das visuelle Identifikationsvermögen geprüft werden, was eine Differenzierung insbesondere im unteren Intelligenzbereich erlaubt. Bei den vorgelegten Bildern fehlt ein wesentlicher Teil, z. B. bei einer Tür der Griff, was erkannt und benannt werden muss.

Das *Bilderordnen* prüft die Fähigkeit des Probanden, komplexe Situationen in ihrer Gesamtheit zu erfassen und einzelne Teilaspekte auch hinsichtlich ihrer sozialen Bedeutung richtig einzuschätzen. Die vorgelegten Bilder müssen in eine logisch stimmige Reihe gebracht werden.

Der *Mosaiktest* erfasst die Fähigkeit, Formen wahrzunehmen, zu analysieren und das Ganze in seine Komponenten zu zerlegen; mit diesem Untertest wird also wiederum problemlösendes Denkvermögen untersucht (s. Abb. 11). Des Weiteren kann beobachtet werden, wie sich der Proband mit der Aufgabe auseinander setzt und welche Lösungsstrategien er verfolgt. Vorgegeben werden Holzklötze, auf die z. T. farbige Dreiecksmuster aufgemalt sind. Diese Holzklötze sollen so gelegt werden, dass sie mit einer Vorgabe übereinstimmen.

Das *Figurenlegen* erfasst, inwieweit der Proband mit einzelnen Figuren vertraut und in der Lage ist, Relationen zwischen Teilen und dem Ganzen herzustellen. Über die Beobachtung des Lösungsverhaltens kann außerdem geprüft werden, ob der Proband zielgerichtet oder nach „Versuch und Irrtum" arbeitet, wie er auf Fehler reagiert und mit Misserfolgen umgeht. Vorgegeben werden 4 Kartons mit Einzelteilen, die jeweils zu einer Figur zusammengesetzt werden müssen (Mann, Profil, Hand, Elefant).

Der *Zahlen-Symbol-Test* erfasst die allgemeine psychomotorische Geschwindigkeit und ist laut WECHSLER (1939) ein gutes Maß für das Konzentrationsvermögen.

Der *Gesamt-IQ* erlaubt eine näherungsweise Beurteilung des allgemeinen intellektuellen Leistungsvermögens. Unterschiede zwischen Verbal- und Handlungsteil deuten auf entsprechende „Begabungen"

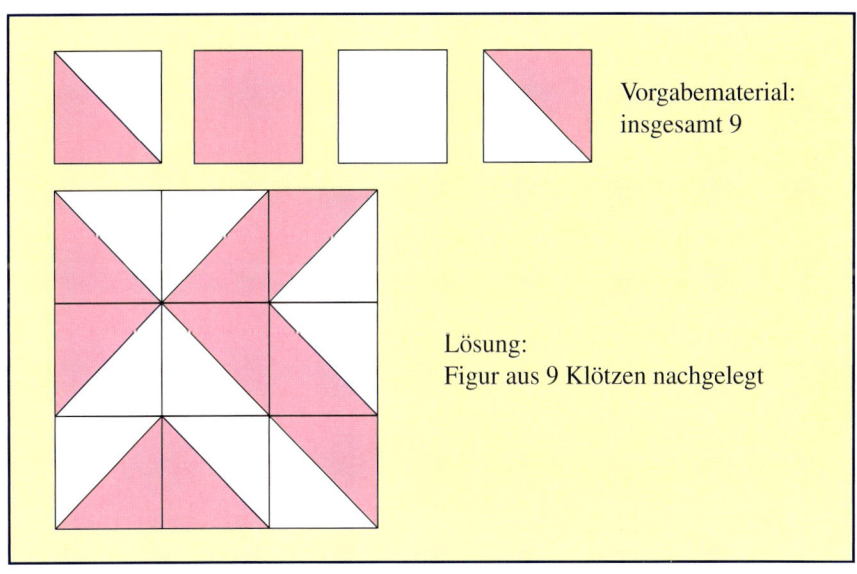

Vorgabematerial:
insgesamt 9

Lösung:
Figur aus 9 Klötzen nachgelegt

Abb. 11: Mosaiktest des HAWIE. Aus 9 vorgegebenen Klötzen mit den in der oberen Reihe dargestellten aufgedruckten Mustern muss die untere Figur, die vorgegeben wird, nachgelegt werden.

des Probanden hin. Leistungsdefizite sollten stets im milieu- und krankheitsspezifischen Kontext gesehen und interpretiert werden.

Auswertung

Die Leistungen in den verschiedenen Untertests werden zunächst als Rohpunktwerte erfasst und auf Skalen unterschiedlicher Länge quantifiziert. Zum Zwecke der Vergleichbarkeit erfolgt anschließend eine Transformierung in so genannte Wertpunkte. Die Wertpunktskala hat einen Mittelwert von 10 und eine Standardabweichung von 3 Punkten. Zusätzlich sind die Leistungen im Verbal- und Handlungsteil sowie die Gesamttestleistung auf einer IQ-Skala mit einem Mittelwert von 100 und einer Standardabweichung von 15 Punkten zu bestimmen. Der individuelle Intelligenzquotient wird bestimmt, indem die Wertpunktsumme für jede Altersgruppe gesondert in IQ-Werte umgerechnet wird.

Literatur

ANDERSON JR. Kognitive Psychologie – Eine Einführung. 2. Aufl. Spektrum der Wissenschaft Verlagsgesellschaft: Heidelberg 1989.

ATKINSON RC, SHIFFRIN RM. Human memory: A proposed system and its control processes. In: SPENCE KW, SPENCE JT (Hrsg.). The psychology of learning and motivation, Vol. 2. Academic Press: New York 1968.

BADDELEY AD, HITCH G. Working memory. In: BOWER GH (Hrsg.). The psychology of learning and motivation. Vol. 8. Academic Press: New York 1974.

BROADBENT D. Perception and communication. Pergamon: Oxford 1958.

DE BONO E. The mechanism of mind. Penguin: Harmondsworth 1969.

FREUD S. Psychopathology of everyday life. Allen & Unwin: London 1914.

GREEN DF. Schizophrenia from a neurocognitive perspective. Probing the impenetrable darkness. Allyn and Bacon: Boston 1998.

HARDESTY A, LAUBER H. Hamburg-Wechsler-Intelligenztest für Erwachsene (HAWIE). Huber: Bern 1956.

HARLOW HF. The formation of learning sets. Psychological Review 1949; 56: 51-65.

JEVONS WA. The power of numerical discrimination. Nature 1871; 3: 281-282

MATARAZZO JD. Die Messung und Bewertung der Intelligenz Erwachsener nach Wechsler. Huber: Bern 1982.

NEISSER U. Cognition and reality. WH Freeman: San Francisco 1976.

PIAGET J. The origins of intelligence in children. International Universities Press: New York 1952.

Spektrum der Wissenschaft. Spezial 1: Gehirn und Geist. Spektrum Akademischer Verlag: Heidelberg.

THORNDIKE EL. Animal intelligence: an experimental study of the associative process in animals. Psychological Review, Monograph, 1898; Suppl. 2, No. 4.

TREISMAN A. Contextual cues in selective listening. Quarterly Journal of Experimental Psychology 1960; 12: 242-248.

TREISMAN A. Verbal cues, language and meaning in attention. American Journal of Psychology 1964; 77: 206-214.

WECHSLER D. Measurement of adult intelligence. Williams & Wilkins: Baltimore 1939.

2. Kognitionsstörungen sind schizophrene Kernsymptome - H.-P. Volz -

2.1 Bereiche schizophrener Kognitionsstörungen

Die Beschreibung kognitiver Störungen bei schizophrenen Patienten ist keineswegs neu. Bereits in den Arbeiten von Kraepelin und Bleuler finden sich ausgedehnte Hinweise auf Kognitionsdefizite. Kraepelin (1913) beschrieb Störungen der Aufmerksamkeit und der Auffassung. So führt er aus: „Ganz allgemein geht ihnen Neigung und Fähigkeit ab, ihre Aufmerksamkeit aus eigenem Antriebe stark und dauernd anzuspannen. Oft ist es schon schwierig, sie überhaupt zum Aufmerken zu bringen." Diese Störung betrachtete er als zeitstabil, d. h. als sowohl in akuten als auch remittierten Krankheitszuständen vorhanden (heute auch häufig als „Trait"-Merkmal bezeichnet). Daneben sei auch die Auffassung insofern beeinträchtigt, als „... der Umfang und namentlich die Zuverlässigkeit der Auffassung entschieden verringert sind, am stärksten in den akuten Krankheitszuständen und dann wieder in den letzten Abschnitten des Leidens".

Bleulers (1911) Unterscheidung in Grund- und akzessorische schizophrene Symptome war bahnbrechend. Die Grundsymptome umfassen hierbei zwei Bereiche: die alterierten *einfachen Funktionen* (Assoziation, Affektivität, Ambivalenz) und die *zusammengesetzten Grundsymptome*. Zu Letzteren zählte er auch die Aufmerksamkeitsstörungen, wobei die so genannte passive Aufmerksamkeit ganz besonders betroffen sei. Bleuler führt hierzu aus: „Es ist zwar selbstverständlich, dass die interesselosen oder autistisch abgekapselten Patienten die Außenwelt sehr wenig beachten. Daneben wird aber merkwürdig viel von den Ereignissen registriert, um die sich die Patienten nicht kümmern. Die Auslese, die die normale Aufmerksamkeit unter den Sinneseindrücken trifft, kann bis auf Null herabgesetzt sein, sodass fast alles registriert wird, was den Sinnen zugeht. Die bahnende wie die hemmende Eigenschaft der Aufmerksamkeit ist also in gleicher Weise gestört."

Diese klaren Beschreibungen von KRAEPELIN und BLEULER sind auch erfahrenen Psychiatern aus eigener Betrachtung geläufig. So nehmen sie häufig Aufmerksamkeitsstörungen dergestalt wahr, dass ihre Patienten durch äußere, häufig irrelevante Stimuli als leicht ablenkbar wirken, die Betroffenen selbst berichten häufig von der Unfähigkeit sich zu konzentrieren, weil sie von Reizen geradezu überflutet werden.

Diese Erfahrungen von Patienten und Ärzten haben sich allerdings in den heute gültigen Diagnosemanualen, also der „International Classification of Diseases, 10th revision" (ICD-10) sowie dem „Diagnostic and Statistical Manual of Mental Disorders, 4th edition" (DSM-IV) bisher nicht niedergeschlagen. Dies mag in der schwierigen klinischen Beurteilung von Kognitionsstörungen begründet liegen. Im Nachfolgenden wird versucht aufzuzeigen, dass diese alterierten kognitiven Funktionen einen Kernbereich der schizophrenen Störung bilden.

Bei Durchsicht der wissenschaftlichen Literatur wird deutlich, dass eine große Zahl einzelner Kognitionsstörungen bei schizophrenen Patienten beschrieben und untersucht wurden. Im Folgenden wird der Schwerpunkt der Darstellung auf die Bereiche Wahrnehmung, (Dauer-) Aufmerksamkeit, Gedächtnis, Exekutivfunktionen sowie allgemeine Intelligenzleistungen gelegt. Hierbei finden in einigen Teilen die exzellenten Übersichten von GREEN (1998) sowie von GOUROVITSCH und GOLDBERG (1996) Berücksichtigung. Vor der Darstellung kognitiver Leistungseinschränkungen im engeren Sinne soll zunächst auf die so genannte Prepulse-Inhibition des Blinkreflexes als Beispiel für eine „präkognitive" Funktionseinschränkung bei schizophrenen Patienten eingegangen werden.

2.2 Vorbemerkung: Prepulse-Inhibition des Blinkreflexes als Beispiel für eine „präkognitive" Funktionsstörung bei schizophrenen Patienten

Die erste in diesem Kapitel vorgestellte Funktionsalteration bei schizophrenen Patienten beschreibt keine gestörte Kognitionsfunktion im engeren Sinne; vielmehr ist diese alterierte Funktion als Hinweis auf die Störung früher Verarbeitungsprozesse zu werten und zugleich ein Beispiel für einen Bereich, wo Schizophrene „besser" sind als Gesunde.

Es handelt sich um die so genannte Prepulse-Inhibition des Blinkreflexes.

Der Blinkreflex ist Teil einer allgemeinen Schreckreaktion auf z. B. einen lauten, scharfen Ton. Am besten kann dies an einem Beispiel verdeutlicht werden. Sie sitzen ganz entspannt in einem ruhigen Park. Plötzlich und unerwartet hören Sie ein lautes Geräusch, z. B. von einer Schreckschusspistole eines spielenden Kindes. Sie erschrecken. Ein Teil dieses Erschreckens spiegelt sich auch darin wider, dass Sie blinzeln. Die Amplitude dieses Blinzelns,

die Blinkamplitude, gemessen mit einem Okulogramm, steht in direkter Beziehung zum Ausmaß des erlebten Schrecks. Wenn nun vor dem lauten Knall ein leiser, weiter entfernter und eigentlich kaum beeinträchtigender Knall hörbar war, ist die Blinkamplitude auf den dann folgenden lauten Knall vermindert. Abb. 12 zeigt diese Verminderung des Blinkreflexes (der Blinkamplitude) durch einen Warnreiz, den so genannten Prepulse. Die Verminderung des Blinkreflexes durch einen Prepulse wird Prepulse-Inhibition genannt. Diese Prepulse-Inhibition ist nun

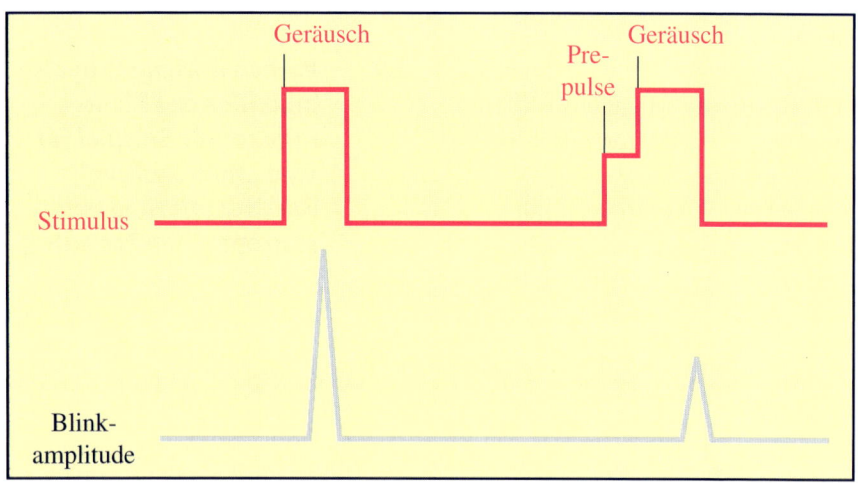

Abb. 12: Darstellung der so genannten Prepulse-Inhibition. Die Amplitude des Blinkreflexes (Blinkamplitude) wird bei der zweiten Darbietung durch einen kurz vorher gegebenen Warnreiz, den Prepulse, deutlich vermindert.

bei schizophrenen Patienten deutlich vermindert im Vergleich zu gesunden Kontrollpersonen, d. h., die Blinkamplitude ist versus Kontrollpersonen *erhöht* (z.B. BRAFF et al., 1978). Die Patienten sind viel weniger in der Lage, die zweite Reaktion nach dem Schreckreiz zu „dämpfen". Die Patienten weisen also eine gesteigerte Reaktion auf. Diese gesteigerte Reagibilität wird durch einen Verlust an Filterfunktionen („gating") erklärt, der es Gesunden ermöglicht, ihr Reaktionsausmaß anzupassen. Dies steht in guter Übereinstimmung zu den Berichten einzelner Patienten, dass sie von Außenreizen überflutet werden und es ihnen nicht gelingt, die relevanten Reize zu isolieren, sondern vielmehr jeder Reiz mit ähnlich ausgeprägter Intensität wahrgenommen wird, was im Sinne einer „ökonomischen" Reizverarbeitung ungünstig ist.

2.3 Einzelne kognitive Funktionsstörungen

2.3.1 Wahrnehmung (besonders frühe visuelle Verarbeitung)

Ein Maß für frühe visuelle Verarbeitungsprozesse ist die Fähigkeit, in einem kurzen Moment eine große Zahl von Einzelinformationen zu erfassen, ohne spätere kognitive Strategien einsetzen zu können. Der Span-of-Apprehension-Test (s. Kap. 1.3.2.1) ist bei akuten schizophrenen Patienten nahezu immer gestört, die Zahl der erkannten Reize ist geringer (GREEN, 1998). Neben diesen als Trait, also vom aktuellen Krankheitszustand abhängig, zu interpretierenden Befunden gibt es auch Hinweise für eine State-Charakteristik dieses Parameters, d. h. für eine Störung der Span-of-Apprehension auch im symptomfreien Intervall.

Zwei Studien belegen, dass die Testleistungen von remittierten schizophrenen Patienten selbst bei nur mittlerem Schwierigkeitsgrad vermindert sind (ASARNOW und MACCRIMMON, 1978; 1981). NUECHTERLEIN et al. (1991; zitiert nach GREEN, 1998) wiesen darüber hinaus in einer Längsschnittstudie nach, dass die Testleistung sowohl im psychotischen als auch im remittierten Zustand, wenn auch etwas geringer, im Vergleich zu gesunden, parallelisierten Probanden vermindert war (s. Abb. 13). Somit ist die verminderte Span-of-Apprehension-Testleistung nicht nur ein Trait-, sondern auch ein State-Merkmal.

Bisher wurde gezeigt, dass die Span-of-Apprehension-Leistung bei symp-

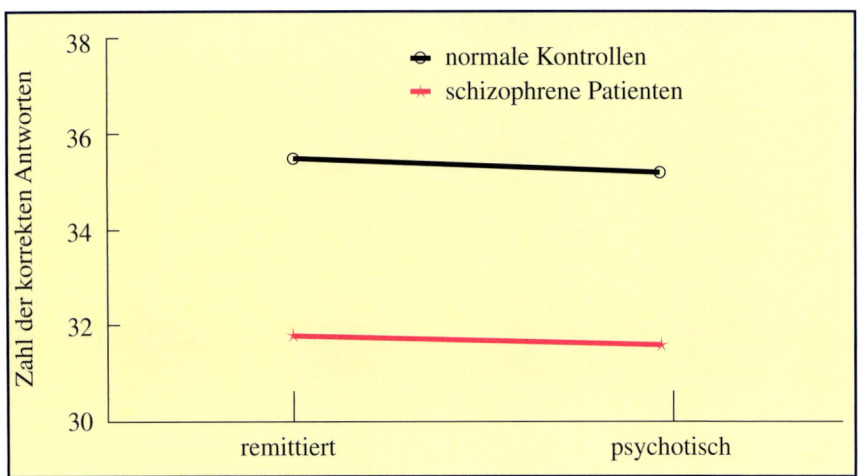

Abb. 13: Dargestellt ist in Rot die Leistung von 13 schizophrenen
Patienten im remittierten und psychotischen Zustand im Span-of-
Apprehension-Test. Präsentiert wurde ein 9-Buchstaben-Feld.
Oben ist die Leistung von parallelisierten Kontrollpersonen
aufgetragen. In beiden Krankheitsphasen ist die Leistung der
Patienten deutlich schlechter als die der Gesunden (modifiziert
nach NUECHTERLEIN et al.,1991; zitiert nach GREEN,1998).

tomatischen schizophrenen Patienten, aber auch im remittierten Zustand im Vergleich zu Gesunden
deutlich vermindert ist. Ein weiterer
Hinweis, dass es sich bei dieser
Leistungsminderung um einen basalen Defekt handelt, kann aus so
genannten High-Risk-Studien abge-
leitet werden. In einem typischen
High-Risk-Design werden Kinder
schizophrener Mütter mit Kontroll-
kindern, z. B. Kindern psychisch gesunder Mütter oder von Müttern mit
einer anderen psychiatrischen Erkrankung (z. B. affektive Störung)
verglichen. Ziel ist es festzustellen, wie stark bestimmte Merkmale
durch die Umwelt bedingt sind, also
auch bei den Kindern gesunder Mütter auftreten müssten, oder wie stark
sie auf eine Vulnerabilität (z. B. genetisch bedingt oder durch frühe
Entwicklungsstörungen ausgelöst)
hinweisen.
Zwei Untersuchungen an „Hochrisiko-Kindern", d.h., beide Elternteile

sind schizophren erkrankt, liegen mit dem Span-of-Apprehension-Test vor (ASARNOW et al., 1977; HARVEY et al., 1985). In der ersten Studie wiesen die Risikokinder schlechtere Leistungen als die Kontrollkinder auf, in der zweiten Untersuchung dagegen wurden keine Unterschiede zwischen den beiden Gruppen gefunden. Es gab allerdings zwischen beiden Studien einen gravierenden und vielleicht entscheidenden Unterschied: den visuellen Winkel, unter dem die Ziel- und Distraktorreize präsentiert wurden. Dieser war in der ersten Untersuchung groß, in der zweiten klein. Die Analysearbeit gestaltet sich aber deutlich schwieriger bei einem großen zu analysierenden Bild wie in der ersten Untersuchung. Somit folgt insgesamt, dass die Span-of-Apprehension bei schizophrenen Patienten in unterschiedlichen Krankheits- und Remissionsstadien sowie bei Risikoprobanden beeinträchtigt ist.

Wie in Kap. 1.3.2.1 ausgeführt, gibt es mit dem Backward-Masking-Test eine weitere Möglichkeit, frühe visuelle Verarbeitungsprozesse zu prüfen. Backward-Masking-Effekte können bei jedem Probanden ausgelöst werden, allerdings weisen schizophrene Patienten hier immer Defizite im Vergleich zu Gesunden auf, was darauf hindeutet, dass die Maske bei Schizophrenen stärker mit der visuellen Informationsverarbeitung interferiert als bei Kontrollprobanden (BRAFF, 1981; SACCUZZO und BRAFF, 1981; KNIGHT, 1982). Der genaue Mechanismus dieser stärker ausgeprägten Interferenz ist nicht bekannt, allerdings existieren Hinweise auf eine Störung der internalen Repräsentation – der Formierung des Icons – bei schizophrenen Patienten. Bei diesen dauert offensichtlich die Formierung des Icons länger als bei Gesunden, sodass sich die Maskierung als effektiver erweist. Backward-Masking hängt von der Interaktion spezifischer visueller Informationswege ab.

Auf die Frage, inwiefern die Backward-Masking-Defizite State- oder Trait-Charakter besitzen, gingen zwei Studien näher ein (MILLER et al., 1979; GREEN, nicht publiziert, zitiert nach GREEN, 1998). In beiden Untersuchungen (die zweite schloss auch medikationsfreie Patienten ein) wurde auch in remittiertem Zustand eine verminderte Backward-Masking-Leistung offensichtlich.

Ergebnisse einer Risikountersuchung an nicht erkrankten Geschwistern schizophrener Patienten liegen ebenfalls vor (GREEN et al., 1997). Der dafür eingesetzte Backward-Masking-Test wurde in zwei leicht unterschiedlichen Versionen dargeboten. Die erste Version benutzte sehr kurze Präsentationszeiten, um vor allem den visuell-perzeptiven Anteil der Analysearbeit zu untersuchen, während es in der zweiten Version längere Stimulationszeiten gab mit dem Ziel, die mit der Analyse des Reizmaterials verbundenen Aufmerksamkeitsprozesse besser zu erfassen. Insgesamt zeigten auch die gesunden Geschwister der Patienten Defizite in der Backward-Masking-Leistung, ganz besonders ausgeprägt in der ersten Version dieses Testes (s. Abb. 14). Dieses Ergebnis deutet zum einen darauf hin, dass die verminderten Backward-Masking-Leistungen eine Vulnerabilität für Schizophrenie darstellen, und zum anderen, dass diese Vulnerabilität v. a. gekennzeichnet ist durch Defizite in der frühen visuell-sensorischen Verarbeitung. Somit wiesen Erkrankte in beiden Testverfahren (Span-of-Apprehen-

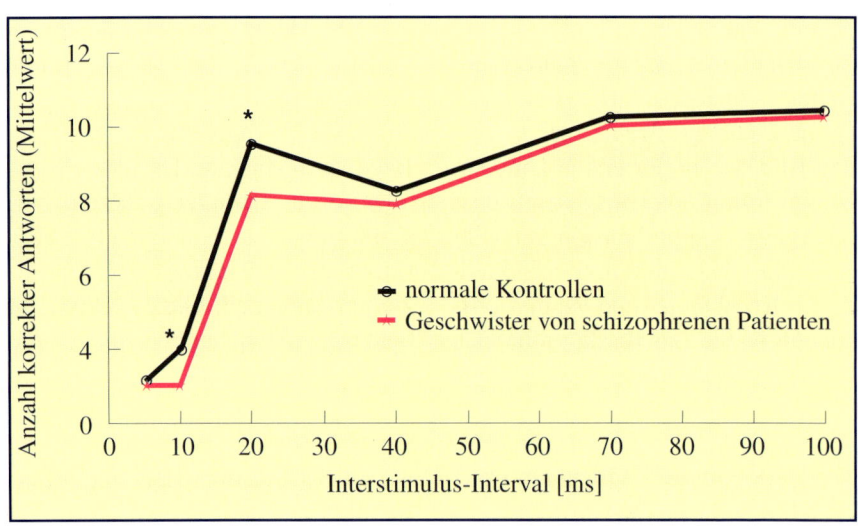

Abb. 14: Vergleich der Backward-Masking-Testleistung bei normalen Kontrollen und Geschwistern von schizophrenen Patienten. Besonders bei kurzen Interstimulus-Intervallen (und einer sehr effektiven Maskierung) zeigen auch die Geschwister der Patienten Defizite, die denen von Patienten ähneln (*p<.025) (modifizert nach GREEN et al., 1997)

sion-Test und Backward-Masking-Test) Defizite auf, die entweder eine Störung der Generierung einer internalen Repräsentation eines kurzen visuellen Reizes darstellen oder eine Störung bei der Extraktion von relevanten Informationen aus dieser Repräsentation.

2.3.2 Aufmerksamkeit

Der CPT (s. Kap. 1.3.2.2) ist ein geeignetes Verfahren, um Daueraufmerksamkeitsleistungen zu prüfen. Akut erkrankte schizophrene Patienten zeigen in allen CPT-Versionen Defizite gegenüber gesunden Probanden (ORZACK und KORNETSKY, 1966; NUECHTERLEIN, 1991; NUECHTERLEIN et al., 1992; CORNBLATT et al., 1989a).
Darüber hinaus konnten ASARNOW et al. (1978) sowie Steinhauer et al. (1991) in Querschnittsuntersuchungen aufzeigen, dass auch stabile remittierte Patienten bereits in mittelgradig schwierigen Versionen des CPT schlechte Testleistungen erbringen.
Den überzeugendsten Befund, wonach der CPT auch als stabiler Trait- und nicht nur als State-Marker anzusehen ist, erbrachte eine Langzeitstudie von NUECHTERLEIN et al. (1991, zitiert nach GREEN, 1998).

Diese Arbeitsgruppe untersuchte eine Population von 17 schizophrenen Patienten, und zwar einmal in remittiertem, stabilem Zustand und ein zweites Mal in der akuten Psychose unter Verwendung von zwei unterschiedlichen Versionen des CPT. Die erste Version war ein „degraded" CPT, d.h., die Stimuli wurden verschwommen dargeboten und waren daher schwer zu erkennen. Diese Form des CPT untersucht vor allem die Daueraufmerksamkeit bei erschwerter visueller Diskrimination. Die zweite CPT-Version verlangte, immer nur dann eine Taste zu betätigen, wenn eine „7" einer „3" folgte. Hier waren die Stimuli klar erkennbar, allerdings setzt die Erfüllung der genannten Aufgabe eine deutliche Aktivierung des Arbeitsgedächtnisses voraus, da man sich an die „7" erinnern muss, um festzustellen, ob eine „3" folgt. Geprüft wurde also eine CPT-Version mit erschwerter visueller Diskrimination vs. zusätzlicher Arbeitsgedächtnisleistung. Die erzielten Ergebnisse an schizophrenen Patienten im Vergleich zu Kontrollpersonen sind in Abb. 15 dargestellt.
In beiden Versionen sind die schizophrenen Patienten an beiden Untersuchungszeitpunkten signifikant schlechter als die Gesunden. Während dieser Unterschied bei der „de-

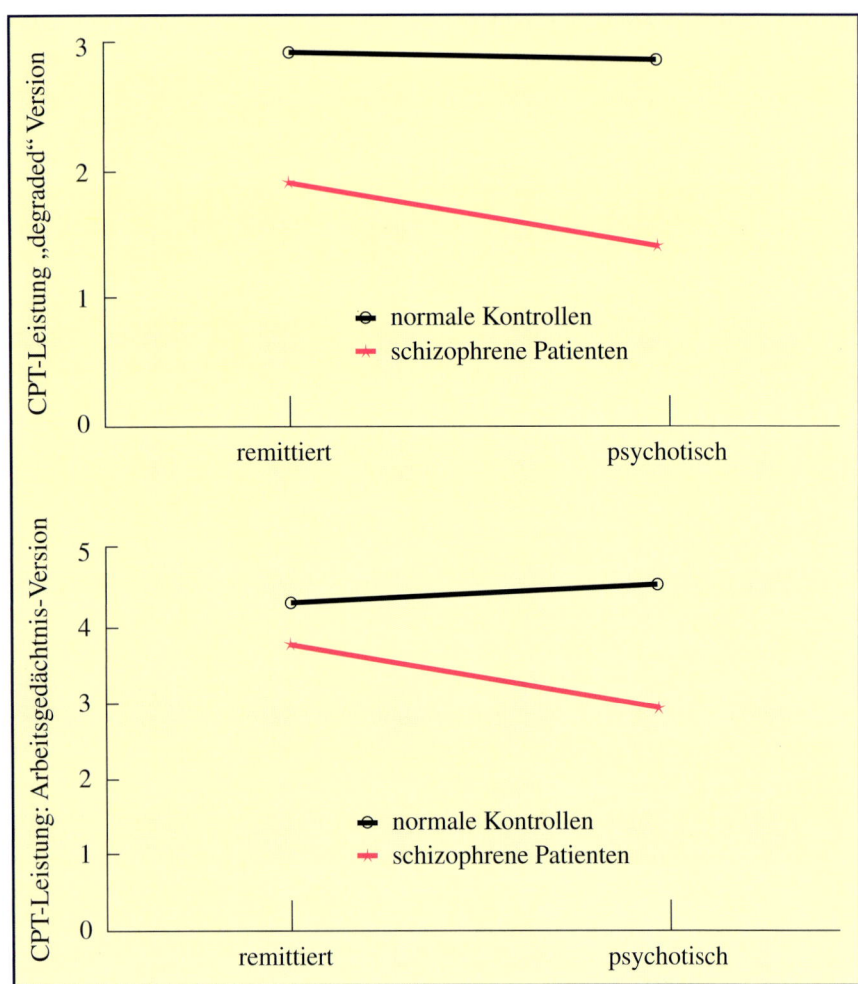

Abb. 15: Oben ist die CPT-Testleistung im remittierten und psychotischen Zustand von 17 schizophrenen Patienten in einer „degraded" Version des CPT dargestellt im Vergleich zu 17 parallelisierten Kontrollpersonen; unten das Ergebnis für eine Form des CPT, die wesentlich höhere Anforderungen an das Arbeitsgedächtnis stellt (modiziert nach Nuechterlein et al., 1991; zitiert nach Green, 1998)

„graded" Version des CPT in beiden schizophrenen Erkrankungsstadien gleich stark ausgeprägt ist, erhöht sich dieser Unterschied bei der „memory-working"-Version im psychotischen Zustand deutlich gegenüber dem remittierten. Die Schlussfolgerung aus diesen Testergebnissen kann nur lauten, dass Arbeitsgedächtniskomponenten state-abhängig sind und die stabilen Trait-Merkmale des CPT zusätzlich modifizieren.

Neben den dargestellten Untersuchungen an akuten und remittierten Patienten wurden auch Hochrisikoprobanden untersucht. Bei Kindern von schizophrenen Patienten stellte man fest, dass bei einfachen CPT-Versionen nur ein geringer Unterschied im Vergleich zu gesunden Kontrollpersonen besteht. Wird allerdings der Schwierigkeitsgrad durch eine „degraded" Version oder durch Anforderungen an das Arbeitsgedächtnis erhöht, zeigen sich die Defizite der Kinder Schizophrener deutlicher (RUTSCHMANN et al., 1977; 1986; CORNBLATT et al., 1989b; 1992; NUECHTERLEIN, 1991). In der zuletzt genannten Studie wurden auch Kinder von Patienten mit affektiven Erkrankungen eingeschlossen; diese Probanden zeigten nicht dieselben Defizite wie die Kinder von schizophrenen Patienten.

Neben Untersuchungen an Kindern von schizophrenen Patienten liegen auch Studien an deren Geschwistern und Eltern vor, die ähnliche Defizite wie bei den Kindern Schizophrener aufzeigen (GROVE et al., 1991; MIRSKY et al., 1992).

2.3.3 Gedächtnis

BLEULER beschrieb, wie oben bereits erwähnt, schon früh und überzeugend die Aufmerksamkeitsdefizite schizophrener Patienten. In Bezug auf die Gedächtnisfunktionen vertrat er allerdings die Meinung, dass diese bei schizophrenen Patienten keine Einschränkungen aufweisen.

Und in der Tat stellen sich die vorliegenden Befunde zu Gedächtnisleistungen schizophrener Patienten nicht so eindeutig dar wie bei den frühen visuellen Verarbeitungsschritten oder bei den Aufmerksamkeitsprozessen. Es finden sich Hinweise, dass die unterschiedlichen Gedächtnisfunktionen nicht in gleichem Ausmaß betroffen sind. Es scheint so, dass das verbale Gedächtnis, und zwar die Wiedergabeleistung als Teil des expliziten verbalen Gedächtnisses (NACHMANI und COHEN, 1969; CALEV, 1984) sowie das Arbeitsgedächtnis (PARK und HOLZMAN, 1992) am stärksten gestört sind. Darüber hinaus gibt es auch Befunde, die Defizite des prozeduralen Lernens als Teil des impliziten Gedächtnisses belegen (GRANHOLM et al., 1993; KERN et al., 1997).

Eine weitere besonders stark gestörte Gedächtnisfunktion bei schizophrenen Patienten ist das räumliche Gedächtnis. Dazu liegt eine interessante Untersuchung von PARK und HOLZMAN (1992) vor, die hier kurz als Beispiel dargestellt werden soll (Abb. 16).

Die Wissenschaftler untersuchten eine Gruppe von 12 schizophrenen Patienten und die gleiche Anzahl gesunder Probanden. Das Ergebnis ist in Abb. 17 dargestellt.

Während die schizophrenen Patienten bei der räumlichen Gedächtnisleistung deutliche Unterschiede im Vergleich zu den gesunden Kontrollen aufweisen, gibt es bei der sensorischen Aufgabe keine Leistungsdifferenzen.

2.3.4 Exekutivfunktionen

Bei der Arbeit mit schizophrenen Patienten fällt immer wieder auf, dass sie extreme Schwierigkeiten haben, abstrakte Problemstellungen zu bewältigen und längerfristige Planungen aufrechtzuerhalten. Diese häufig auch als Defizite in den Exekutivfunktionen beschriebenen Beeinträchtigungen haben zu einer Vielzahl von Untersuchungen geführt.

Schizophrene Patienten weisen im WCST (s. Kap. 1.3.2.4) und anderen Testverfahren für Exekutivfunktionen deutliche Leistungseinbußen auf, häufiger auch stärker ausgeprägt als bei anderen neurokognitiven Aufgaben (z. B. GOLDBERG et al., 1987). Der WCST erlangte in der Schizophrenieforschung u. a. deshalb eine so große Bedeutung, weil bei der Durchführung dieses Tests schizophrene Patienten im Vergleich zu Gesunden eine wesentlich verminderte hirnfunktionelle Aktivität im dorsolateralen präfrontalen Kortex aufweisen (s. Kap. 3.3).

Der WCST ist ein komplexer Test, der nicht nur Abstraktionsleistungen verlangt, sondern auch Anforderungen an die Aufmerksamkeit und an das Arbeitsgedächtnis stellt. So muss der Proband das erste Zuordnungskriterium herausfinden und dann danach arbeiten; wenn dieses wechselt, sollte er sich an die bereits ausprobierten Regeln erinnern, um keine unnötigen Fehler zu begehen. Um die beiden Funktionen Abstraktionsleistung und Arbeitsgedächtnis voneinander zu trennen, führten GLAHN et al. (1999) eine Studie durch, bei der sie das in Abb. 18 dargestellte Versuchsmaterial verwendeten.

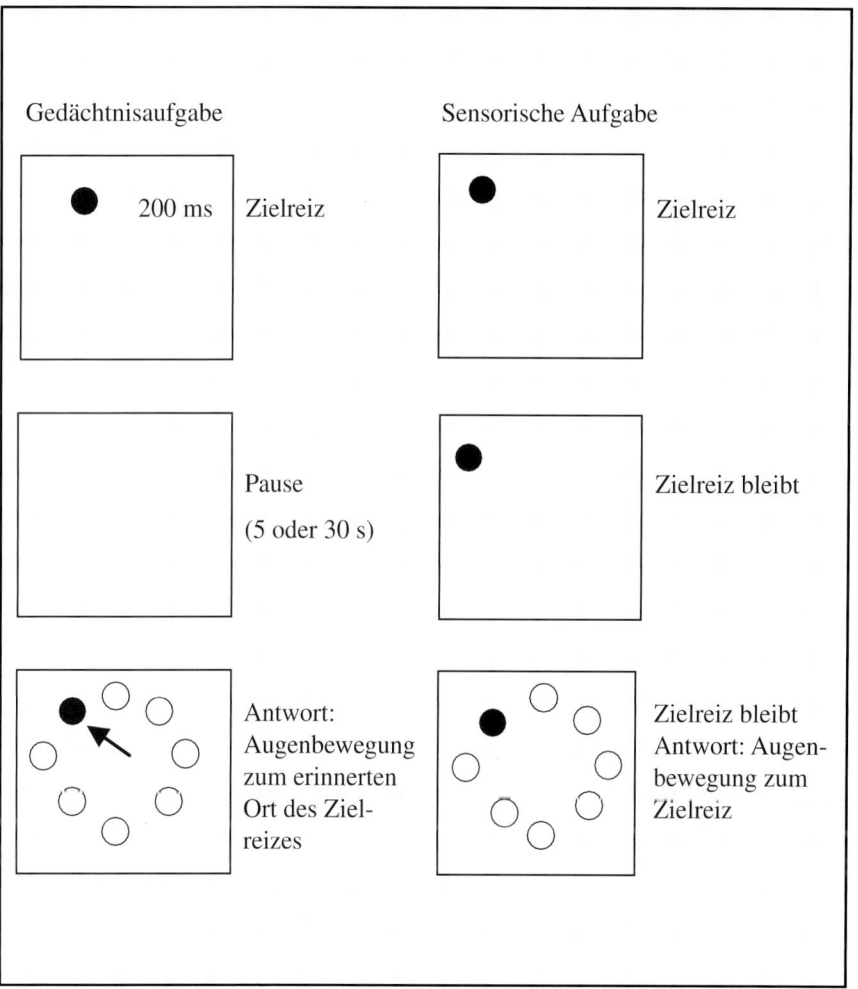

Abb. 16: Darstellung des räumlichen Gedächtnisexperiments von PARK und
HOLZMAN (1992). Bei der links dargestellten Aufgabe muss sich
der Proband merken, wo das Signal aufgeleuchtet hat, und nach
einer Pause in diese Richtung blicken, als Hilfe erhält er lediglich
eine vorgegebene Matrix. Als Kontrollbedingung dient das rechts
dargestellte Vorgehen: Hier bleibt der Zielreiz die ganze Zeit
über dargestellt, der Proband muss nur diesen Zielreiz anschauen.

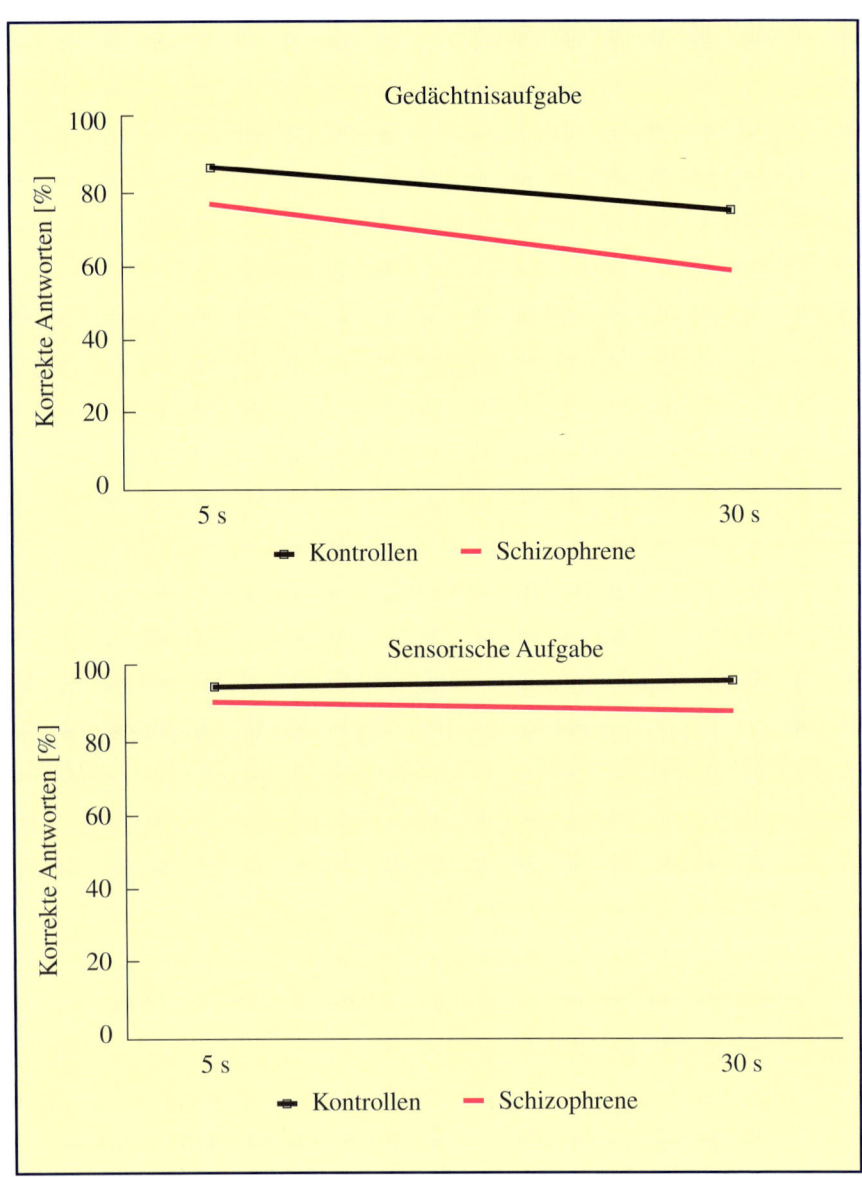

Abb. 17: Darstellung der Untersuchungsergebnisse von PARK und HOLZMAN (1992)

Dieses Experiment wurde an 64 schizophrenen Patienten und ebenso vielen gesunden Versuchsteilnehmern durchgeführt. Im ersten Durchgang waren alle fünf Figuren gleichzeitig zu sehen und der Proband führte die Zuordnung durch. Im zweiten Durchgang erschien zunächst nur die zuzuordnende untere Figur, die wieder verschwand, nach 2,5 Sekunden wurden dann die oberen vier Figuren gezeigt. Der Proband musste also aus dem Gedächtnis die nicht mehr sichtbare Figur zuordnen. Während die erste Aufgabe vor allem Abstraktionsleistungen verlangt, ist bei der zweiten Aufgabe noch zusätzlich das Arbeitsgedächtnis gefordert.

Das Ergebnis dieser Untersuchung fasst die Abb. 19 zusammen:
Wie aus der Abbildung hervorgeht, weisen schizophrene Patienten „reine" Abstraktionsdefizite auf, bei zusätzlichen Anforderungen an das Arbeitsgedächtnis kommt es aller-

Abb. 18: Schematische Darstellung des „Abstraction and Working Memory Tests", wie er von GLAHN et al. (1999) durchgeführt wurde. Die Aufgabe bestand darin, dass der Proband die untere Figur einer der oberen Figuren zuordnen musste. Dabei spielten Form und Farbe in unterschiedlichen Komplexizitätsgraden die entscheidenden Rollen. In diesem Fall hätte die untere Figur der linken oberen zugeordnet werden müssen (dieselbe Farbe und eine ähnliche Form).

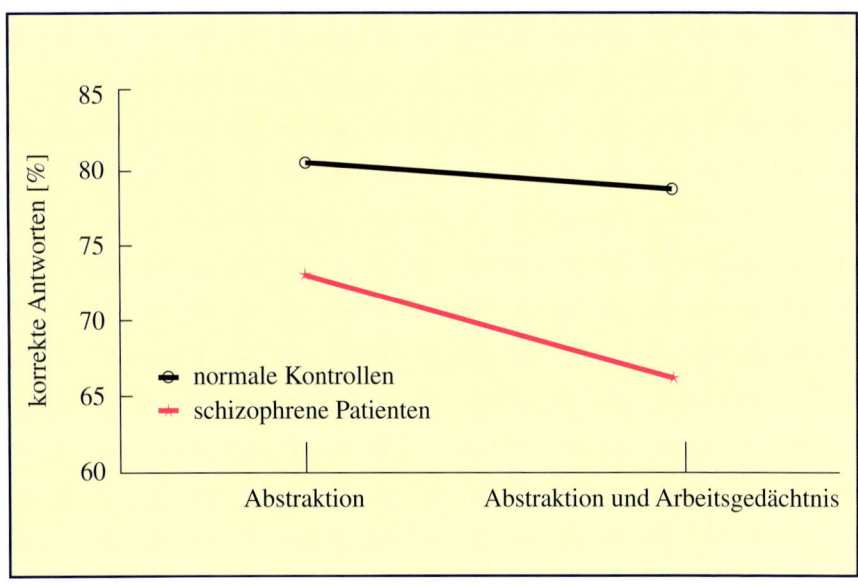

Abb. 19: Darstellung der korrekten Antworten in Prozent bei Durchführung des „Abstraction and Working Memory Tests". Links das Ergebnis, wenn ausschließlich Abstraktionsleistungen zur Erfüllung der gestellten Aufgabe notwendig sind, rechts wenn zusätzlich Arbeitsgedächtnisleistungen erbracht werden müssen (modifiziert nach GLAHN et al., 1999)

dings zu einer überproportionalen Leistungseinschränkung im Vergleich zu den Kontrollprobanden. Somit liegt der Schluss nahe, dass die ausgeprägten Leistungseinschränkungen schizophrener Patienten im WCST nicht ausschließlich durch Abstraktionsdefizite, sondern wesentlich durch ein insuffizientes Arbeitsgedächtnis zustande kommen.

2.3.5 Intelligenz

Intelligenz kann als allgemeine neurokognitive Leistungsfähigkeit umschrieben werden (GREEN, 1998). Nach der Definition von WECHSLER (s. Kap. 1.1.5) ist Intelligenz ein hypothetisches Konstrukt, das im Wesentlichen die Fähigkeit eines Menschen beschreibt, „zielgerichtet zu handeln, rational zu denken und sich wirkungsvoll mit seiner Umwelt auseinanderzusetzen". Allerdings sind konventionelle Intelligenzskalen, wie die von Wechsler entwickelte, keine guten Messinstrumente für kognitive Defizite im Bereich der Schizophrenie. Dies liegt in erster Linie daran, dass diese Skalen die bei schizophrenen Patienten beeinträchtigten kognitiven Bereiche wie z. B. die frühe visuelle Informationsverarbeitung oder das Gedächtnis nicht ausreichend erfassen. Dennoch zeigen schizophrene Patienten in den meisten Untersuchungen eine niedrigere Intelligenz im Vergleich zu Kontrollprobanden; diese verminderte Intelligenz ist nicht allein durch familiäre oder Umgebungseinflüsse erklärbar (Aylward et al., 1984), sie findet sich auch bei präschizophrenen Kindern, also bei Personen *vor* Ausbruch der Erkrankung. Das Defizit scheint dann allerdings bei Erkrankungsbeginn ausgeprägter zu sein, um später stabil zu bleiben (Goldberg et al., 1993).

Wie Aylward et al. (1984) und Green (1998) ausführen, kann diese Intelligenzminderung bei schizophrenen Patienten als ein vermittelnder Faktor oder als Zeichen der schizophrenen Prädisposition gesehen werden. Der erste Erklärungsversuch geht davon aus, dass Personen mit hoher Intelligenz besser mit Stressoren umgehen, die eine Schizophrenie auslösen können, d. h. dass diese Belastungen aufgrund der insgesamt besseren Verarbeitungs- und Reaktionsmechanismen für diese Menschen eine geringere Bedeutung haben, wohingegen Intelligenzgeminderte bei gleichen Stressoren aufgrund reduzierter Adaptationsmöglichkeiten mit dem Ausbruch der Erkrankung reagieren. Die Erklärungsalternative – Intelligenzminderung als Zeichen der schizophrenen Prädisposition – geht davon aus, dass das spezielle Defizit ein allgemeiner Ausdruck der genetischen Prädisposition und/oder der Störung der frühen Hirnentwicklung (s. Kap. 3.1) ist.

2.4 Das Spektrum der gestörten kognitiven Teilbereiche

Im vorangegangenen Kapitel wurden gestörte kognitive Einzelfunktionen in den Bereichen Wahrnehmung, Aufmerksamkeit, Gedächtnis, Exekutivfunktionen und Intelligenz beschrieben. Doch auch andere wichtige Teilfunktionen, wie räumliche Fähigkeiten, Sprache und sensomotorische Koordination, sind bei schizophrenen Patienten eingeschränkt. Dass bei Schizophrenen nicht nur *eine*, sondern *viele* kognitive Teilbereiche gestört sind, lässt sich besonders gut an Untersuchungen belegen, die zahlreiche Testverfahren simultan verwenden. Eine solche umfassende Untersuchung führten bespielsweise CANNON et al. (1994) durch.

Dabei erfassten sie die kognitive Leistungsfähigkeit in folgenden Teilbereichen:
• Abstraktion (also eine Exekutivfunktion)

• Aufmerksamkeit
• räumliche Fähigkeiten
• Gedächtnis (verbal, räumlich)
• sensomotorische Koordination
• Sprache

Die Ergebnisse dieser Studie sind in Abb. 20 dargestellt. Zunächst wurden 15 akut schizophrene, neuroleptikafreie Patienten im Vergleich zu gesunden Kontrollpersonen untersucht.

Wie zu erkennen, besteht generell

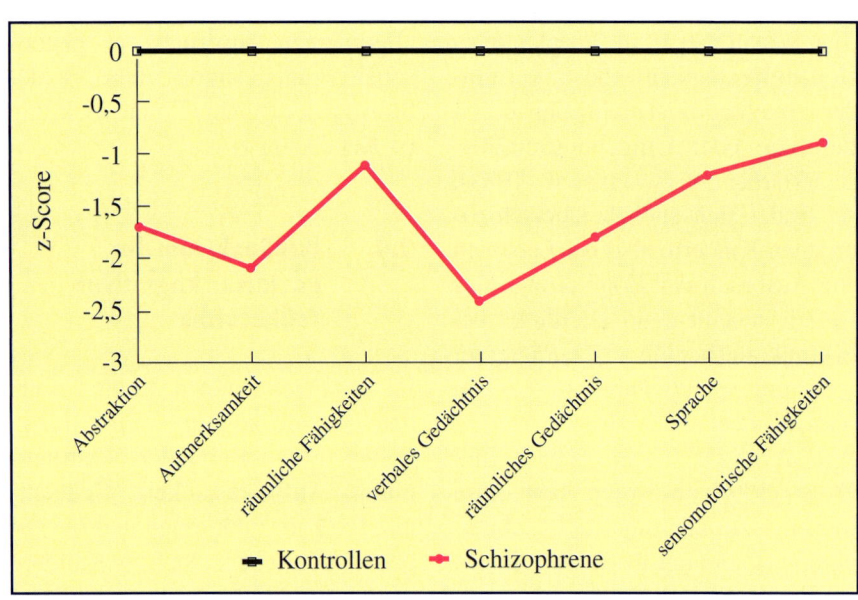

Abb. 20: Vergleich der so genannten z-Scores (für Probanden gleich 0 gesetzt) zwischen gesunden Kontrollen (N=31) und akut schizophren Erkrankten, die zum Untersuchungszeitpunkt frei von Neuroleptika waren (modifiziert nach CANNON et al., 1994)

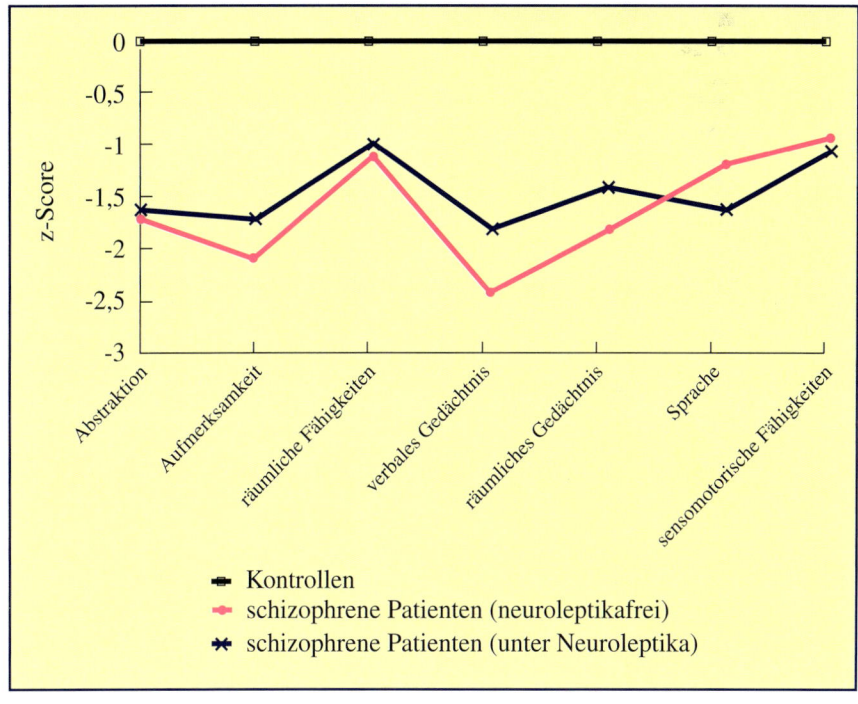

Abb. 21: Vergleich gesunde Kontrollen, neuroleptikafreie Patienten und dieselben Patienten nach 2 bis 4 Wochen unter Behandlung mit Neuroleptika (modifiziert nach CANNON et al., 1994)

ein vermindertes kognitives Leistungsvermögen, das in Bezug auf Aufmerksamkeit und verbale Gedächtnisleistungen die größten Defizite aufweist.

Dieselben schizophrenen Patienten wurden unter Neuroleptika in klinisch deutlich gebessertem Zustand nach 2 bis 4 Wochen nochmals untersucht (Abb. 21).

Daraus wird deutlich, dass (typische) Neuroleptika keine eindeutige Wirkung (s. auch Kap. 5.2) zeigen. Die kognitiven Störungen bleiben unter kurzfristiger Neuroleptika-Therapie *trotz* klinischer Besserung eindeutig bestehen. Dass es sich bei diesem Spektrum an kognitiven Einbußen tatsächlich um ein Charakteristikum der Erkrankung handelt, wurde in dieser Untersuchung durch den Einschluss von 16 nicht er-

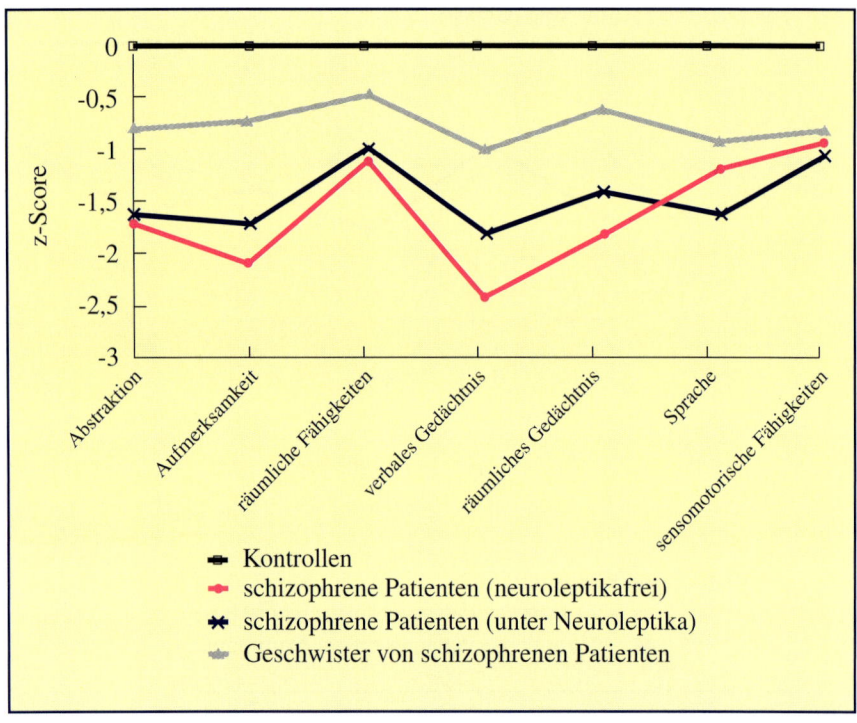

Abb. 22: In dieser Grafik ist auch die Leistungsfähigkeit der Geschwister der Patienten dargestellt (modifiziert nach CANNON et al., 1994)

krankten Geschwistern der Patienten gezeigt (Abb. 22).

Auch die gesunden Geschwister zeigen in nahezu allen kognitiven Teilbereichen eine deutliche, wenngleich nicht so ausgeprägte Funktionseinbuße wie die schizophrenen Patienten. Das breite Spektrum der gestörten Funktionen ist jedoch auch bei den Geschwistern vorhanden.

2.5 Erklärungsversuche für die zahlreichen kognitiven Störungen mit neuropsychologischen Modellen

Bei der Vielzahl der gestörten Funktionen stellt sich die Frage, ob nicht eine gemeinsame basale Störung als Erklärung für die Einschränkung jedes individuellen Teilgebietes vorliegt oder ob ein generalisiertes neurokognitives Defizit besteht.

Da schizophrene Patienten bei nahezu allen kognitiven Aufgaben Leistungseinbußen haben, könnte man auf das Vorliegen eines generalisierten neurokognitiven Defektes schließen, also auf eine umfassende Störung zahlreicher zerebraler Analyseprozesse mit ähnlich ausgeprägter Schwere. Allerdings sprechen eine Reihe von Argumenten gegen diesen Erklärungsansatz:

1. Schizophrene Patienten weisen zwar in den meisten neurokognitiven Teilbereichen Leistungsdefizite auf, allerdings in unterschiedlicher Ausprägung. Einige Teilfunktionen sind stärker betroffen als andere, z. B. Aufmerksamkeit und verbales Gedächtnis (CANNON et al., 1994, s. o.), beim Gedächtnis vor allem die Wiedergabe, weniger das Wiedererkennen, sowie Arbeitsgedächtnisleistungen unter Ablenkung (OLTMANNS und NEALE, 1975).

2. Die einzelnen kognitiven Leistungseinbußen in einer Gruppe schizophrener Patienten korrelieren untereinander nur gering (GREEN, 1998).

3. Der IQ als globales Maß für kognitive Leistungsfähigkeit sollte

mit den gestörten Teilfunktionen in einer engen Abhängigkeit stehen, was aber für den Span-of-Apprehension-Test und den CPT nicht der Fall ist (GREEN, 1998).

Wenn nunmehr nicht von einem generalisierten Leistungsdefizit ausgegangen wird, welche gestörten Einzelfunktionen könnten das Spektrum schizophrener Kognitionsstörungen erklären? Auf folgende zwei Hypothesen soll hier kurz eingegangen werden:

1. Die von NUECHTERLEIN und DAWSON (1984) postulierte Ansicht, dass schizophrene Patienten über geringere Aufmerksamkeitsressourcen verfügen.

2. Hypothesen zu Defiziten in sensorischen Filterprozessen.

ad. 1.

Dieses Modell geht davon aus, dass schizophrene Patienten über verminderte Aufmerksamkeitsressourcen verfügen, was zu den Einschränkungen der Aufmerksamkeit führte. Die reduzierte Aufmerksamkeitsleistung löst dann bei kognitiven Aufgaben mit Aufmerksamkeitskomponenten, und dies sind bei weitem die häufigsten, Fehler aus. Insbesondere die stärker als bei vielen anderen Testverfahren verminderten Leistungen im CPT (bei akut kranken Patienten, bei solchen im symptomfreien Intervall und bei Risikoprobanden) sprechen für eine zentrale Rolle der Aufmerksamkeitsstörung in der Genese neurokognitiver Defizite bei schizophren Erkrankten.

Allerdings stellt sich die Frage, wie sich – falls v. a. Aufmerksamkeitsprozesse betroffen sein sollen – die Defizite bei präkognitiven Aufgaben wie der Prepulse-Inhibition des Blinkreflexes (s. Kap. 2.2) oder bei der frühen visuellen Verarbeitung wie dem Span-of-Apprehension oder dem Backward-Masking erkären lassen.

ad. 2.

Hier hilft das erstmals von BROADBENT (1958) definierte Modell eines gestörten sensorischen Filterprozesses („sensory gating") weiter (s. auch Kap. 1.1.1). Sind solche Filterprozesse gestört, werden Informationen „unausgelesen" an weiterverarbeitende kognitive Prozesse geleitet, die aufgrund der so ausgelösten Informationsflut keine adäquate Leistung mehr erbringen können. Es wird also keine Informationswichtung bzw. -selektion bei schizophren Erkrankten durchgeführt, ein vorangegangener Warnreiz führt daher nicht zur Abschwächung des Blinkreflexes, eine Prepulse-Inhibition findet nicht statt. So könnten auch die Defizite in Wahrnehmungsexperimenten wie dem Span-of-Apprehension-Test und besonders der Backward-Masking-Aufgabe erklärt werden: Aufgrund einer nicht selektierten Informationsflut kommt es zu einer mangelhaften bzw. verspäteten Ausprägung des internen Icons, das zur korrekten Bewältigung dieser Tests weiter analysiert werden muss.

Diese Sichtweise erfährt eine gewisse Bestätigung durch die weiter oben bereits angeführten klinischen Beschreibungen mancher schizophrener Patienten, die sich vielfältigen Sinnesreizen ungeschützt ausgeliefert fühlen und darüber berichten, auditive und visuelle Reize intensiver, eindringender wahrzunehmen.

Obwohl die genannten Erklärungsversuche für das Spektrum der gestörten neurokognitiven Funktionen bei schizophrenen Patienten interessant und in einigen Teilen zutreffend sind, ist es bisher nicht gelungen, die eine oder andere dieser Theorien schlüssig zu beweisen, sodass diese Annahmen bisher vor allem zum Verständnis kognitiver Defizite beigetragen haben.

Literatur

Asarnow RF, Steffy RA, MacCrimmon DJ, Cleghorn JM. An attentional assessment of foster children at risk for schizophrenia. Journal of Abnormal Psychology 1977; 86: 267-275.

Asarnow RF, MacCrimmon DJ. Residual performance deficit in clinically remitted schizophrenics: A marker of schizophrenia. Journal of Abnormal Psychology 1978; 87: 597-608.

Asarnow RF, MacCrimmon DJ. Span of apprehension deficit during the post-psychotic stages of schizophrenia. Archives of General Psychiatry 1981; 38: 1006-1011.

Aylward E, Walker E, Bettes B. Intelligence in schizophrenia: Meta-analysis of research. Schizophrenia Bulletin 1984; 10: 430-459.

Bleuler E. Dementia praecox oder die Gruppe der Schizophrenien. Deuticke: Leipzig 1911.

Braff DL. Impaired speed of information processing in nonmedicated schizotypical patients. Schizophrenia Bulletin 1981; 7: 499-508.

Braff D, Stone C, Callaway E, Geyer M, Glick I, Bali L. Prestimulus effects on human startle reflex in normals and schizophrenics. Psychophysiology 1978; 15: 339-343.

Broadbent D. Perception and communication. Pergamon: Oxford 1958.

Cannon TD, Zorilla LE, Shtasel D, Gur RE, Gur RC, Marco EJ, Moberg P, Price RA. Neuropsychological functioning in siblings discordant for schizophrenia and healthy volunteers. Archives of General Psychiatry 1994; 51: 651-661.

Calev A. Recall and recognition in chronic nondemented schizophrenics: The use of matched tasks. Journal of Abnormal Psychology 1984; 93: 172-177.

Cornblatt BA, Lenzenweger MF, Erlenmeyer-Kimling L. The continuous performance test, identical pairs version: II. Contrasting attentional profiles in schizophrenic and depressed patients. Psychiatric Research 1989a; 29: 65.

Cornblatt BA, Winters L, Erlenmeyer-Kimling L. Attentional markers of schizophrenia: Evidence from the New York High Risk Study. In: Schultz SC, Tamminga CA (Hrsg.). Schizophrenia: Scientific Progress. Oxford University Press: New York 1989b.

Cornblatt BA, Lenzenweger MF, Dworkin R, Erlenmeyer-Kimling L. Childhood attentional dysfunction predicts social deficits in unaffected adults at risk for schizophrenia. British Journal of Psychiatry 1992; 161 (Suppl. 18): 59-64.

Glahn DC, Cannon TD, Gur RE, Ragland JD, Gur RC. Working memory constrains abstraction in schizophrenia. Biological Psychiatry 1999; 47: 34-42.

Goldberg TE, Weinberger DR, Berman KF, Pliskin NH, Podd MH. Further evidence for dementia of the prefrontal type in schizphrenia? A controlled study of teaching the Wisconsin Card Sorting Test. Archives of General Psychiatry 1987; 44: 1008-1014.

Goldberg TE, Hyde TM, Kleinman JE, Weinberger DR. Course of schizophrenia: Neuropsychological evidence for a static encephalopathy. Schizophrenia Bulletin 1993; 19: 797-804.

Gourovitch ML, Goldberg TE. Cognitive deficits in schizophrenia: Attention, executive functions, memory and language processing. In: Pantelis C, Nelson HE,

Barnes TRE (Hrsg.). Schizophrenia: A neuropsychological perspective. Wiley: Chichester 1996: 71-86.

Granholm E, Bartzokis G, Asarnow RF, Marder SR. Preliminary associations between motor procedural learning, basal ganglia T2 relaxation times, and tardive dyskinesia. Psychiatry Research: Neuroimaging 1993; 50: 33-44.

Green MF, Nuechterlein KH, Breitmeyer B. Backward masking performance in unaffected siblings of schizophrenia patients: Evidence for a vulnerability indicator. Archives of General Psychiatry 1997; 54: 465-472.

Green MF. Schizophrenia from a neurocognitive perspective. Allyn and Bacon: Boston 1998.

Grove WM, Lebow BS, Clementz BA, Cerri A, Medus C, Iacono WG. Familial prevalence and coaggregation of schizotypy indicators: A multitrait family study. Journal of Abnormal Psychology 1991; 100: 115-121.

Harvey PD, Weintraub S, Neale JM. Span of apprehension deficits in children vulnerable to psychopathology: A failure to replicate. Journal of Abnormal Psychology 1985; 94: 410-413.

Kern RS, Green MF, Wallace CJ. Declarative and procedural learning in schizophrenia: A test of the integrity of divergent memory systems. Cognitive Neuropsychiatry 1997; 2: 39-50.

Knight R. Specifying cognitive deficiencies in premorbid schizophrenics. Progress in Experimental Personality and Psychopathology Research 1982; 15: 252-289.

Kraepelin E. Psychiatrie (8. Aufl.). Johann Ambrosius Barth: Leipzig 1913.

Miller S, Saccuzzo D, Braff D. Information processing deficits in remitted schizophrenics. Journal of Abnormal Psychology 1979; 88: 446-449.

Mirsky AF, Lockhead SJ, Jones BP, Kugelmass S, Walsh D, Kendler KS. On familial factors in the attentional deficit in schizophrenia: A review and report of two new subject samples. Journal of Psychiatric Research 1992; 26: 383-403.

Nachmani G, Cohen BD. Recall and recognition free learning in schizophrenics. Journal of Abnormal Psychology 1969; 74: 511-516.

Nuechterlein KH, Dawson ME. Information processing and attentional functioning in the developmental course of schizophrenia disorders. Schizophrenia Bulletin 1984; 10: 160-203.

Nuechterlein KH. Vigilance in schizophrenia and related disorders. In: Steinhauer SR, Gruzelier JH, Zubin J (Hrsg.). Handbook of schizophrenia (Vol. 5). Elsevier: Amsterdam 1991; 397-433.

Nuechterlein KH, Dawson ME, Gitlin M, Ventura J, Goldstein MJ, Snyder KS, Yee CM, Mintz J. Developmental processes in schizophrenic disorders: Longitudinal studies of vulnerability and stress. Schizophrenia Bulletin 1992; 18: 387-425.

Park S, Holzman PS. Schizophrenics show spatial working memory deficits. Archives of General Psychiatry 1992; 49: 975-982.

Oltmanns TF, Neale JM. Schizophrenic performance when distractors are present: Attentional deficit or different task difficulty? Journal of Abnormal Psychology 1975; 84: 205-209.

Orzack MH, Kornetzky C. Attention dysfunction in chronic schizophrenia. Archives of General Psychiatry 1966; 14: 323-326.

Rutschmann J, Cornblatt B, Erlenmeyer-Kimling L. Sustained attention in children at risk for schizophrenia: Report on a continuous performance test. Archives of General Psychiatry 1977; 34: 571-576.

RUTSCHMANN J, CORNBLATT B, ERLENMEYER-KIMLING L. Sustained attention in children at risk for schizophrenia: Findings with two visual continuous performance tests in a new sample. Journal of Abnormal Child Psychology 1986; 14: 365-385.

SACCUZZO DP, BRAFF D. Early information processing deficit in schizophrenia. Archives of General Psychiatry 1981; 49: 175-179.

STEINHAUER SR, ZUBIN J, CONDRAY R, SHAW DB, PETERS JL, VAN KAMMEN DP. Electrophysiological and behavioral signs of attentional disturbance in schizophrenics and their siblings. In: TAMMIGA CA, SCHULZ SC (Hrsg.). Advances in neuropsychiatry and psychopharmacology, volume 1: Schizophrenia Research. Raven Press: New York 1991; 169-178.

3. Ursachen schizophrener Kognitionsstörungen - A. Höse / H.-P. Volz -

3.1 Neuronal-zelluläre Störungen

Es liegt eine Vielzahl von Befunden zu neuropathologischen Auffälligkeiten bei Schizophrenen vor. Diese sollen hier nicht unstrukturiert aufgezählt, sondern im Rahmen zweier Hauptkonzepte zur Ätiopathogenese der Schizophrenie (frühe vs. späte Störungshypothese) diskutiert werden.

Die *frühe Störungshypothese* postuliert, dass prä- und/oder perinatal durch unterschiedliche Faktoren (z. B. genetisch bedingt, intrauterine Ernährungsstörungen, Virusinfektionen, Geburtskomplikationen) neuronale Läsionen entstehen, die während der kindlichen Hirnreifung weitgehend klinisch stumm bleiben. Mit Beginn der Spätadoleszenz, wenn vermehrt zerebrale Funktionen benötigt werden, um den zunehmenden psychosozialen Anforderungen zu genügen, kann es auf der Basis dieser frühen Läsionen zur Dekompensation und letztlich zum Ausbruch der Erkrankung kommen. Eine bereits bei der Geburt vorhandene und in der Folge relativ stationäre neuronale Störung führte demnach zur Erkrankung.

Die *späte Störungshypothese* (auch als neurodegenerative Hypothese bezeichnet) geht hingegen davon aus, dass die Entstehung neuronaler Schädigungen der klinischen Manifestation der Schizophrenie nur kurze Zeit vorausgeht, dass vorher also keine (wesentlichen) zerebralen Auffälligkeiten vorhanden sind.

3.1.1 Neuronal-zelluläre Befunde, die für eine neuronale Entwicklungsstörung sprechen

Zahlreiche Autoren (s. Tab. 1) beschrieben im Rahmen von Post-mortem-Studien lokal veränderte neuronale Verteilungsmuster in den Gehirnen von Patienten, die zu Lebzeiten an einer schizophrenen Störung litten, und werteten dies als Ausdruck einer gestörten Ausrichtung der fetalen Neurone während der in-

Tab. 1: Untersuchungen zu Störungen der neuronalen Migration bei Patienten mit schizophrenen Störungen (modifiziert nach BECKMANN und JAKOB, 1994)

Quelle	Befund
JACOB und BECKMANN (1984; 1986; 1989; 1994)	– Störungen der Zellmigration im limbischen Allokortex (Area entorhinalis) – Störungen der Zytoarchitektur der Insel – Heterotopie der Prä-α-Zellen
KOVELMAN und SCHEIBEL (1984)	– Desorientierung der Pyramidenzellen und ihrer Fortsätze in der Hippocampusformation, die mit dem Grad der bei den Patienten beobachteten Verhaltensstörungen korreliert
FALKAI et al. (1988)	– Zellverlust und Heterotopien in der Area entorhinalis
HEINSEN und BECKMANN (1990)	– Störungen der Zellmigration in der Area entorhinalis
ARNOLD et al. (1991)	– Zytoarchitektonische Veränderungen der Area entorhinalis
BENES et al. (1991)	– Verminderte Neuronenzahl in der Schicht II (frontal), V (Gyrus cinguli) und III (motorischer Kortex)
CONRAD et al. (1991)	– Desorientierung der Pyramidenzellen und ihrer Fortsätze in der Hippocampusformation, die mit dem Grad der bei den Patienten beobachteten Verhaltensstörungen korreliert
AKBARIAN et al. (1993 a, b)	– Störungen der Zellmigration im Temporal- und Präfrontalkortex (s. u.)

trauterinen Hirnreifung (neuronale Migrationsstörung) (ARNOLD und TROJANOWSKI, 1996). Die beobachteten Veränderungen bestehen aus Deviationen der Zytoarchitektur des Kortex, insbesondere der Hirnschichten I und II (prä-α und prä-β; BRAACK-Nomenklatur, 1980). Daneben sind die Schichten III und IV häufig dysplastisch. Die Veränderungen in den Schichten II und III sind hierbei weniger quantitativer als vielmehr struktureller Natur (Abb. 23 a und b). Die Schicht II (prä-α) ist, abgesehen von einigen wenigen atypischen Neuronen, kaum nachweisbar. Demgegenüber finden sich in den oberen Anteilen der Schicht III, in scheinbar wahlloser Verteilung, Gruppen vielfach dicht gelagerter, in Form und Ausrichtung differierender Neurone, aufgrund ihrer Sonderstellung in dieser Region als hetero- oder ektopisch bezeichnet (Abb. 23 c und d). Verglichen mit Kontrollpopulationen innerhalb derselben Schicht weisen diese heterotopen Neurone eine augenscheinliche Volumenminderung auf. Daneben imponiert ihre abweichende Anordnung, scheinen sie sich doch zu radial ausgerichteten, dicht hinter-

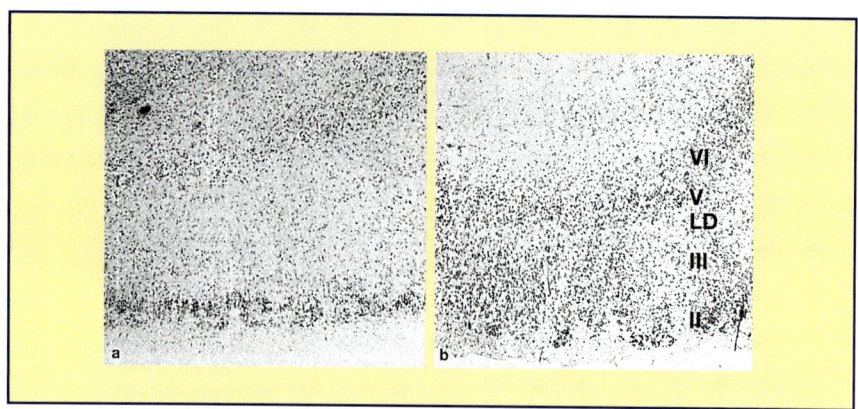

*Abb. 23*a/b: Hier sind Frontalschnitte durch den Gyrus parahippocampalis dargestellt; in a) und b) jeweils Nissl-Färbungen in 25facher Vergrößerung. In a) ist ein Schnitt aus dem Gehirn eines schizophrenen Patienten abgebildet, in b) ein Kontrollfall. Die Schichten II prä-α und III prä-β sind bei dem Erkrankten schwach entwickelt und scheinen strukturgestört.

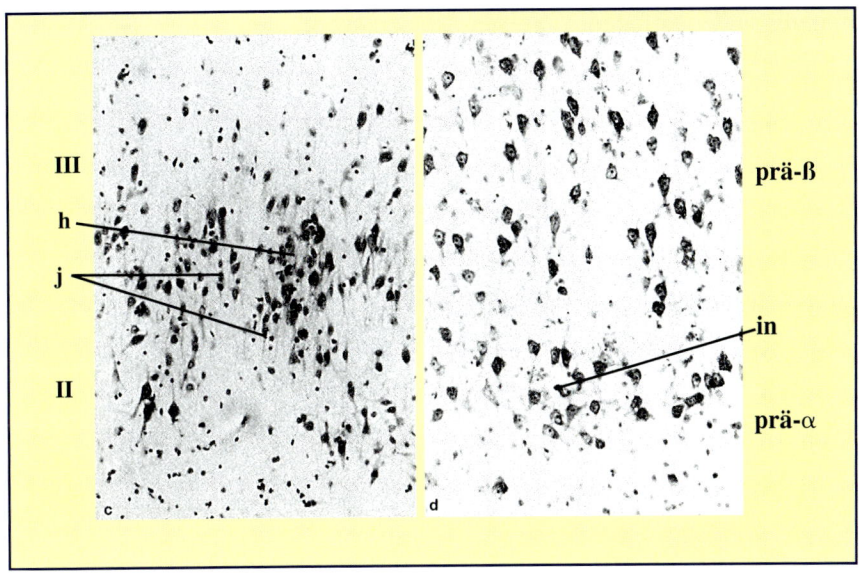

Abb. 23 c/d: In c) und d) sind Ausschnittsvergrößerungen aus a) bzw. b) dargestellt (Vergrößerung 125fach, und zwar die Schichten II prä-α und III prä-β). In c) ist erkennbar, dass die insuläre Formation der Schicht II prä-α nicht regulär angelegt ist: es finden sich heterotope Gruppen (h) und Zellzahlverminderungen in der Schicht III prä-β; zudem sind wahrscheinlich unreife Nervenzellen volumenvermindert (j) (aus: BECKMANN und JAKOB, 1994; in Eur Arch Psychiatry Clin Neurosci 1999)

einander liegenden Zügen zu formieren. Dieses Verteilungsmuster führte zu der Vermutung, dass diese kleinen, ektopen Neurone während der letzten Migrationsphase als ontogenetische radiale Kolumnen quasi in der Schicht III auf ihrem Weg zu höheren Kortexschichten „stecken geblieben" sind (RAKIC, 1975; 1988 a, b).

Ontogenetisch ist dieses Phänomen der gestörten Migrationsbewegung wie folgt zu erklären: Physiologischerweise vollzieht sich die Migration kortikaler Neurone ausgehend vom Ependym der Ventrikel hin zur kortikalen Platte nach dem so genannten Inside-out-Prinzip. Dabei wandern Nervenzellen in Verbänden als Kohorten oder Kolumnen dicht hintereinander auf den Kortex zu. Während ihrer Wanderung ziehen sie an den bereits vorhandenen Neuronen vorbei und gelangen so zur (aktuell) äußeren Oberfläche. Im weiteren Verlauf der Migrationsbewegungen werden sie dann wiederum von anderen Zellkolonnen „überholt" und geraten so in tiefere Schichten. Dieser Ablauf erklärt, warum die obersten Kortexschichten als letzte entstehen (RAKIC, 1975; 1988a). Die jungen, wandernden Neurone sind zunächst länglich, oval und bipolar, bevor sie nach Erreichen ihres physiologischen Zielpunktes ihre endgültige pyramidale oder polygonale Gestalt annehmen.

Da neben den oben geschilderten Schichtungsstörungen im Hirngewebe schizophrener Patienten die Dichte der Nervenzellpopulationen der Schichten III und V vermindert ist, liegt die Vermutung nahe, dass es sich hierbei um einen Defekt der ontogenetischen Kolumnen handelt, wobei die Anzahl der Neurone je Kolumne reduziert ist (RAKIC, 1988b). Der Zeitpunkt, zu dem sich die postulierten Störungen vollziehen, ist nach wie vor nur annäherungsweise bekannt. Da die Migrationsvorgänge in der Regio entorhinalis etwa im 3. Schwangerschaftsmonat beginnen und gegen Ende des 6. Schwangerschaftsmonats abge-

schlossen sind (HUMPHREY, 1966; KAHLE, 1969), ist die Zeit zwischen dem 3. und 5./6. Schwangerschaftsmonat als besonders sensibel für eine mögliche Schädigung durch genetische Fehlsteuerung und/oder Einwirkungen exogener Agenzien anzusehen.

Eine weitere zytoarchitektonische Besonderheit der Gehirne schizophrener Patienten stellt der Verbleib von Nicotinamid-adenin-dinucleotid-phosphat-diaphorase (NADPH-d) enthaltenden Neuronen des Frontal- bzw. Temporalkortex in tieferen Schichten der angrenzenden weißen Substanz dar, wie sie von AKBARIAN et al. (1993 a, b) beobachtet und ebenfalls als Migrationsstörung gedeutet wurde. NADPH-d-Neurone sind an der Kommunikation zwischen verschiedenen Hirnregionen beteiligt, sodass ihre Verlagerung zur Ausbildung falscher intrazerebraler Verbindungen führen kann.

Die genaue zeitliche Einordnung dieser Befunde kann post mortem nicht mehr vorgenommen werden. Neben der Tatsache, dass aus dem Verbleiben von Neuronenpopulationen in bestimmten Gehirnschichten indirekt geschlossen werden kann, dass und wann die physiologische neuronale Migrationsbewegung ausgeblieben ist (s.o.), finden sich zwei weitere Befunde, die gegen eine Degeneration, d.h. ein relativ spätes zerebrales Schädigungsereignis nach Ausreifung der entsprechenden Strukturen, sprechen:

1. Es finden sich in postmortalen Untersuchungen von Gehirnen schizophren Erkrankter keine Zeichen einer reaktiven Astrozytose/Gliose (BOGERTS et al., 1983; FALKAI und BOGERTS, 1986; BENES et al., 1986; FALKAI et al., 1988; CROW et al., 1989; PAKKENBERG, 1990).
2. Die Konzentration an gliafibrillärem saurem Protein ist nicht erhöht (ROBERTS et al., 1986; 1987; STEVENS et al., 1988; CROW et al., 1989; ARNOLD et al., 1995; 1996).

Beide Parameter findet man bei postnatalen neuronalen Schädigungen erhöht.

Neben der Beschreibung der Folgen dieser wahrscheinlich pränatal ausgelösten Migrationsstörung stellt sich die interessante Frage, wie diese ausgelöst wird.

3.1.2 Mögliche Ursachen der neuronalen Entwicklungsstörung

Als Ursache der neuronalen Entwicklungsstörungen kommt u. a. ein Mangel an trophischen und/oder Strukturproteinen infrage. So fanden BARBEAU et al. (1995) in den Hippocampi von Patienten, die o. g. Veränderungen aufwiesen, eine unphysiologisch geringe Konzentration an Nervenzelladhäsionsmolekülen (N-CAM), einer Gruppe von Proteinen mit großer Bedeutung für neuronale Migrationsvorgänge und den Erhalt der neuronalen Plastizität. Auch die von ROSOKLIJA et al. (1995) sowie ARNOLD et al. (1996) beschriebene ungenügende Expression von mikrotubulinassoziierten Molekülen (MAP 2 und 5) im Entorhinalkortex und Hippocampus trägt zur Erklärung der zytoarchitektonischen Veränderungen bei, denn neben dem Erhalt von Neuronengröße und dendritischer Stabilität sind diese Proteine an der Formierung der glialen Führungsschiene für gerichtete Migrationsvorgänge beteiligt.

Wieso sind diese Proteine aber ungenügend ausgebildet?

Zum einen kommen genetische Faktoren infrage. So verzeichneten EASTWOOD et al. (1995) beispielsweise einen Mangel an Synaptophysin-mRNA im Hippocampus und Gyrus parahippocampalis bei Patienten mit schizophrenen Störungen, der für die Unterbrechung kortikaler Dyskonnektionen und die damit wahrscheinlich assoziierten Denkstörungen bzw. kognitiven Einbußen verantwortlich gemacht wird (FRITH und DONE, 1988; STEVENS, 1992; BENES, 1993).

Des Weiteren könnte ein Mangel an verschiedenen Neurotransmittern bzw. an ihren Rezeptoren neuronale Entwicklungsstörungen verursachen, da sowohl Dopamin- (TODD, 1992) als auch NMDA-Rezeptoren (BREWER und COTMAN, 1989; GARTHWAITE, 1994) in neuronale Differenzierungs- und Migrationsvorgänge involviert sind.

Ein weiterer interessanter Aspekt ist die Tatsache, dass Neugeborene, die im Winter bzw. im zeitigen Frühjahr zur Welt kamen, im späteren Leben eine 10 % höhere Prävalenzrate für schizophrene Störungen aufweisen als zu einem anderen Zeitpunkt Geborene (MACHON et al., 1983; HÄFNER, 1987; EATON et al., 1995). Dieser saisonale Faktor wird im Zusammenhang mit mütterlichen Virusinfektionen während des zweiten Schwangerschaftsdrittels gesehen, die auf den Fetus übergehen und seine (neuronale) Entwicklung beeinträchtigen können. Zur Untermauerung dieser so genannten Virushypothese wurden Längsschnittstudien, die über Jahrzehnte hinweg die Entwicklung der Schizophrenie-Inzidenz- und -Prävalenzraten nach Grippeepidemien untersuchten, her-

angezogen. So konnten WATSON et al. (1984), TORREY et al. (1988), BARR et al. (1990), SHAM et al. (1992) sowie TAKEI et al. (1992) unter den Nachkommen von Müttern, die während des 5. bis 7. Schwangerschaftsmonats einer Influenzaexposition ausgesetzt waren, eine signifikant höhere Erkrankungshäufigkeit an Schizophrenie nachweisen, als dies bei den Nachkommen nicht exponierter Mütter der Fall war. Trotz dieser eindrucksvollen Ergebnisse blieb die Virushypothese nicht unwidersprochen und wird nach wie vor kontrovers diskutiert (PULVER et al., 1992).

Neben den bislang angeführten Befunden fiel in retrospektiven Studien immer wieder die hohe Rate an perinatalen Komplikationen auf. Sie liegt bei Patienten, die im Laufe ihres Lebens eine schizophrene Störung entwickeln, signifikant über der von gesunden Vergleichspersonen (PARNAS et al., 1982; EAGLES et al., 1990; VERDOUX und BOURGEOIS, 1993) bzw. der von Patienten mit anderen psychischen Erkrankungen (LEWIS und MURRAY, 1987; REDDY et al., 1989; VERDOUX und BOURGEOIS, 1993). BUKA et al. (1993) wiesen in ihrer Arbeit auf ein erhöhtes Schizophrenierisiko im Gefolge vorgeburtlicher Hypoxien hin. Eine positive Korrelation zwischen dem Auftreten geburtshilflicher Komplikationen und Vergrößerung der Hirnventrikel beschrieben MCGRATH und MURRAY (1995) explizit für männliche Schizophrene, wobei die Ventrikelvergrößerung wahrscheinlich als kompensatorische Folge hypoxischer Zustände und assoziierter intra- bzw. periventrikulärer Hämorrhagien mit konsekutiven Zelluntergängen in diesen Regionen zu werten ist (MURRAY et al. 1988).

3.1.3 Neuronal-zelluläre Befunde, die die späte Störungshypothese untermauern

FEINBERG (1982 a, b) veröffentlichte ein Konzept, wonach die Ursache schizophrener Störungen in einer Alteration der Hirnreifung während der Adoleszenz bzw. dem frühen Erwachsenenalter zu suchen sei. Gestützt wird seine These durch die Tatsache, dass Schizophrenien, die bei Kindern selten sind (REMSCHMIDT et al., 1994), nach dem 13. Lebensjahr eine rapide Inzidenzzunahme erfahren (GALDOS et al., 1993) und man häufig ein zeitliches Nebeneinander von progredienten prämorbiden Entwicklungsstörungen und wichtigen Hirnreifungsetappen beobachten kann (FARANGOU und MURRAY, 1996). Physiologischerweise

erfolgt das postnatale Hirnwachstum in mehreren Phasen zwischen dem 3. und 10. Lebensmonat, dem 2. und 4., 6. und 8., 10. und 12. sowie 14. und 16. Lebensjahr (EPSTEIN, 1978; 1979). Die ersten vier Wachstumsphasen verlaufen nach PIAGET zeitgleich mit den ersten vier Phasen der intellektuellen Entwicklung; die letzte Entwicklungsetappe vollzieht sich in einer Zeit der sozialen Rollenfindung, die umfangreiche kognitive Anpassungsleistungen erfordert und eine Vielzahl neuer sozialer Anforderungen einschließt. Während dieser Zeit können erste soziale Inkompetenzen und/oder kognitive Defizite zutage treten (s.u.). In den ersten Lebensjahren beobachtet man eine synaptische Überproduktion, bevor mit Beginn der späten Kindheit physiologischerweise die stetige Reduktion der grauen (synaptische Eliminierung = Pruning) bei gleichzeitiger Volumenzunahme der weißen Substanz erfolgt (axonales Wachstum und Myelinisierung) (JERNIGAN et al., 1994; PFEFFERBAUM et al., 1994). Die synaptische Eliminierung vollzieht sich selektiv und betrifft in erster Linie exzitatorische (COLLONIER, 1981), glutamaterge (STORM-MATHISEN und OTTERSON, 1990) und asymmetrische (BOURGEOIS und RAKIC, 1993) Synapsen in den Hirnarealen, die der kognitiven Entwicklung dienen (KESHAVAN et al., 1994). Ziel der Reorganisationsvorgänge ist die Eliminierung „überschüssiger" Synapsen bei gleichzeitiger Effizienzerhöhung der verbliebenen Verbindungen, einhergehend mit einer Zunahme der kognitiven Fähigkeiten. Laut FEINBERG (1982 a, b) können Veränderungen dieses physiologischen Prunings zur Manifestation schizophrener Störungen führen, wobei nach wie vor fraglich ist, ob zu viele, zu wenige oder gar die falschen Synapsen eliminiert werden.

Als geeignetes Verfahren zur Erforschung synaptischer Pruningvorgänge hat sich die Magnetresonanzspektroskopie (MRS) erwiesen. Mit ihrer Hilfe können u. a. durch die quantitative Bestimmung von Phospholipidmembranvorstufen (Phosphomonoester = PME) und -abbauprodukten (Phosphodiester = PDE) Aussagen über neuronale Wachstumsvorgänge getroffen werden. So verzeichnet man während der Kindheit hohe Konzentrationen an PME bei geringerem Gehalt an PDE, was als Ausdruck der o. g. synaptischen Überproduktion gewertet wird. Mit Beginn der Adoleszenz kehren sich diese Verhältnisse um, d. h., bedingt durch eine erhöhte Membranumsatzrate (Pruning) fallen vermehrt Abbauprodukte an; das Verhältnis von

PME zu PDE hat sich zugunsten der PDE verschoben (PETTEGREW et al., 1991; MINSHEW et al., 1992). Verglichen mit der PME- bzw. PDE-Konzentration im Gehirn eines gesunden Erwachsenen ist bei zahlreichen Patienten mit schizophrenen Störungen eine Reduktion des PME-Gehaltes bei deutlich erhöhten PDE-Werten zu beobachten. Dies gilt insbesondere für den Präfrontalkortex (PFC) (KESHAVAN et al., 1991, 1993; PETTEGREW et al., 1991; WILLIAMSON et al., 1991) und spricht für veränderte synaptische Eliminierungsvorgänge (Hyperpruning) im phylogenetisch jüngsten Hirnanteil, dessen Entwicklung erst in der 2. bis 3. Lebensdekade abgeschlossen ist (BACHNEFF, 1991), einer Zeit also, in der es bei der Mehrzahl der Patienten zur Erstmanifestation schizophrener Symptome kommt.

Welche klinische Relevanz hätte ein solches Hyperpruning? HOFFMAN und DOBSCHA (1989) konnten anhand einer Computersimulation an neuronalen Netzwerken zeigen, dass die Unterbrechung kortikaler Kommunikationswege via exzessiver synaptischer Eliminierung zur Beeinträchtigung kognitiver Funktionen bei gleichzeitiger Manifestation psychotischer Symptome wie Wahnvorstellungen und Halluzinationen führt. Inwieweit dieses Modell auf den

Menschen übertragen werden kann, ist derzeit Gegenstand intensiver Forschung. Gleiches gilt für die Ursachen des veränderten Pruningprozesses. Das selektive Überleben bestimmter Synapsentypen deutet auf eine genetische Störung programmierter synaptischer Eliminierungsvorgänge hin. Dafür spricht auch die Expression abnormer NMDA-Rezeptor-Subtypen (ETIENNE und BAUDRY, 1990), wobei Eliminierung und Konsolidierung unreifer kortikaler Verbindungen in erheblichem Ausmaß durch den Aktivitätsgrad prä- und postsynaptischer NMDA-Rezeptoren modifiziert werden (HUTTENLOCHER, 1979; HUTTENLOCHER und DE COURTEN, 1987). In Tierexperimenten (NAFTOLIN et al., 1990) konnte der Einfluss von Sexualhormonen auf neuronale Reifungsvorgänge nachgewiesen werden. So führt beispielsweise Östrogen zu einem Anstieg der synaptischen Dichte und stimuliert die axonale Proliferation. SAUGSTAD (1989) hält ähnliche Wirkungen beim Menschen für wahrscheinlich. Untersuchungen an Zellkulturen von Primaten und Menschen stehen jedoch noch aus. Welcher Mechanismus letztendlich zur Alteration der Hirnreifung und somit möglicherweise zur Entstehung der Schizophrenie beiträgt, ist trotz zahlreicher Hinweise noch immer unklar.

Die Ätiopathogenese der Schizophrenie alleinig als ein Defizit der intrauterin statthabenden neuronalen Migration oder durch erst später einsetzende zerebrale Läsionen zu erklären, ist heuristisch von großem Wert. Im Folgenden soll der Versuch unternommen werden, die zellulären Befunde zusammen mit anderen ätiopathogenetisch wichtigen Faktoren in dem bekannten Vulnerabilitäts-Stress-Konzept zu integrieren.

3.1.4 Vulnerabilitäts-Stress-Modell der Ätiopathogenese der Schizophrenie

Das von ZUBIN und SPRING (1972; 1977) entwickelte Vulnerabilitäts-Stress-Konzept hat sich als geeignetes Modell zur Erklärung der Ätiologie schizophrener Störungen erwiesen, da hierin sowohl genetische als auch peristatische Faktoren als potenzielle Krankheitsursachen berücksichtigt werden. Vorarbeiten zu dieser Thematik finden sich bereits bei STERTZ (1928), MEEHL (1962) und ROSENTHAL (1970). Neuere Veröffentlichungen von NUECHTERLEIN und DAWSON (1987), BRACHA et al. (1992) sowie FOWLES (1992) belegen, dass die Konzeption bis heute nichts von ihrer Aktualität eingebüßt hat.

Das Modell basiert auf folgender Annahme: Verschiedenartige angeborene (polygene?) und/oder erworbene Komponenten (perinatale Insulte, Infektionen, Traumata) lösen strukturelle und biochemische Hirnveränderungen aus, die schon geraume Zeit vor dem eigentlichen Krankheitsausbruch bestehen können und die betroffene Person in besonderer Weise empfänglich (vulnerabel) für die Entstehung einer schizophrenen Störung werden lassen. Zur klinischen Manifestation der Erkrankung reichen diese Veränderungen allein jedoch nicht aus, zusätzlich bedarf es der Wirkung peristatischer Stressoren, so genannter Lifeevents (BROWN und BIRLEY, 1968) oder Expressed-emotions (LUKOFF et al., 1984). Dabei kann es sich um die Veränderung gewohnter Lebensumstände, emotionale Krisen, die Zerstörung des sozialen Umfeldes o. Ä. handeln. Bei vulnerablen Personen führt die Konfrontation mit den genannten Stressoren nach Überschreiten der niedrig angelegten Toleranzschwelle zum Zusammenbruch von Kompensationsmechanismen, d. h., sie sind nicht mehr in der Lage, adäquat auf die von der Umwelt an sie gestellten Anforderungen zu reagieren. Das Erleben der eigenen (sozialen) Inkompetenz löst bei den Betroffenen häufig Gefühle wie Angst und Frustration aus und gipfelt – falls Copingmechanismen nicht mehr ausreichend zur Verfügung stehen – in der Ausbildung schizophrener Positiv- und/oder Negativsymptomatik.

In diesem Zusammenhang sei noch erwähnt, das die Empfänglichkeit für Stress und seine schädigenden Folgen im Laufe des Lebens erheblich variiert. Im Kindesalter ist sie relativ gering, während sie mit dem Eintritt in die Pubertät steil ansteigt, wobei der Gipfel im frühen Erwachsenenalter erreicht wird. Es folgt ein allmählicher Rückgang auf ein sehr niedriges Niveau im Pensionsalter. Der Verlauf dieser Stress-Empfänglichkeitskurve erlaubt es, Rückschlüsse auf das potenzielle Ersterkrankungsalter zu ziehen. Die Wahrscheinlichkeit, an einer schizophrenen Störung zu erkranken, ist zwischen dem 20. und 30. Lebensjahr (Gipfelpunkt der Kurve) am höchsten.

Abb. 24 versucht, die Befunde der neuronalen Entwicklungsstörung und die Auslösung der Erkrankung durch äußere, hinzutretende Faktoren im Sinne des Stress-Vulnerabilitäts-Modells zu integrieren. Sie soll veranschaulichen, wie das Zusammenwirken früher neuronaler Schädigungen und äußerer Lebensfaktoren (z. B. zunehmende Anforderungen an die zerebrale Leistungs-

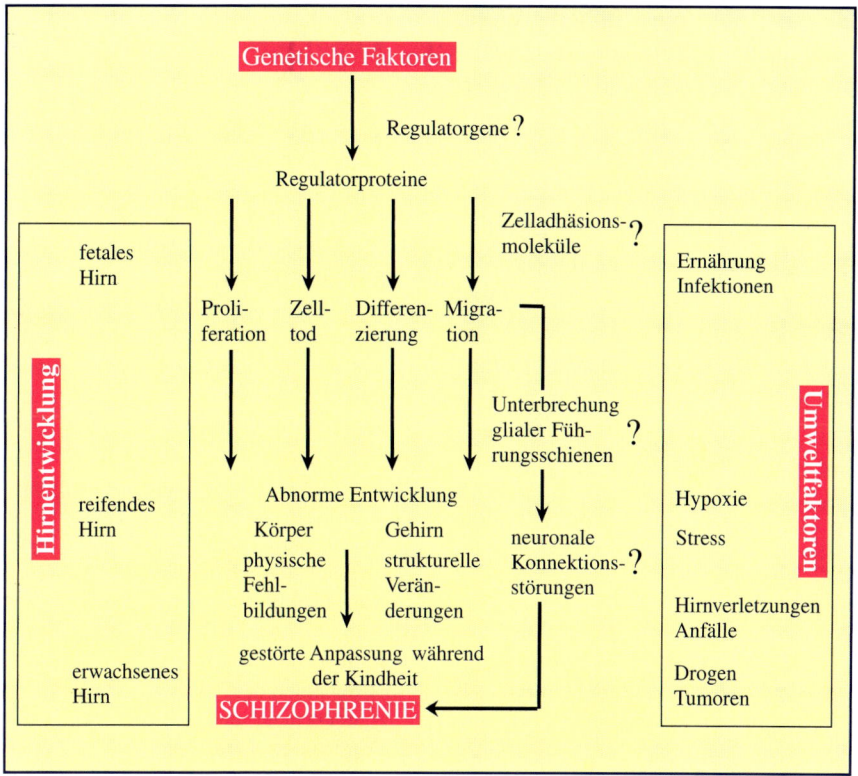

Abb. 24: Mögliche Interaktionen von Genetik und Umweltfaktoren in der Ätiopathogenese schizophrener Störungen (modifiziert nach HEYMAN und MURRAY, 1992)

fähigkeit im jungen Erwachsenenalter) zum Ausbruch der Erkrankung führen kann.

Allerdings scheint aus dem Krankheitsverlauf geschlossen eine unterschiedliche „Wichtung" der einzelnen Faktoren bei einzelnen Erkrankten vorzuliegen. So zeigen Patienten mit frühem Krankheitsbeginn charakteristische Auffälligkeiten: Es handelt sich überwiegend um Männer mit ausgeprägten Anpassungsstörungen während der Kindheit, chronischen Verläufen, zum Teil therapierefraktärer Negativsymptomatik und einer Vielzahl kognitiver

Defizite. Für eine höhere Vulnerabilität des männlichen Geschlechts während der neuronalen Entwicklung (CASTLE und MURRAY, 1991) spricht außerdem die Tatsache, dass andere entwicklungsbedingte Störungen wie Autismus oder Dyslexie bei Männern weitaus häufiger zu beobachten sind als bei Frauen (HEYMAN und MURRAY, 1992). Bei solchen Erkrankten scheint es wahrscheinlich, dass die neuronalen Entwicklungsstörungen deutlich ausgeprägt sind (MURRAY et al., 1987).

Literatur

AKBARIAN S, BUNNEY WE, POTKIN SG, WIGAL SB, HAGMAN JO, SANDMAN CA, JONES EG. Altered distribution of nicotinamide-adenine dinucleotide phosphate-diaphorase cells in frontal-lobe of schizophrenics implies disturbances of cortical development. Archives of General Psychiatry 1993a; 50: 169-177.

AKBARIAN S, VINUELA A, KIM JJ, POTKIN SG, BUNNEY WE, JONES EG. Distorted distribution of nicotinamide-adenine dinucleotide phosphate-diaphorase neurons in temporal lobe of schizophrenics implies anomalous cortical development. Archives of General Psychiatry 1993b; 50: 178-187.

ARNOLD SE, HYMAN BT, VAN HOESEN GW, DAMASIO AR. Some cytoarchitectural abnormalities of the entorhinal cortex in schizophrenia. Archives of General Psychiatry 1991; 48: 625-632.

ARNOLD SE, FRANZ BR, GUR RC, GUR RE, SHAPIRO RM, MOBERG PJ, TROJANOWSKI JQ. Smaller neuron size in schizophrenia in hippocampal subfields that mediate cortical-hippocampal interactions. American Journal of Psychiatry 1995; 152: 738-748.

ARNOLD SE, TROJANOWSKI JQ. Recent advances in defining the neuropathology of schizophrenia. Acta Neuropathologica 1996; 92: 217-231.

ARNOLD SE, FRANZ BR, TROJANOWSKI JQ, MOBERG PJ, GUR RE. Glial fibrillary acidic protein immunoreactive astrocytosis in elderly patients with schizophrenia and dementia. Acta Neuropathologica 1996; 91: 269-277.

BACHNEFF SA. Positron emission tomography and magnetic resonance imaging: A review and a local circuit neurons hypo(dys)function hypothesis of schizophrenia. Biological Psychiatry 1991; 30: 857-886.

BARBEAU D, LIANG JJ, ROBITAILLE Y, QUIRION R, SRIVASTAVA LK. Decreased expression of the embryonic form of the neural cell adhesion molecule in schizophrenic brains. Proceedings of the National Academy of Science of the United States of America 1995; 92: 2785-2789.

BARR CE, MEDNICK SA, MUNK-JORGENSEN P. Exposure to influenza epidemics during gestation and adult schizophrenia. Archives of General Psychiatry 1990; 47: 869-874.

BECKMANN H, JAKOB H. Pränatale Entwicklungsstörungen von Hirnstrukturen bei schizophrenen Psychosen. Nervenarzt 1994; 65: 454-463.

BENES FM. Neurobiological investigations in cingulate cortex of schizophrenic brain. Schizophrenia Bulletin 1993; 19: 537-549.

BENES FM, DAVIDSON J, BIRD ED. Quantitative cytoarchitectural studies of the cerebral cortex of schizophrenics. Archives of General Psychiatry 1986; 43: 31-35.

BENES FM, MCSPARREN J, BIRD ED, SANGIOVANNI JP, VINCENT SL. Deficits in small interneurons in prefrontal and cingulate cortices of schizophrenic and schizoaffective patients. Archives of General Psychiatry 1991; 48: 996-1001.

BOGERTS B, HANTSCH H, HERZER M. A morphometric study of the dopamine-containing cell groups in the mesencephalon of normals, Parkinson patients, and schizophrenics. Biological Psychiatry 1983; 18: 951-969.

BOURGEOIS JP, RAKIC P. Changes in synaptic density in the primary visual cortex of the macaque monkey from fetal to adult stage. Journal of Neuroscience 1993; 13: 2801-2820.

BRAAK H. Architectonics of the human telencephalic cortex. Springer: Berlin 1980.

BRACHA HS, TORREY EF, GOTTESMAN II, GIGELOW LB, CUNNIFF C. Second-trimester markers of fetal size in schizophrenia: a study of monozygotic twins. American Journal of Psychiatry 1992; 149: 1355-1361.

BREWER GJ, COTMAN CW. NMDA receptor regulation of neuronal morphology in cultured hippocampal neurons. Neuroscience Letters 1989; 99: 268-273.

BROWN GW, BIRLEY JLT. Crises and life changes and the onset of schizophrenia. Journal of Health and Social Behavior 1968; 9: 203-214.

BUKA SL, TSUANG MT, LIPSITT LP. Pregnancy/delivery complications and psychiatric diagnosis. Archives of General Psychiatry 1993; 50: 151-156.

CASTLE D, MURRAY RM. The neurodevelopmental basis of sex differences in schizophrenia. Psychological Medicine 1991; 21: 565-575.

COLLONIER M. The electron microscopic analysis of the neuronal organization of the cerebral cortex. In: SCHMITT FO, WORDEN FG, DENNIS SE (Hrsg.) Organization of the cerebral cortex. MIT Press: Cambridge 1981; 125-151.

CONRAD AJ, ABEBE T, AUSTIN R, FORSYTHE S, SCHEIBEL AB. Hippocampal pyramidal cell disarray in schizophrenia as a bilateral phenomenon. Archives of General Psychiatry 1991; 48: 413-417.

CROW TJ, BALL J, BLOOM SR, BROWN R, BRUTON CJ, COLTER N, FRITH CD, JOHNSTONE EC, OWENS DG, ROBERTS GW. Schizophrenia as anomaly of development of cerebral asymmetry. A postmortem study and a proposal concerning the genetic basis of the disease. Archives of General Psychiatry 1989; 46: 1145-1150.

EAGLES JM, GIBSON I, BREMNER MH, CLUNIE F, EBMEIR KP, SMITH NC. Obestric complications in DSM-III schizophrenics and their siblings. Lancet 1990; 335: 1139-1141.

EASTWOOD SL, BURNET PWJ, HARRISON PJ. Altered synaptophysin expression as a marker of synaptic pathology in schizophrenia. Neuroscience 1995; 66: 303-319.

EATON WW, TIEN AY, POESCHLA BD. Epidemiology of schizophrenia. In: DEN BOER JA, WESTENBERG HGM, VAN PRAAG HM (Hrsg.) Advances in the neurobiology of schizophrenia. John Wiley & Sons: Chichester 1995: 27-58.

EPSTEIN HT. Growth spurts during brain development: Implication for educational policy and practice. In: CHALL JS, MIRSKY AF (Hrsg.). Education and the brain. University of Chicago Press: Chicago 1978.

EPSTEIN HT. Correlated brain and intelligence development in humans. In: HAHN ME, JENSEN C, DUDEK BC (Hrsg.). Development and evolution of brain size. Academic Press: New York 1979.

ETIENNE P, BAUDRY M. Role of excitatory amino acid neurotransmission in synaptic plasticity and pathology: an integrative hypothesis concerning the pathogenesis and evolutionary advantages of schizophrenia-related genes. Journal of Neural Transmission 1990; 29: 39-48.

FALKAI P, BOGERTS B. Cell loss in the hippocampus of schizophrenics. European Archives of Psychiatry and Neurological Sciences 1986; 236: 154-161.

FALKAI P, BOGERTS B, ROZUMEK M. Limbic pathology in schizophrenia: The entorhinal region - a morphometric study. Biological Psychiatry 1988; 24: 515-521.

FARANGOU S, MURRAY RM. Imaging as a tool in exploring the neurodevelopment and genetics of schizophrenia. British Medical Bulletin 1996; 52: 587-596.

FEINBERG I. Schizophrenia: Caused by a fault in programmed synaptic elimination during adolescence? Journal of Psychiatric Research 1982a; 17: 319-334.

FEINBERG I. Schizophrenia and the late matural brain changes in man. Psychopharmacological Bulletin 1982b; 18: 29-31.

FOWLES DC. Schizophrenia: Diathesis-stress revisited. Annual Review of Psychology 1992; 43: 303-336.

FRITH CD, DONE JD. Towards a neuropsychology of schizophrenia. British Journal of Psychiatry 1988; 153: 437-443.

GALDOS PM, VAN OS JJ, MURRAY RM. Puberty and the onset of psychosis. Schizophrenia Research 1993; 10: 7-14.

GARTHWAITE J. NMDA receptors, neuronal development, and neurodegeneration. In: COLLINRIDGE GL, WATKINS JC (Hrsg.). The NMDA receptor. Oxford University Press: Oxford 2nd ed. 1994.

HÄFNER H. Epidemiology of schizophrenia. In: HÄFNER H, GATTAZ WF, JANZARIK W (Hrsg.). Search for the causes of schizophrenia. Springer: Berlin 1987; 47-74.

HEINSEN Y, BECKMANN H. Further cytoarchitectonic and quantitative studies in the entorhinal region of schizophrenics and normal controls by means of a modified Nissl technique. In: BUNNEY WE, HIPPIUS, H, LAAKMANN G, SCHMAUSS M (Hrsg.). Neuropsychopharmacology. Springer, Berlin 1990; 703-713.

HEYMAN I, MURRAY RM. Schizophrenia and neurodevelopment. Journal of the Royal College of Physicians of London 1992; 26: 143.

HOFFMAN RE, DOBSCHA SK. Cortical pruning and the development of schizophrenia: A computer model. Schizophrenia Bulletin 1989; 15: 477-490.

HUMPHREY T. The development of the human hippocampal formation correlates with some aspects of its phylogenetic history. In: HASSLER R, STEPHAN H (Hrsg.). Evolution of the forebrain. Thieme: Stuttgart 1966; 104-116.

HUTTENLOCHER PR. Synaptic density and human frontal cortex: Developmental changes and effects of aging. Brain Research 1979; 163: 227-243.

HUTTENLOCHER PR, DE COURTEN C. The development of synapses in striate cortex of man. Human Neurobiology 1987; 6: 1-9.

JAKOB H, BECKMANN H. Clinical-neuropathological studies of developmental disorders in the limbic system in chronic schizophrenia. In: Schizophrenia: an integrative view. XIV Congress CINP. Ricerca Scientifica Educazione Permanente [Suppl.] 1984; 39: 81.

JAKOB H, BECKMANN H. Prenatal developmental disturbances in the limbic allocortex in schizophrenics. Journal of Neural Transmission 1986; 65: 303-326.

JAKOB H, BECKMANN H. Gross and histological criteria for developmental disorders in brains of schizophrenics. Journal of the Royal Society of Medicine 1989; 82: 466-469.

JAKOB H, BECKMANN H. Circumscribed malformation and nerve cell alterations in the entorhinal cortex of schizophrenics. Pathogenetic and clinical aspects. Journal of Neural Transmission 1994; 98: 83-106.

JERNIGAN TL, ARCHIBALD SL, BERHOW MT, SOWELL ER, FOSTER DS, HESSELINK JR. Cerebral structure on MRI, Part I: Localization of age-related changes. Biological Psychiatry 1994; 29: 55-67.

KAHLE W. Die Entwicklung der menschlichen Großhirnhemisphäre. Springer: Berlin 1969.

KESHAVAN MS, PETTEGREW JW, PACHALINGAM KS, KAPLAN D, BOZIK E. Phosphorus-31 magnetic resonance spectroscopy detects altered brain metabolism before onset of schizophrenia. Archives of General Psychiatry 1991; 48: 1112-1113.

KESHAVAN MS, PETTEGREW JW, WARD R. Are membrane phospholipid changes in schizophrenia familial? Biological Psychiatry 1993; 33: 45A.

KESHAVAN MS, ANDERSON S, PETTEGREW JW. Is schizophrenia due to excessive synaptic pruning in the prefrontal cortex? The Feinberg hypotheses revisited. Journal of Psychiatric Research 1994; 28: 239-265.

KOVELMAN JA, SCHEIBEL AB. A neurohistological correlate of schizophrenia. Biological Psychiatry 1984; 19: 1601-1621.

LEWIS SW, MURRAY RM. Obstetric complications, neurodevelopmental deviance, and risk of schizophrenia. Journal of Psychiatric Research 1987; 21: 413-421.

LUKOFF D, SNYDER K, VENTURA J, NUECHTERLEIN KH. Life events, familial stress, and coping in the developmental course of schizophrenia. Schizophrenia Bulletin 1984; 10: 258-292.

MACHON RA, MEDNICK SA, SCHULSINGER F. The interaction of saisonality, place of birth, genetic risk and subsequent schizophrenia in a high risk sample. British Journal of Psychiatry 1983; 143: 383-388.

MC GRATH JJ, MURRAY RM. Risk factors for schizophrenia; from conception to birth. In: HIRSCH S, WEINBERGER D (Hrsg.). Search for the causes of schizophrenia. Blackwell: Oxford 1995; 187-205.

MEEHL PE. Schizotaxia, schizotypia, schizophrenia. American Psychologist 1962; 17: 827-838.

MINSHEW NJ, PANCHALINGAM K, DOMBROWSKI SM, PETTEGREW JW. Developmentally regulated changes in brain membrane metabolism. Biological Psychiatry 1992; 31: 62A.

MURRAY RM, LEWIS SW, OWEN MJ, FOERSTER A. The neurodevelopmental origins of dementia praecox. In: MURRAY RM, O,CALLAGHAN E, CASTLE D, LEWIS SD (Hrsg.). Schizophrenia: The major issues. Heinemann: London 1988.

MURRAY RM, OWEN MJ, GOODMAN R, LEWIS SW. A neurodevelopmental perspective on some epiphenomena of schizophrenia. In: CAZULLO CL (Hrsg.). Plasticity and morphology of the CNS. MTP Press: Lancester 1987.

NAFTOLIN F, GARCIA-SEGURA LM, KEEFE D. Estrogen effects on the synaptology and neural membranes of the rat hypothalamic arcuate nucleus. Biology of Reproduction 1990; 42: 21-28.

NUECHTERLEIN KH, DAWSON ME. Information processing and attentional functioning in the developmental course of schizophrenic disorders. Schizophrenia Bulletin 1987; 10: 160-203.

PAKKENBERG B. Pronounced reduction of total neuron number in mediodorsal thalamic nucleus and nucleus accumbens in schizophrenia. Archives of General Psychiatry 1990; 47: 1023-1028.

PARNAS J, SCHULSINGER F, TEASDALE TW, SCHULSINGER H, FELDMAN PM, MEDNICK SA. Perinatal complications and clinical outcome within the schizophrenia spectrum. British Journal of Psychiatry 1982; 140: 416-420.

PETTEGREW JW, KESHAVAN MS, PANCHALINGAM K, STRYCHOR S, KAPLAN DB, TRETTA MG, ALLEN M. Alterations in brain high-energy phosphate and membrane phospholipid metabolism in first-episode, drug-naive schizophrenics: A pilot study of the dorsal prefrontal cortex by in vivo phosphorus 31 nuclear magnetic resonance spectroscopy. Archives of General Psychiatry 1991; 48: 563-568.

PFEFFERBAUM A, MATHALON DH, SULLIVAN EV, RAWLES JM, ZIPURSKY RB, LIM KO. A quantitative magnetic imaging study of changes in brain morphology from infancy to late adulthood. Archives of Neurology 1994; 51: 874-887.

PULVER AE, BROWN CH, WOLYNIEC PS, MC GRATH JJ, ADLER L, TAM D, CARPENTER WT, CHILDS B. Risk factors in schizophrenia: Season of birth, gender, and familial risk. British Journal of Psychiatry 1992; 160: 65-71.

RAKIC P. Cell migration and neuronal ectopias in the brain. In: BERGSMA D (ed.) Morphogenesis and malformation of the face and brain. Liis: New York 1975; 95-129.

RAKIC P. Defects of neuronal migration and the pathogenesis of cortical malforma-tions. Progress in Brain Research 1988a; 753: 15-37.

RAKIC P. Specification of cerebral cortical areas. Science 1988b; 241: 170-176.

REDDY R, MUKHERJEE S, SCHNUR D. Pregnancy and birth complications and premorbid functioning in schizophrenic and bipolar patients. Biological Psychiatry 1989; 25: 93A.

REMSCHMIDT HE, SCHULTZ E, MARTIN W, WARNKE A, TROTT GE. Childhood onset schizophrenia: History of concept and recent studies. Schizophrenia Bulletin 1994; 20: 727-745.

ROBERTS GW, COLTER N, LOFTHOUSE R, BOGERTS B, ZECH M, CROW TJ. Gliosis in schizophrenia: A survey. Biological Psychiatry 1986; 21: 1043-1050.

ROBERTS GW, COLTER N, LOFTHOUSE R, JOHNSTONE EC, CROW TJ. Is there gliosis in schizophrenia? Investigation of temporal lobe. Biological Psychiatry 1987; 22, 1459-1468.

ROSENTHAL D. Genetic theory and abnormal behavior. Mc Graw-Hill, New York 1970.

ROSOKLIJA G, KAUFMAN MA, LIU D, HAYS AP, LATOV N, WANIEK C, KEILP JG, WU A, SADIQ SA, GORMAN J, PROHOVNIK I, DWORK AJ. Subicular MAP-2 immunoreactivity in schizophrenia. Society of Neuroscience Abstracts 1995; 21, 2126.

SAUGSTAD LF. Age at puberty and mental illness: Towards a neurodevelopmental etiology of Kraepelin's endogenous psychoses. British Journal of Psychiatry 1989; 155, 536-544.

SHAM P, O,CALLAGHAN E, TAKEI N, MURRAY GK, HARE EH, MURRAY RM. Increased risk of schizophrenia following prenatal exposure to influenza. British Journal of Psychiatry 1992; 160, 461-466.

STERTZ G. Einleitung. In: BUMKE O (Hrsg.).

Ein Handbuch der Geisteskrankheiten, Band 7, Spezieller Teil III: Die exogenen Reaktionsformen und die organischen Psychosen. Springer: Berlin 1928; 1-13.

STEVENS CD, ALTSHULER LL, BOGERTS B, FALKAI P. Quantitative study of gliosis in schizophrenia and Huntington's chorea. Biological Psychiatry 1988; 24: 697-700.

STEVENS JR. Abnormal synaptic reinnervation as the basis of schizophrenia: A hypothesis. Archives of General Psychiatry 1992; 49: 238-243.

STORM-MATHISEN J, OTTERSON OP. Immunocytochemistry of glutamate at the synaptic level. Journal of Histochemisty and Cytochemisty 1990; 38: 1733-1743.

TAKEI N, SHAM P, MURRAY RM. Unpublished manuscript 1992.

TODD RD. Neural development is regulated by classical neurotransmitters: Dopamine D2 receptor stimulation enhances neurite outgrowth. Biological Psychiatry 1992; 31: 794.

TORREY EF, RAWLINGS R, WALDMANN IN. Schizophrenic births and viral diseases in two states. Schizophrenia Research 1988; 1: 73-77.

VERDOUX H, BOURGEOIS M. A comparative study of obstetric history in schizophrenics, bipolar patients and normal subjects. Schizophrenia Research 1993; 9: 67-69.

WATSON CG, KUCULA T, TILLESKJOR C, JACOBS L. Schizophrenic birth saisonalitity in relation to the incidence of infectious diseases and temperature extremes. Archives of General Psychiatry 1984; 41: 85-90.

WILLIAMSON P, DROST D, STANLEY J, CARR T, MORRISON S, MERSKEY H. Localized phosphorus 31 magnetic resonance spectroscopy in chronic schizophrenic patients and normal controls. Archives of General Psychiatry 1991; 48: 578.

ZUBIN J. Scientific models for psychopathology in the '70s. Seminars in Psychiatry 1972; 4: 283-296.

ZUBIN J, SPRING B. Vulnerability - A new view of schizophrenia. Journal of Abnormal Psychology 1977; 86: 103-126.

3.2 Hirnstrukturelle Defizite

Seit mehr als 65 Jahren werden bildgebende Verfahren bei der Erforschung schizophrener Störungen genutzt. So wiesen bereits JACOBI und WINKLER (1927), LEMKE (1935), HUBER (1957) und ASANO (1967) mit Hilfe der Pneumenzephalographie (PEG) Vergrößerungen der Seitenventrikel bei ihren als schizophren diagnostizierten Patienten nach, ein Befund, der sich über die Jahre hinweg auch bei wechselnden Untersuchungstechniken als außerordentlich konstant erweisen sollte. Neben den beschriebenen Ventrikelvergrößerungen beobachtete HAUG (1962), gleichfalls im Rahmen pneumenzephalographischer Untersuchungen, bei einem Großteil seiner Patienten das Auftreten kortikaler Atrophien, sichtbar an vergrößerten Sulci. Bereits er stellte eine Beziehung zwischen dem Ausmaß struktureller Veränderungen und dem Grad vorhandener kognitiver Beeinträchtigungen her.

3.2.1 Computertomographie (CT)

Mit Hilfe der Computertomographie, 1973 von Hounsfield als nicht invasives Verfahren in die bildgebende Diagnostik eingeführt, wurden detailliertere Aussagen bezüglich Qualität und Quantität struktureller Hirnveränderungen im Rahmen schizophrener Störungen möglich.

Ähnlich wie bei den PEG-Untersuchungen zählten wiederum Vergrößerungen der (inneren) Liquorräume zu den am häufigsten replizierten Befunden. Daneben fanden sich Zusammenhänge zwischen dem Grad der Ventrikelvergrößerung und schlechtem prämorbidem Funktionsniveau, geringem Ansprechen auf die neuroleptische Therapie, schlechten neuropsychologischen Testergebnissen sowie einer ungünstigen Prognose (Weinberger et al., 1980; Luchins et al., 1984; Williams et al., 1985; Luchins und Meltzer, 1986; Shelton und Weinberger, 1986).

Beziehungen zwischen schizophrener Positiv-/Negativsymptomatik und dem Grad struktureller Veränderungen waren gleichfalls Gegenstand zahlreicher Untersuchungen. Die Ergebnisse dieser Studien fassten Marks und Luchins (1990) in einer Übersichtsarbeit zusammen (s. Tab. 2). Im Rahmen der durchgeführten CT-Untersuchungen imponierte der Zusammenhang zwischen Strukturalterationen (kortikale Atrophie und/oder Vergrößerung der inneren Liquorräume) und ausgeprägter Negativsymptomatik.

Vor allem diese Untersuchungsergebnisse veranlassten die Arbeitsgruppe um Crow dazu, pathomorphologische Befunde – und hier explizit die Ventrikelvergrößerung – in ihr heuristisch bedeutsames Konzept der Typ I/II-Schizophrenie einzuführen.

In diesem Modell erweiterte Crow das Konzept der rein phänomenologischen Positiv-Negativ-Dichotomie und knüpfte eine Verbindung zwischen psychopathologischer Symptomatik und Resultaten der biologisch orientierten Schizophrenieforschung. Im Ergebnis seiner Untersuchungen postulierte er zwei unabhängige Krankheitsdimensionen, denen unterschiedliche pathologische Prozesse zugrunde liegen: den Typ I, dessen klinisches Erscheinungsbild von positiven Symptomen wie Halluzinationen, Wahn und Denkstörungen geprägt wird, und den Typ II, den Affektverflachung, Sprachverarmung u. a. Negativsymptome dominieren. Weitere Charakteristika der beiden Typen sind in Tab. 3 aufgeführt und sollen den derzeitigen Entwicklungsstand des Crow'schen Modells verdeutlichen. Den Typ I charakterisieren allenfalls gering ausgeprägte, reversible kognitive Defizite, während diese beim Typ II deutlich vorhanden und irreversibel sind und am ehesten auf hirnstrukturellen Defiziten basieren. In diesem Modell wird erstmals ein nachvollziehbarer Zusammenhang zwischen ausgeprägter Negativsymptomatik, schlechter Prognose, kognitiven Defiziten und hirnstrukturellen Alterationen formuliert. Es rückt die Bedeutung kognitiver Störungen für die Schizophrenie in den Fokus der Aufmerksamkeit.

Tab. 2: Beziehungen zwischen strukturellen Hirnveränderungen (CT) und psychopathologischer Symptomatik (modifiziert nach MARKS und LUCHINS, 1990) (↑ erhöht; ↓ reduziert; = unverändert verglichen mit gesunden Kontrollen)

Befund	Quelle
Ventrikelgröße ↑ bei Negativsymptomatik	ANDREASEN et al., 1982; PEARLSON et al., 1984, 1985; KOLAKOWSKA et al., 1985a, b; WILLIAMS et al., 1985; KEMALI et al., 1987; van KAMMEN et al., 1988
Ventrikelgröße = bei Negativsymptomatik	OTA et al., 1987a
Ventrikelgröße = bei Positivsymptomatik	ANDREASEN et al., 1982; KEMALI et al., 1987
Ventrikelgröße ↓ bei Positivsymptomatik	OWENS et al., 1985 (besonders für Halluzinationen)
3. Ventrikel ↓ bei Positivsymptomatik	OTA et al., 1987a, b (besonders für Wahn)
kortikale Atrophien bei Negativsymptomatik	NASRALLAH et al., 1983; OTA et al., 1987a, b

Tab. 3: Konzept der Typ-I- und Typ-II-Schizophrenie (modifiziert nach CROW 1980a, b; 1987, 1995)

Kategorie	Typ I	Typ II
prämorbides Interaktionsniveau	gut	schlecht
charakteristische Symptome	Positivsymptome (Wahn, Halluzinationen, Denkstörungen)	Negativsymptome (affektive Verflachung, Sprachverarmung, Aktivitätsverlust)
häufig assoziierter Krankheitstyp	akute Schizophrenie	chronische Schizophrenie, „Defektsyndrom"
kognitive Defizite	reversibel	irreversibel? möglicherweise auf der Basis struktureller Hirnveränderungen
somatische Beeinträchtigungen	selten vorhanden	gelegentlich vorhanden
tardive Dyskinesien	selten vorhanden	häufig vorhanden
Ansprechen auf Neuroleptika	gut	schlecht
mutmaßliche Pathogenese	erhöhte Anzahl von Dopamin-Rezeptoren (D_2-Rez.)	Zelluntergang im Bereich des Temporallappens einschließlich des Gyrus parahippocampalis und des Hippocampus
Prognose	gut	schlecht

3.2.2 Magnetresonanztomographie (MRT)

Funktionsbestimmendes Prinzip der Magnetresonanztomographie ist die Tatsache, dass Atome mit ungerader Kernladungszahl über ein Eigendrehmoment, den so genannten Kernspin, verfügen, dessen Ausrichtung über die Einstrahlung elektromagnetischer Hochfrequenzwellen beeinflusst werden kann. Die Orientierung erfolgt entlang des Magnetfeldes entweder parallel oder antiparallel, wobei lediglich die parallel ausgerichteten Spins kernmagnetische Resonanzeigenschaften aufweisen. Die Detektion dieser Spinänderungen erlaubt die Erstellung anatomisch genauer Abbilder des untersuchten Gehirns. Beschrieben wurde dieses Phänomen erstmals im Jahre 1948 von BLOCH und PURCELL; erste Versuche, diesen Effekt für die Entwicklung bildgebender Verfahren zu nutzen, erfolgten jedoch erst zu Beginn der 70er Jahre. 1974 erstellte LAUTERBUR das erste MRT-Bild von einem Lebewesen (Maus), bevor MANSFIELD 1977 MRT-Untersuchungen am Menschen (Thorax) durchführte (LISSNER, 1993; LAUBENBERGER und LAUBENBERGER, 1994). Verglichen mit computertomographischen Verfahren verfügt die MRT über zahlreiche Vorteile. Hierzu zählen u. a. ein besseres Kontrastierungsvermögen bei der Untersuchung verschiedener Gewebe (hierdurch ist im Gehirn eine eindeutige Differenzierung von grauer und weißer Substanz sowie Liquor möglich), die fehlende Belastung durch Röntgenstrahlen und die Möglichkeit, Aufnahmen von vornherein in jeder möglichen Raumebene zu erstellen. Diese und andere Aspekte führten dazu, dass die MRT heute zu den leistungsfähigsten Instrumenten der modernen Schizophrenieforschung zählt. Sie ermöglicht es, selbst kleine hirnstrukturelle Veränderungen zu erkennen und damit zu analysieren, um so den neuropathologischen Korrelaten der Erkrankung schrittweise näher zu kommen.

Die Zahl der seit den Tagen von LAUTERBUR durchgeführten MRT-Untersuchungen, auch und gerade im Rahmen der Suche nach morphologischen Substraten psychiatrischer Krankheitsbilder, ist kaum mehr überschaubar. Im folgenden Abschnitt soll kursorisch auf einige Befunde aus MRT-Untersuchungen und den sich hieraus ergebenden Schlussfolgerungen für die Ätiopathogenese schizophrener Störungen eingegangen werden. Aus Gründen der besseren Übersicht und Verständlichkeit erfolgt die Darstellung der bislang zur Verfügung stehenden

Resultate getrennt für jede der betroffenen Hirnregionen.

3.2.2.1 Seitenventrikel

==Wie eingangs bereits erwähnt, gehören Vergrößerungen der Seitenventrikel zu den stabilsten zerebralen Auffälligkeiten, die bei schizophrenen Patienten im Vergleich zu Gesunden überhaupt gefunden werden.== Wie McCARLEY et al. (1999) zeigten, wurden in 79% aller methodisch gut durchgeführten Untersuchungen diese vergrößerten Seitenventrikel gefunden. In Abb. 25 ist der Vergleich eines Probanden mit einem schizophrenen Patienten dargestellt. Auch wenn aus diesem Vergleich der Eindruck eines deutlichen Unterschieds entsteht, kann im Einzelfall die differenzialdiagnostische Entscheidung nicht auf den Größenvergleich der Seitenventrikel gestützt werden.

Die mittlere Größenzunahme der Seitenventrikel bei Schizophrenen ist hierbei nicht das Entscheidende, vielmehr interessiert die Frage, auf Kosten welcher Strukturen diese Vergrößerung zustande kommt (s.

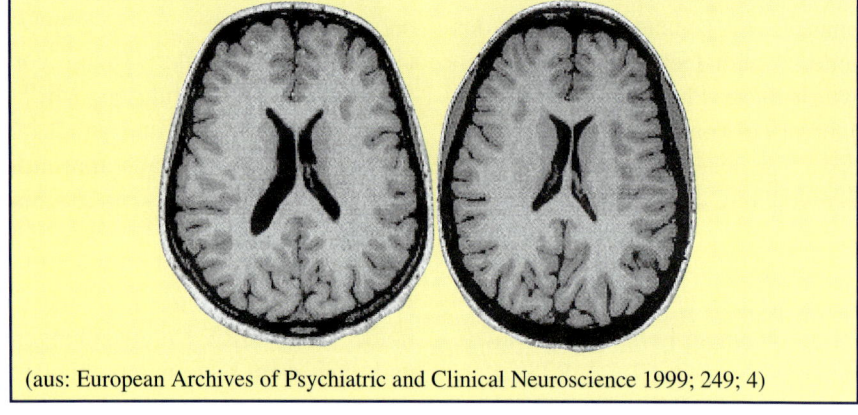

(aus: European Archives of Psychiatric and Clinical Neuroscience 1999; 249; 4)

Abb. 25: Einzelfallvergleich: MRT-Transversalschnitt des Gehirns eines schizophrenen Patienten (links) und eines geschlechts- und altersparallelisierten Kontrollprobanden (rechts); deutlich sind bei dem schizophrenen Patienten die Erweiterungen der Seitenventrikel erkennbar

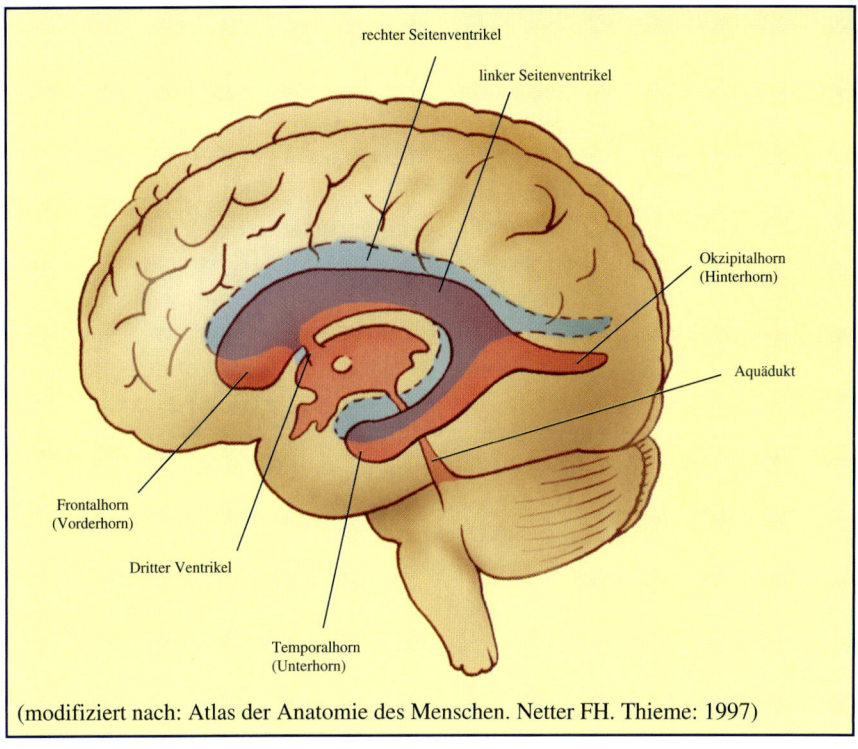

(modifiziert nach: Atlas der Anatomie des Menschen. Netter FH. Thieme: 1997)

Abb. 26: Seitenventrikel und angrenzende Strukturen

Abb. 26). Aller Wahrscheinlichkeit nach sind die Ventrikel kompensatorisch vergrößert, da umgebende Strukturen volumengemindert sind. Im Rahmen von MRT-Untersuchungen sind besonders Befunde von CANNON und MARCO (1994) zu erwähnen, die eine strenge Korrelation zwischen Ventrikelgröße und Schweregrad der schizophrenen Störung fanden. Weit weniger klar ist es, inwiefern kausale Beziehungen zwischen dem Ausprägungsgrad der Negativ- und/oder Positivsymptomatik und der Seitenventrikelvergrößerung bestehen. So beschrieben BESSON et al. (1987) Seitenventrikelvergrößerungen im Zusammenhang mit dem Auftreten von Positiv- und Negativsymptomatik, wobei die Patienten, die Symptome aus beiden Kategorien boten, größere Ventrikelvolumina aufwiesen als diejenigen mit reiner Negativsymptomatik. Andere Autoren kamen zu vergleichbaren Ergebnissen: So stellten YOUNG et al. (1991), GUR et al. (1994) sowie MOZLEY et al. (1994) eine Verbindung zwischen schizophrener Positivsymptomatik und Seitenventrikelvergrößerungen her, während ZIPURSKY et al. (1992) den Zusammenhang zwischen Ventrikelgröße und Negativsymptomatik betonten.

DEGREEF et al. (1992a) unternahmen in ihrer Studie den Versuch einer topographischen Zuordnung bestimmter psychopathologischer Befunde. Sie beobachteten, dass Vergrößerungen im Bereich des linken hinteren Temporalhornes mit positiven Symptomen, insbesondere bizarrem Verhalten, assoziiert waren, wohingegen Volumenzunahmen beider Temporalhörner mit dem Vorhandensein von Negativsymptomatik einhergingen.

Mögliche funktionelle Implikationen

Auf die beiden Seitenventrikel entfallen 75% des Hohlraumsystems des Großhirns mit einen Volumen von insgesamt in etwa 22 ml. Am Foramen interventriculare, das vorn von der Columna fornicis, oben vom Plexus choroideus und hinten seitlich vom Thalamus begrenzt wird,

stehen sie miteinander und mit dem 3. Ventrikel in Verbindung. Dem bogenförmigen Wachstum des Hirnmantels und seiner Lappengliederung entsprechend lassen sich die Seitenventrikel in vier Abschnitte untergliedern: Das Vorderhorn (Cornu frontale) erstreckt sich vom Foramen interventriculare nach vorn und lateral ins Stirnhirn. Die mediale Wand wird vom Septum pellucidum, das Dach vom Corpus callosum gebildet. Der Kopf des Nucleus caudatus wölbt Seitenwand und Boden ins Ventrikelvolumen vor. Der Mittelteil (Pars centralis) wird ebenfalls von Balkenfasern bedeckt. Den Boden bilden der Nucleus caudatus und die Lamina affixa. Im Hinterhorn (Cornu occipitale) wird die laterale Wand von weißer Substanz (Tapetum corporis callosi) ausgekleidet, die auch in den Boden einstrahlt. Medial oben wird das Hinterhorn vom Bulbus cornus occipitalis des Balkens, medial unten vom Calcar avis begrenzt. Das Unterhorn (Cornu temporale) weist am Boden eine dreieckige Vorwölbung, das Trigonum collaterale, auf. Im Winkel zwischen Trigonum collaterale und Calcar avis tritt, vorgewölbt durch den Sulcus hippocampi, der Hippocampus bogenförmig an das Unterhorn heran und bildet seine mediale Wand. Sein Dach wird vom

Schwanz des Nucleus caudatus repräsentiert.

Diese vielfältigen funktionell-anatomischen Beziehungen der Seitenventrikel legen die Vermutung nahe, dass strukturelle Deviationen konsekutiv zu Veränderungen benachbarter Regionen führen. Diese Hypothese ist auch und gerade im Rahmen der Schizophrenieforschung Gegenstand regen wissenschaftlichen Interesses: Das Wesen der Beziehung zwischen Ventrikelvergrößerung und schizophrener Symptombildung erscheint jedoch nach wie vor ungeklärt. Zwar liefern zahlreiche Postmortem-Studien Anhaltspunkte dafür, dass die beschriebene Volumenzunahme der Seitenventrikel (explizit der Temporalhörner) mit periventrikulären Zellverlusten insbesondere im Bereich Hippocampus und Gyrus parahippocampalis einhergeht (BOGERTS et al., 1985; 1990; JESTE und LOHR, 1989), sodass sich unter Berücksichtigung der Bedeutung dieser Strukturen für Emotionen, Adaptations-, Lern- und Gedächtnisprozesse durchaus eine Beziehung zwischen strukturellen Veränderungen und dem Auftreten psychopathologischer Symptome herstellen lässt. Auch liefert das gleichzeitige Fehlen einer signifikanten Gliose in diesen Regionen (FALKAI und BOGERTS, 1986; ARNOLD et al.,

1996) Hinweise auf ätiologische Faktoren (perinataler Insult vs. genetisch determinierte, neuronale Entwicklungsstörung [WEINBERGER, 1987; MILLER, 1989; PAKKENBERG, 1990]). Jedoch gibt es auch gegensätzliche Befunde, die jeden Zusammenhang zwischen Ventrikelvergrößerung und schizophrener Positiv- wie Negativsymptomatik vermissen lassen (LOSONCZY et al., 1986; PANDURANGI et al., 1986; KEILP et al., 1988), ein Sachverhalt, der möglicherweise methodologischen Unterschieden, unterschiedlichen Untersuchungsgruppen, dem diagnostischen Prozedere oder ganz einfach der Heterogenität des Krankheitsbildes zuzuschreiben ist.

Alles in allem sind vergrößerte Seitenventrikel bei Patienten mit schizophrenen Störungen ein häufig beobachtetes Phänomen, wobei die Frage, ob sie Ursache oder Effekt der Erkrankung sind, offen bleibt. Darüber hinaus sind Ventrikelvergrößerungen keineswegs schizophrenietypisch, da sie auch im Zusammenhang mit affektiven Störungen (PEARLSON und VEROFF, 1981; LUCHINS et al., 1984; PEARLSON et al., 1984), hirnorganischen Erkrankungen bzw. Alkoholabhängigkeit (RON et al., 1982) sowie im Rahmen anderer Erkrankungen des Nervenstems auftreten.

3.2.2.2   3. Ventrikel

Bereits Kojima et al. (1987) beschrieben einen Zusammenhang zwischen Vergrößerungen im Bereich des 3. Ventrikels und negativen Symptomen wie emotionalem Rückzug und depressiver Verstimmung. Diese Befunde fanden weitere Bestätigung in den Arbeiten von Barta et al. (1990) und Zipursky et al. (1994), wobei ersterer darüber hinaus für seine Patientengruppe eine positive Korrelation zwischen dem Volumen des 3. Ventrikels und der Intensität wahnhaft-halluzinatorischen Verhaltens beobachtete und dies auf Strukturdefizite im Bereich medialer Temporallappenanteile wie den Hippocampus zurückführte.

Auch beim 3. Ventrikel ist die Frage entscheidend, auf wessen Kosten die Volumenzunahme erfolgt: Der unpaare 3. Ventrikel geht kaudal in den Aquaeductus mesencephali über und ist rostral beidseits durch je ein Foramen interventriculare mit dem rechten und linken Seitenventrikel verbunden. Sein Dach wird vom Balken und einer bogenförmigen Faserbahn, dem Fornix, sowie im hinteren Bereich vom Epithalamus gebildet. Die Vorderwand bestehend aus der dünnen, membranartigen Lamina terminalis steigt zum Rostrum corporis callosi auf. Der Boden fällt vom Eingang in den Aquädukt nach vorn als flacher Hügel ab und wird vom Tegmentum des Mittelhirns und dem Hypothalamus vorgebuckelt. In die Seitenwand wölbt sich im oberen Anteil der Thalamus vor; die untere laterale Begrenzung wird vom Hypothalamus gebildet. Zur besseren Veranschaulichung sei auf Abb. 27 verwiesen.

Mögliche funktionelle Implikationen

Es folgt ein kurzer neurologischer Exkurs, um den Zusammenhang zwischen Veränderungen im Bereich des 3. Ventrikels (und angrenzender Strukturen) und dem Auftreten schizophrener Symptome wie Alogie, affektive Verminderung, Anergie oder Denkstörungen ein wenig transparenter zu gestalten. Das wiederum wird dazu führen, dass in künftigen Untersuchungen eben diesen „angrenzenden Strukturen", insbesondere den Basalganglien, ein erhöhtes Maß an Aufmerksamkeit zuteil wird. Denn neben den klassischen Regionen Frontal- und Temporalkortex bzw. Amygdala-Hippocampus-Komplex scheint auch das Diencephalon maßgeblich an der Entstehung schizophrener Symptome beteiligt.

Schröder et al. (1992, 1995) beobachteten im Rahmen ihrer Untersuchungen (CT, PET) einen Zusam-

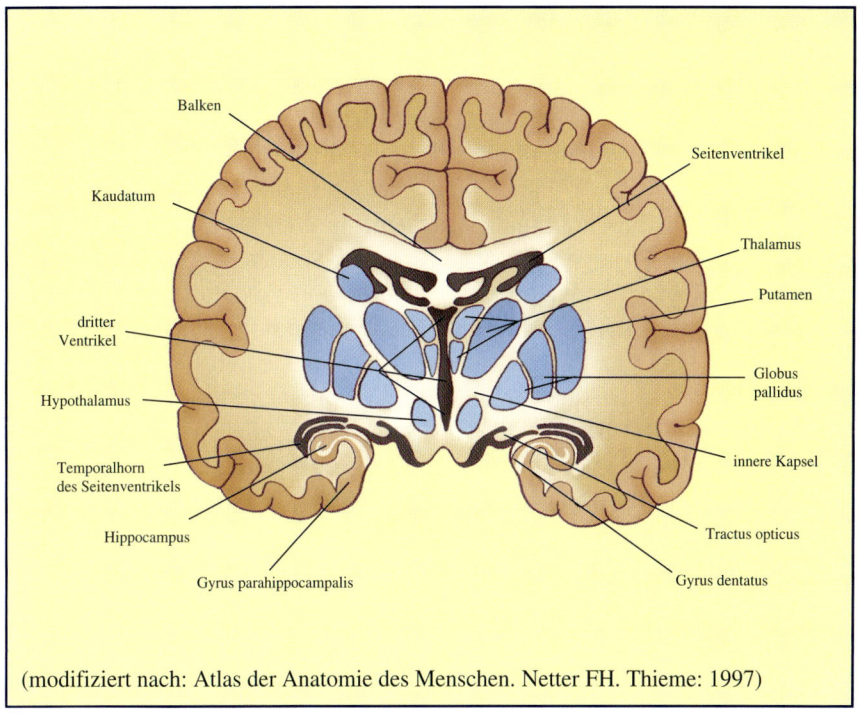

Balken

Seitenventrikel

Kaudatum

Thalamus

Putamen

dritter
Ventrikel

Globus
pallidus

Hypothalamus

innere Kapsel

Temporalhorn
des Seitenventrikels

Tractus opticus

Hippocampus

Gyrus parahippocampalis

Gyrus dentatus

(modifiziert nach: Atlas der Anatomie des Menschen. Netter FH. Thieme: 1997)

Abb. 27: 3. Ventrikel und angrenzende Strukturen (Koronarschnitt in
Höhe der Mamillarkörper)

menhang zwischen dem Auftreten
von Denkstörungen bzw. Negativsymptomatik und Volumenzunahmen im Bereich des 3. Ventrikels.
Daneben fanden sie beide Befunde
mit vergrößerten Seitenventrikeln
und strukturellen Defiziten angrenzender Strukturen, wie Basalganglien, Thalamus und Hypothalamus,
assoziiert. Vor ihnen wiesen bereits
LESCH und BOGERTS (1984) im Rahmen von Post-mortem-Untersuchungen auf die inverse Beziehung zwischen der Größe des 3. Ventrikels
und der Dicke der grauen Substanz
diencephaler Strukturen bei Patienten mit schizophrenen Störungen
hin. Mit dem Nachweis von Zellverlusten im Bereich der Substantia
nigra bei einer Gruppe von Schizophrenen, die zu Lebzeiten keinen
Anhalt für das gleichzeitige Vorlie-

gen eines Morbus Parkinson (s. u.) boten, lieferten BOGERTS et al. (1983) einen weiteren Hinweis auf die Involvierung der Basalganglien in die Ätiopathogenese schizophrener Störungen (s. u.).

Einen Einblick in die Funktion bzw. Dysfunktion der Basalganglien gewähren neurologische, neurochemische und psychopathologische Besonderheiten, die sich im Gefolge von Veränderungen derselben manifestieren. So zeigen Patienten, die an Chorea Huntington leiden (eine Erkrankung, die mit der Degeneration kleiner GABAerger und cholinerger Neurone im Bereich des Neostriatums einhergeht und zu Störungen des frontostriatalen (dopaminergen) Informationsflusses führt – auf deren Bedeutung für die Entstehung schizophrener Symptomatik wird bei der Besprechung des Frontallappens gesondert eingegangen) neben den krankheitstypischen Bewegungsstörungen eine Vielzahl schizophrenieähnlicher Symptome. Hierzu zählen u. a. wahnhaftes Denken, Depressionen, inadäquat impulsives Verhalten sowie Denk- und Aufmerksamkeitsstörungen, die bis hin zu schwersten demenziellen Zustandsbildern reichen können, ein Befund, wie er im Rahmen schizophrener Störungen jedoch nur selten beobachtet wird. Darüber hinaus sei ne-

ben der psychopathologischen noch auf eine molekulargenetische Gemeinsamkeit verwiesen: Im Bereich des kurzen Armes des Chromosoms 4 findet sich bei Huntington-Patienten eine überdurchschnittlich häufige Wiederholung der Trinucleotid-Sequenz CAG. Ein ähnliches Repetitionsverhalten des besagten Trinucleotids beschrieb ST. CLAIR (1994) im Genom von Patienten mit schizophrenen Störungen, wobei die endgültige chromosomale Zuordnung noch aussteht.

Ein weiteres Indiz für die Beteiligung diencephaler Strukturen an der Entstehung schizophrener Symptome liefern Ätiopathogenese und klinisches Bild des Morbus Parkinson. Die Erkrankung geht mit Verlusten dopaminerger Neurone im Bereich der Substantia nigra, einer zentral gelegenen Basalganglienregion mit Projektion auf den Nucleus caudatus, einher. Infolge reduzierten dopaminergen Inputs zum Nucleus caudatus und daraus resultierender Störung frontostriataler Regulationsmechanismen bieten die Parkinson-Patienten neben der klassischen Trias Tremor, Rigor und Hypo-/Akinese häufig ein der schizophrenen Negativsymptomatik ähnliches Bild. So beobachtet man u. a. Antriebslosigkeit, Affektverflachung, depressive Verstimmungen sowie formale Denkstörungen, die von Bradyphrenie bis zu Demenzen variablen Ausprägungsgrades reichen können.

3.2.2.3 Balken (Corpus callosum)

Mit seinen mehr als 200 Millionen markhaltigen Nervenfasern stellt das Corpus callosum (CC) (s. Abb. 28) das größte interhemisphäri-

sche Kommunikationssystem des menschlichen Gehirns dar. Diese Rolle des Mittlers zwischen den funktionell unterschiedlich differenzierten Hemisphären führte seit der Abhandlung WIGANS aus dem Jahre 1844 (CLARKE, 1987) zu vielfältigen Spekulationen bezüglich der Beteiligung des Balkens an der Entstehung schizophrener Symptome. ROSENTHAL und BIGELOW (1972) waren die ersten, die im Rahmen von

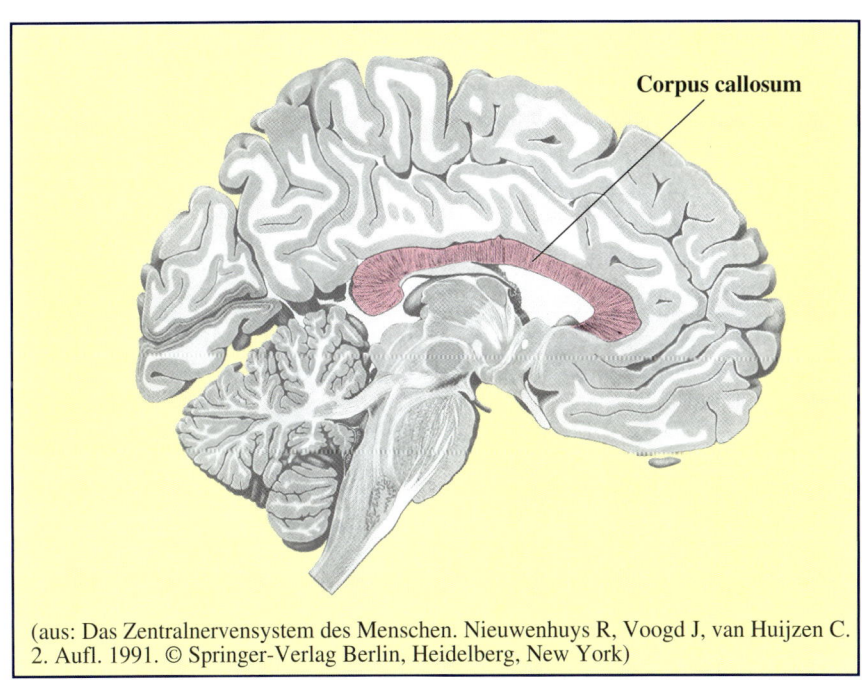

Corpus callosum

(aus: Das Zentralnervensystem des Menschen. Nieuwenhuys R, Voogd J, van Huijzen C. 2. Aufl. 1991. © Springer-Verlag Berlin, Heidelberg, New York)

Abb. 28: Sagittalschnitt in der Mittellinie des Gehirns; deutlich sichtbar der Balken (Corpus callosum) als große Faserstruktur, die die beiden Hirnhemisphären miteinander verbindet

Post-mortem-Untersuchungen Veränderungen der CC-Dicke bei Patienten mit schizophrenen Störungen beschrieben. Es folgten zahlreiche weitere Studien, wobei die Ergebnisse durchaus differierten. Allen Arbeiten gemeinsam war die Schlussfolgerung, dass die Zunahme der CC-Dicke (-Breite) mit einer Erhöhung der kallösen Faserzahl einhergeht, was möglicherweise Veränderungen des interhemisphärischen Informationstransfers (s. u.) bedingt (z. B. RAINE et al., 1990).

Besonders interessant im Hinblick auf den Zusammenhang von Balkendicke/Psychopathologie ist die Arbeit von GÜNTHER et al. (1991), die eine relative Größenzunahme im Bereich des Corpus callosum bei denjenigen Patienten beschrieben, deren klinisches Bild von positiven Symptomen im Sinne von Denkstörungen, Halluzinationen und Wahnvorstellungen geprägt war. Darüber hinaus bestand eine streng inverse Korrelation zwischen dem Verhältnis von Balkendicke zu Gesamthirnvolumen und dem Ausprägungsgrad der Negativsymptomatik. Als Basis beider Phänomene wird im ersteren Fall ein „Hyperkonnektions-" und im letzeren ein „Dyskonnektionssyndrom" vermutet, die jeweils eine Beeinträchtigung der interhemisphärischen Kommunikation auslösen (WEXLER und HENNINGER, 1979; GULMANN et al., 1982) (s. auch Abb. 29).

Mögliche funktionelle Implikationen

Um die funktionellen Folgen der geschilderten Auffälligkeiten zu verstehen, sind Befunde wichtig, die an „Split-Brain-Patienten" erhoben wurden, bei denen zur Ausschaltung eines nicht lokalisierbaren epileptischen Fokus die totale/partielle Durchtrennung interhemisphärischer Verbindungen erforderlich war. Ähnlich wie ein Teil der Patienten mit schizophrenen Störungen beschrieben auch sie Gefühle der Passivität und Fremdbeeinflussung bzw. -kontrolle (SIMS, 1992). Im Gegensatz zu den Schizophrenen waren „Split-Brain-Patienten" jedoch in der Lage, diese Empfindungen kritisch zu hinterfragen und einzuordnen, auch neigten sie nicht zur wahnhaften Interpretation des Erlebten (GALIN, 1974; DAVID, 1989).

Neben den o.g. Erfahrungen mit „Split-Brain-Patienten" existieren mehrere Einzelfallbeschreibungen, die auf die Koinzidenz von partieller/totaler CC-Agenesie und dem Auftreten psychotischer Symptome verweisen (MAC PHERSON et al., 1987; LEWIS et al., 1988; VELEK et al., 1988). Des Weiteren fanden FILTEAU et al.

(1991) bei der Untersuchung von 62 Patienten mit Andermann-Syndrom, einer autosomal rezessiven Erbkrankheit, die u. a. mit mentaler Retardierung und peripherer Neuropathie einhergeht, in 32% der Fälle zusätzlich zu den beschriebenen Symptomen psychotische Zustandsbilder, die wiederum bei 65% der Patienten mit einer CC-Agenesie assoziiert waren. Darüber hinaus verzeichneten unabhängig voneinander mehrere Autoren im Rahmen umfangreicher MRT-Studien an Patienten mit schizophrenen Störungen eine signifikant erhöhte Prävalenz von CC-Dys- bzw. -Agenesien verglichen mit gesunden Probanden (DEGREEF et al., 1992b; DAVID et al., 1993) bzw. neurologisch Erkrankten (SWAYZE et al., 1990).

Unklar ist jedoch nach wie vor, ob die bei schizophrenen Patienten beobachteten Veränderungen des Corpus callosum als strukturelle Grundstörung fungieren, die Alterationen anderer sub- und kortikaler Areale triggert, oder ob es sich hier möglicherweise um komplexere morphologische Schädigungsmuster han-

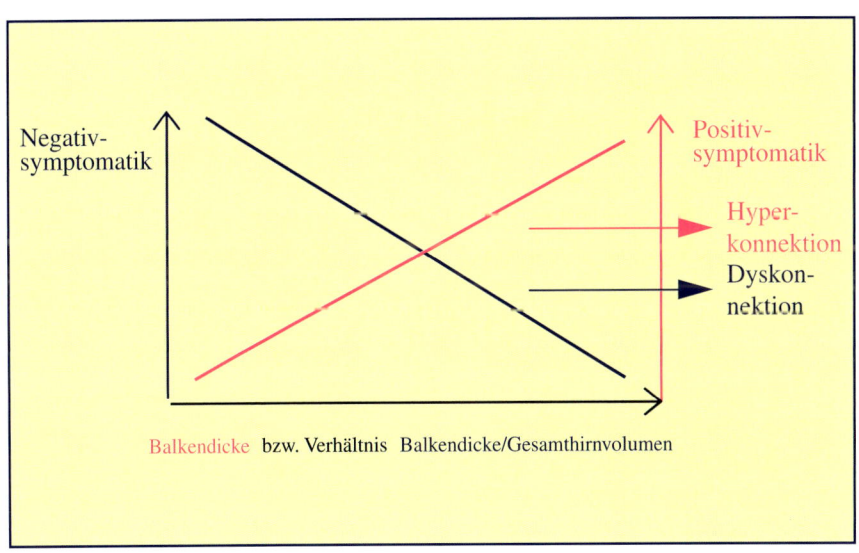

Abb. 29: Vereinfachtes Schema zum Zusammenhang von Balkendicke/ Psychopathologie nach den Ergebnissen von GÜNTHER et al. (1991)

delt, die die limbischen Regionen, die sich entlang des CC entwickeln (RAKIC und YAKOVLEV, 1986), einbeziehen. Im ersteren Fall wären kallöse Fehlbildungen kritischer als bislang angenommen einzuschätzen. Psychische Störungen stellten demnach eine direkte Folge aberranter interhemisphärischer Kommunikationsvorgänge bzw. das Resultat erfolgloser Kompensationsversuche mit Hyperkonnektion und nachfolgendem exzessiven und ungefilterten Informationstransfer dar (DAVID, 1994). Unter Berücksichtigung neuronaler Entwicklungsvorgänge erscheint die zweite Variante jedoch als die wahrscheinlichere: So steht zum einen die embryonale Entwicklung des Corpus callosum in enger zeitlicher wie topographischer Beziehung zu derjenigen der Hippocampusformation (inkl. Fornix, Gyrus cinguli, Septum pellucidum) und andererseits ließen sich bei schizophrenen Patienten mit CC-Agenesie immer wieder Alterationen limbischer Regionen nachweisen (SWAYZE et al., 1990).

Abschließend kann folgende vorläufige Schlussfolgerung gezogen werden: Eine Krankheit, deren Wesen u. a. in der Separation von Emotionen und Ausdruck, Wahrnehmung und Denken besteht, lässt sich mit einiger Wahrscheinlichkeit (auch) auf Stö-

rungen im kortikalen Netzwerk zurückführen. Inwieweit diese Störung auf Beeinträchtigungen interhemisphärischer Transferprozesse beruht und ob diese Beeinträchtigungen einzig und allein auf kallösen Veränderungen basieren, bleibt abzuwarten.

3.2.2.4 Amygdala-Hippocampus-Komplex (AHK)

Der Amygdala-Hippocampus-Komplex (AHK) stellt einen wesentlichen Bestandteil des limbischen Systems dar. Abb. 30 (s. S. 109) gibt dazu einen Überblick. ROBERTS (1991) beginnt seine Ausführungen zu neuropathologischen Veränderungen im Rahmen schizophrener Störungen mit den Worten: „Es ist wahrscheinlich, dass alle Schizophrenen Veränderungen im medialen Temporallappenbereich aufweisen, die sich wohl in ihrem Ausprägungsgrad, nicht jedoch in ihrem Wesen unterscheiden." Die Ergebnisse zahlreicher Post-mortem-Untersuchungen schienen dies zu bestätigen: So beschrieben sowohl BOGERTS et al. (1985, 1990) als auch JESTE und LOHR (1989) Volumenreduktionen im Bereich der Hippocampi, die das makroskopische Korrelat einer veränderten Neuronengröße (BENES et al.,

1991; ARNOLD et al., 1995) und/oder -zahl (FALKAI und BOGERTS, 1986; JESTE und LOHR, 1989) bilden.

An dieser Stelle sollen nun die Ergebnisse einiger besonders bedeutsamer MRT-Untersuchungen referiert werden. So fanden BREIER et al. (1992) anhand quantitativer Messungen das gemeinsame Auftreten von Volumenreduktionen im Bereich des rechten AHK sowie Präfrontalkortex (nur weiße Substanz) und vermuteten, dass es sich hierbei um die Folgen modifizierter Kommunikationsstrukturen im frontolimbischen System handeln könnte. Darüber hinaus beobachteten sie Veränderungen des linken Nucleus caudatus, was sie zu der Schlussfolgerung veranlasste, dass sowohl frontolimbische als auch frontostriatale Dysfunktionen für die Entstehung schizophrener Störungen von ätiopathogenetischer Bedeutung sind. Hinsichtlich der entwicklungsgeschichtlichen Grundlagen der postulierten frontolimbischen Konnektionsstörung sei auf die Tatsache verwiesen, dass die Verbindungen zwischen temporalen und frontalen Kortexarealen erst während der Adoleszenz bzw. dem frühen Erwachsenenalter ausreifen, in derjenigen Altersphase also, die die höchste Erstmanifestationsrate schizophrener Störungen aufweist.

YOUNG et al. (1991) beschrieben eine inverse Korrelation zwischen dem Volumen des rechten Hippocampus und der Intensität schizophrener Symptombildung. Sie bestätigten somit die von KOVELMAN und SCHEIBEL (1984) getroffene Aussage bezüglich des Zusammenhangs zwischen Erkrankungsschwere und Ausmaß struktureller Veränderungen, gingen jedoch ähnlich wie BUCHANAN et al. (1993) nicht auf etwaige Unterschiede zwischen psychopathologischen Subpopulationen ein. Im Gegensatz dazu berücksichtigten BOGERTS et al. (1993) sowie FUKUZAKO et al. (1996) im Rahmen ihrer volumetrischen Untersuchungen ein breites Spektrum schizophrener Symptomatik. Beide Arbeitsgruppen zeigten Zusammenhänge zwischen dem Auftreten positiver Symptome wie konzeptioneller Desorganisation, ungewöhnlichen Denkinhalten, Misstrauen sowie Halluzinationen und Volumenminderung des Amygdala-Hippocampus-Komplexes auf.

Wie diese kursorische Aufzählung wichtiger Befunde nahe legt, scheinen Volumenminderungen medialer Temporallappenanteile in erster Linie für positive schizophrene Symptome verantwortlich zu sein.

Mögliche funktionelle Implikationen

Die medialen Temporallappenanteile sind wesentliche Elemente des limbischen Systems. Daher soll diese funktionelle Einheit an dieser Stelle näher erläutert werden. Der von BROCA geprägte (MacLEAN, 1949) Begriff „Le grand lobe limbique" umfasste zunächst nur die kortikalen Anteile, die wie ein Gürtel (Limbus = lat. Saum) beidseits ringförmig zwischen Hirnstamm und Hypothalamus einerseits und Neokortex andererseits angeordnet sind. Die Zusammenfassung kortikaler und subkortikaler Strukturen unter dem rein deskriptiven Begriff des „limbischen Systems" erfolgte durch MAC LEAN (1949, 1970), der hierin „den ersten Versuch der Natur, Bewusstsein zu entwickeln" sah. Die Anteile im Einzelnen:

kortikal:
- Hippocampus (Ammonshorn, Gyrus dentatus, Subiculum)
- Gyrus parahippocampalis (Area entorhinalis, Praesubiculum)
- Gyrus cinguli (mit Area subcallosa)
- phylogenetisch alte Teile des Rhinenzephalons (Bulbus olfactorius, Tuberculum olfactorium, Rindenanteile über den Corpora amygdaloidea)

- zusätzlich: orbitofrontaler Kortex, insulärer Kortex, Teile des Temporalkortex

subkortikal:
- Corpora amygdaloidea
- Septumkerne (Nucleus accumbens, Bandaletta diagonalis Broca)
- vordere Thalamuskerne
- zusätzlich: Regio praeoptica, Hypothalamus, Corpora mamillaria (s. auch Abb. 30).

Zwischen den einzelnen Strukturen existieren multiple Erregungskreise (s. Abb. 31), wobei die Verbindung von Gyrus parahippocampalis, Amygdala-Hippocampus, Fornix, Septum, Corpora mamillaria, vorderem Thalamus und Gyrus cinguli als potenzielles neuronales Substrat der Emotionen (MacLEAN, 1970) und des Gedächtnisses (NIEUWENHUYS et al., 1981; NIEUWENHUYS, 1985) angesehen wird. Darüber hinaus bestehen Projektionen zu Teilen des Temporalkortex, die der Weiterleitung von Informationen aus visuellen, auditorischen und somatosensorischen Arealen an den Amygdala-Hippocampus-Komplex sowie zu bestimmten Regionen des Frontalhirns dienen, wobei das Frontalhirn als oberste Kontrollinstanz des limbischen Systems fungiert.

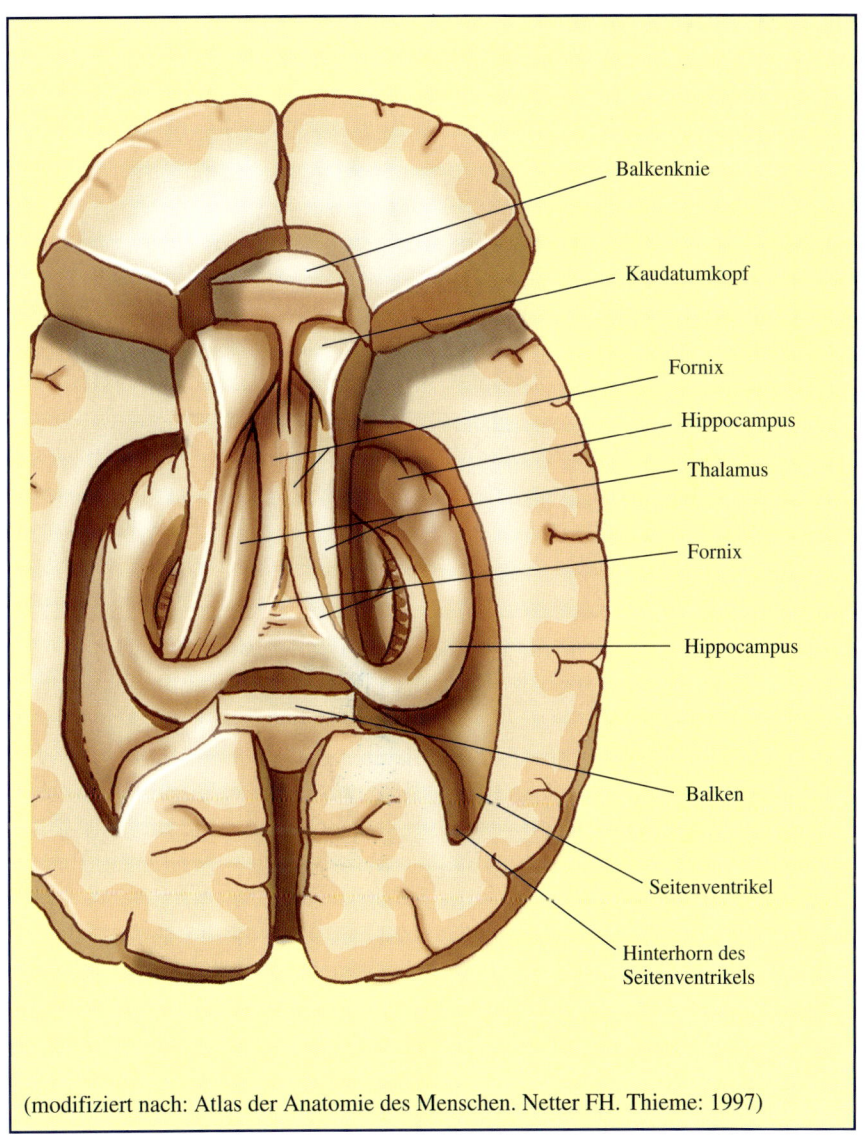

Balkenknie

Kaudatumkopf

Fornix

Hippocampus

Thalamus

Fornix

Hippocampus

Balken

Seitenventrikel

Hinterhorn des
Seitenventrikels

(modifiziert nach: Atlas der Anatomie des Menschen. Netter FH. Thieme: 1997)

Abb. 30: Limbisches System (dargestellt ist ein gestufter Transversalschnitt durch das Gehirn, der einen Blick von oben auf die
relevanten Strukturen erlaubt)

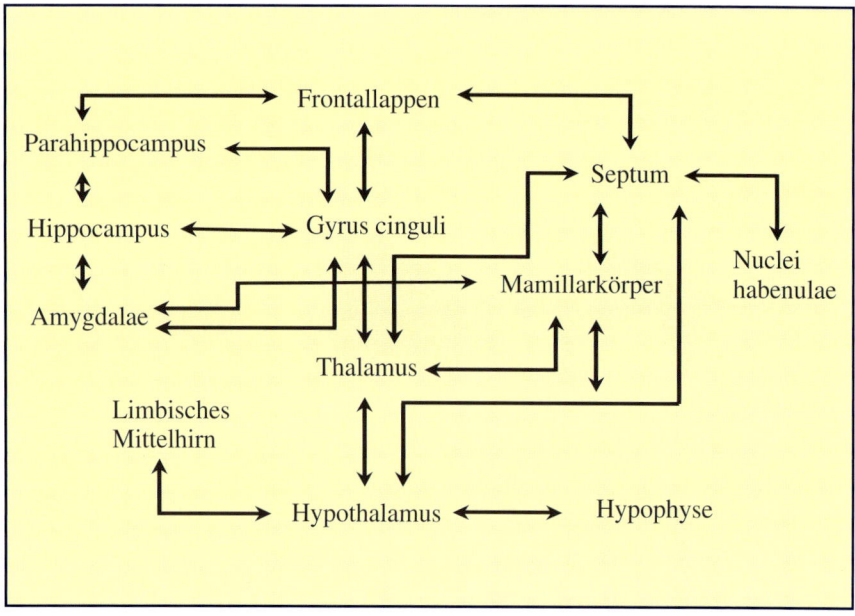

Abb. 31: Verbindungen des limbischen Systems (modifiziert nach
ANDREASEN, 1990)

Zu den Aufgaben des limbischen Systems zählen supramodale Integrations- und Assoziationsprozesse, die zu einer adäquaten emotionalen Beurteilung und Kontrolle sensorischer Informationen führen (SWANSON, 1983; MESULAM, 1986). Darüber hinaus dient der AHK der Speicherung und Interpretation von Gedächtnisinhalten, Letzteres anhand früherer Erfahrungen und Emotionen, sodass es im Ergebnis dieser Prozesse möglich ist, jede variable Komponente eines Ortes oder Ereignisses miteinander in Verbindung zu bringen und mit anderen Orten oder Ereignissen zu vergleichen (OLTON et al., 1986). Somit erhalten die Informationen eine spezifische Bedeutung für den Organismus und führen zur Aktivierung derjenigen Verhaltensmuster, die sich in der Vergangenheit bei ähnlichen Umweltkonstellationen als zweckmäßig erwiesen hatten (GLOOR, 1972; LIVINGSTONE, 1978).

Läsionen im Bereich der Corpora amygdaloidea führen zu schweren Verhaltensauffälligkeiten, resultierend aus der Unfähigkeit, die soziale

Bedeutung exterozeptiver Signale zu erkennen und zu eigenen affektiven Zuständen in Beziehung zu setzen. Des Weiteren findet man Störungen der sozialen Interaktionsfähigkeit zwischen dem eigenen Verhalten und der Umwelt, was mit der Herausbildung ängstlich-verunsicherter Verhaltensmuster einhergeht. Diese von KLÜVER und BUCY (1939) erstmals an Rhesusaffen nach bilateraler Entfernung beider Schläfenlappen (inkl. Uncus, Corpora amygdaloidea und Hippocampusanteilen) beschriebenen psychopathologischen Phänomene werden als Hinweis darauf gewertet, dass die ihnen zugrunde liegenden Läsionen beim Menschen in die Entstehung paranoider Störungen involviert sein könnten. Darüber hinaus werden im Rahmen von Temporallappenepilepsien, die vielfach mit einer Ammonshornsklerose vergesellschaftet sind, komplexe sensomotorische Störungen beobachtet. Hierzu gehören u.a. olfaktorische und gustatorische Halluzinationen, Déjà-vu-Erlebnisse, Derealisations- und Depersonalisationsempfindungen, repetitive Handlungen (wahrscheinlich auf der Basis gespeicherter Gedächtnisinhalte) sowie eine im Vergleich zu anderen Epilepsieformen signifikant erhöhte Psychoserate (GLOOR, 1972; LIVINGSTONE, 1978; NICHOLI, 1978).

Aus dem bisher Gesagten geht hervor, dass der AHK u. a. für die Konsolidierung und Reaktivierung von (verbalen) Gedächtnisinhalten verantwortlich ist. Dysfunktionen können zur spontanen Reaktivierung bzw. Überstimulation im verbalen Informationssystem führen, sodass verbale Phänomene wahrgenommen werden, ohne dass ein externer Stimulus erfolgte (Halluzinationen); eine derartige Hyperaktivität induziert darüber hinaus abnorme Assoziationsgradienten für die Konsolidierung und Reaktivierung verbaler Gedächtnisinhalte, was klinisch als Assoziationslockerung oder -verlust imponiert (WIBLE et al., 1992).

Daneben existieren weitere Ansichten über das Wesen kognitiver Defizite bei Patienten mit schizophrenen Störungen: So erkannte BERZE bereits 1914, dass bei Schizophrenen „Wahrnehmung und Gedächtnis hoffnungslos vermischt...'' seien. Dies erscheint nahe liegend, wenn man sich vor Augen hält, dass Wahrnehmungen von der Interaktion zwischen aktuellem Stimulus und gespeicherten Erinnerungen abhängig sind, wobei Letztere über frühere Wahrnehmungen/Erfahrungen regulatorisch wirken. Aus dem Zusammenspiel von Erfahrungen und gegenwärtigem Kontext resultieren dann Erwartungen bzw. Reaktionsneigungen (BROADBENT, 1971). HEMSLEY (1987a) greift dieses Konzept auf, indem er bestimmte Wahrnehmungsstörungen bei Schizophrenen als Folge mangelnder Unterdrückung irrelevanter Stimuli beschreibt. Als mögliche Ursachen führt er zum einen den Verlust zeitlicher/räumlicher Regularien auf der Basis gespeicherter früherer Erfahrungen an und zum anderen die Unfähigkeit zur Informationsreduktion mittels Nutzung von Redundanz und Mustererkennung (COLLICUTT und HEMSLEY, 1985).

Worin besteht nun die Bedeutung dieser „abnormen" Wahrnehmungen? MAHER (1988) sieht in dem o.g. Verlust der Zusammenhangswahrnehmung den Grund dafür, dass die Patienten einerseits ihre Interessen auf bestimmte, in der Regel nicht bewusstseinsimmanente Details richten und andererseits aufgrund mangelnder Einbeziehung früherer Erfahrungen zu veränderten Kausalitätsentscheidungen gelangen. Es resultieren Beziehungsideen, Wahnwahrnehmungen und Wahneinfälle. Darüber hinaus bewirken sensorische Wahrnehmungsdeprivation und mangelnde Beeinflussbarkeit der aktuellen Situation durch Gedächtnisinhalte eine Verzerrung des sensorischen Inputs. Er wird unklar, unstrukturiert, nicht vorhersagbar. Auf der Basis kognitiver und struktureller (AHK-) Defizite dringen diese unklaren Informationsbruchstücke ins Bewusstsein. Dort können sie, da Hemmprozesse vermindert sind, zum spontanen Auftauchen von Inhalten aus dem Langzeitgedächtnis führen, zur Manifestation von Halluzinationen (HEMSLEY, 1987b). In Abb. 32 werden die hier beschriebenen Modellvorstellungen zu kognitiven Veränderungen und Symptomen im Rahmen schizophrener Störungen schematisch zusammengefasst.

3.2.2.5 Basalganglien

Die Untersuchungsbefunde zu den Basalganglien sollen an dieser Stelle nicht besonders diskutiert werden, da die Volumenvergrößerung in diesen Strukturen bei schizophrenen Patienten aller Wahrscheinlichkeit nach mit der Gabe klassischer Neuroleptika in Zusammenhang steht. Diese Volumenvergrößerung scheint also vor allem ein Medikationseffekt zu sein und nicht mit der Ätiopathogenese der Schizophrenie in direktem Zusammenhang zu stehen (für einen Überblick siehe VOLZ et al., 2000a).

3.2.2.6 Thalamus

Der Thalamus (s. Abb. 33) stellt ein komplexes Kerngebiet mit zahlreichen Faserverbindungen zu verschiedensten anderen Gehirnteilen dar.

Volumetrische Untersuchungen des Thalamus ergaben bisher keine konsistenten Resultate. Während in einigen Studien Volumenreduktionen der gesamten Kerngruppe beschrieben wurden (ANDREASEN et al., 1990; 1993; 1994; FLAUM et al., 1995; BUCHSBAUM et al., 1996), fanden Portas et al. (1998) keine Volumen-

differenzen zwischen schizophrenen Patienten und Gesunden. Diese Autoren führten die negativen Ergebnisse auf die Vermutung zurück, dass nicht der gesamte Thalamus bei schizophrenen Patienten kleiner sei, sondern vielmehr nur einzelne, besonders für die Genese schizophrener Symptome „verantwortliche" Kerne. In der Tat konnten BUCHSBAUM et al. (1996) zeigen, dass nicht der gesamte Thalamus kleiner ist, vielmehr nur die rechts posterioren und links anterioren Gebiete, ein Muster, das auch ANDREASEN et al. (1994) fanden. In Studien von GASER et al. (1999)

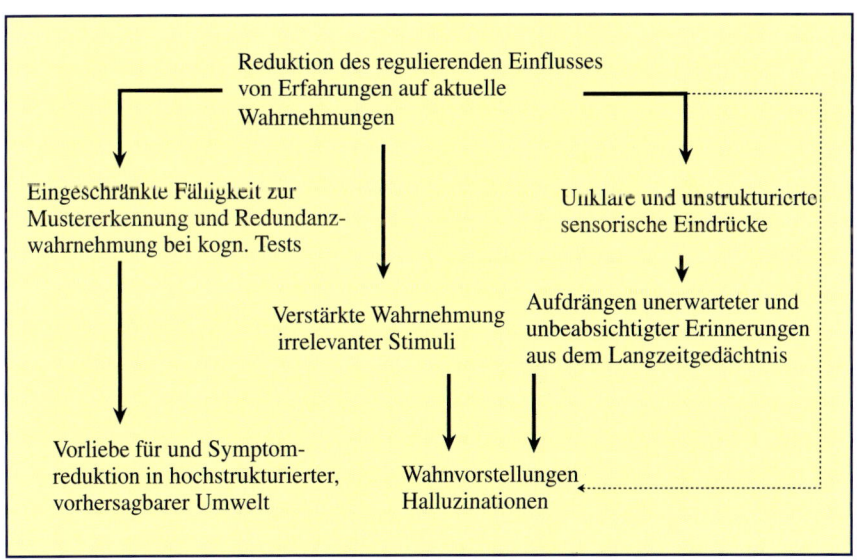

Abb. 32: Modell kognitiver Veränderungen und Symptome bei Schizophrenie (modifiziert nach HEMSLEY, 1993)

und VOLZ et al. (2000a) wurde dies bestätigt (s. Abb. 34).

Diese anterioren Gebiete umfassen im Wesentlichen den dorsomedialen und anterioren thalamischen Bereich, die intensive Verschaltungen mit dem präfrontalen Kortex aufweisen.

Die in den Studien von ANDREASEN et al. (1994), GASER et al. (1999) sowie VOLZ et al. (2000a) beschriebenen Volumenzunahmen in der dem Thalamus anliegenden weißen Substanz bei Patienten mit Schizophrenie können in dem Sinne interpretiert werden, dass auch die Verbin-

dungen zwischen Thalamus und Präfrontalkortex gestört sind.

Die Diskussion der funktionellen Implikationen dieser Befunde erfolgt zusammen mit den Ergebnissen der Kleinhirnuntersuchungen (s. u.).

3.2.2.7 Frontallappen

Der Gedanke an eine mögliche Involvierung des Frontalkortex in die Genese schizophrener Störungen ist keineswegs neu. So vermuteten bereits BLEULER, MEYNERT, KRAEPELIN und ALZHEIMER einen Zusammen-

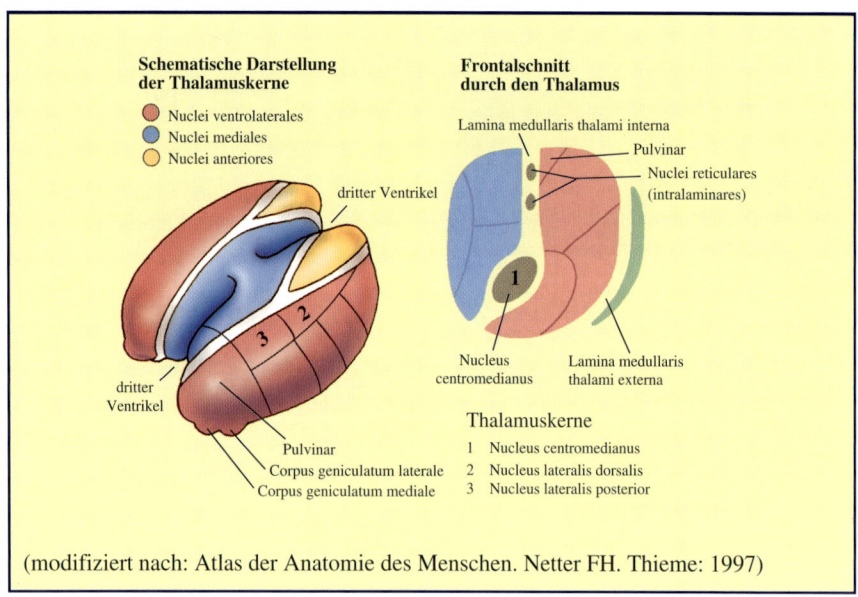

(modifiziert nach: Atlas der Anatomie des Menschen. Netter FH. Thieme: 1997)

Abb. 33: Darstellung des Thalamus mit seinen wichtigsten Unterkernen

hang zwischen dem Auftreten schizophrener Symptome und Fehlfunktionen im Bereich der Frontallappen (ELLIOTT und SAHAKIAN, 1995).

Die MRT-Befunde bezüglich der Veränderungen des Frontalkortex sind uneinheitlich. So beschrieben verschiedene Autoren eine Volu-

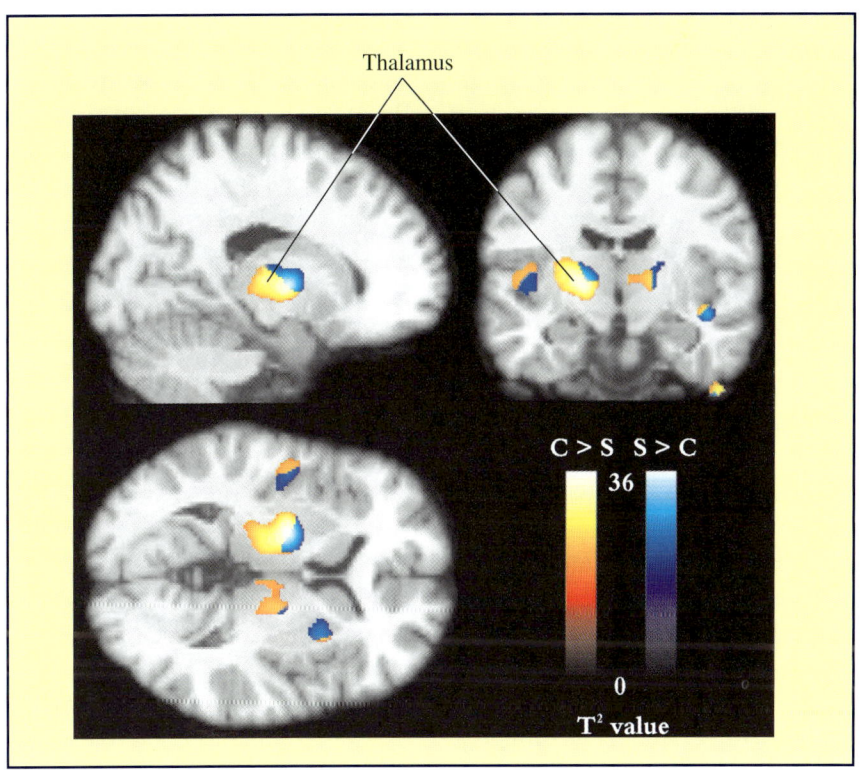

Abb. 34: Volumenverkleinerung des linken und rechten Thalamus (rotgelbe Farbmarkierung) bei schizophrenen Patienten (N=75) vs. gesunde Kontrollpersonen (N=75) in der Studie von VOLZ et al. (2000a). Dargestellt ist ein Sagittalschnitt (oben links) mit Markierung der Volumenänderungen, ein Koronarschnitt (oben rechts) sowie ein Transversalschnitt (unten). Neben der Verkleinerung des Kerngebietes ist auch eine Volumenzunahme (blaue Farbkodierung) der anliegenden weißen Substanz sichtbar

menminderung dieser Region bei schizophrenen Patienten verglichen mit Gesunden (ANDREASEN et al., 1986; STRATTA et al., 1989; JERNIGAN et al., 1991; WILLIAMSON et al., 1991; RAINE et al., 1992; ZIPURSKY et al., 1992). Allerdings fanden sich auch gegensätzliche Befunde (SMITH et al., 1987; KELSOE et al., 1988; SUDDATH et al., 1989; ANDREASEN et al., 1990). In einer Meta-Analyse führen LAWRIE und ABUKMEIL (1998) an, dass der Median der frontalen Volumenreduktion bei Schizophrenen nur wenig über dem der globalen zerebralen Volumenminderung liegt. Um diese widersprüchlichen und insgesamt nicht vollständig überzeugenden Befunde zu verstehen, muss an dieser Stelle darauf hingewiesen werden, dass bei der herkömmlichen Vermessung der Hirnstrukturen nur globale Volumenverminderungen des gesamten Frontallappens oder größerer Substrukturen erkannt werden können. Allerdings wird seit einigen Jahren daran gearbeitet, verminderte Volumina auch in kleineren Substrukturen aufzuspüren. So fanden GASER et al. (1999) und VOLZ et al. (2000a), dass insbesondere der Gyrus frontalis medius und der Gyrus frontalis medialis rechtsseitig bei Schizophrenen in ihrer Größe vermindert waren, während es der Gyrus frontalis superior auf der linken Seite war (s. Abb. 35). Wenngleich diese Befunde repliziert werden müssen, bevor sie als gesichert angesehen werden können, weisen sie deutlich darauf hin, dass bei Schizophrenen keine globale frontale Volumenreduktion vorliegt, sondern vielmehr eine Alteration von Substrukturen.

Besonders bemerkenswert sind diejenigen Befunde, die auf eine Wechselbeziehung von Frontallappenvolumen und Psychopathologie eingehen. ANDREASEN et al. (1986), UEMATSU und Kaiya (1989), BUCHANAN et al. (1993) sowie WIBLE et al. (1995) beschrieben signifikante Beziehungen zwischen dem Auftreten schizophrener Negativsymptomatik und dem Grad der Volumenreduktion des Frontalkortex. VOLZ et al. (2000b) präzisierten diese Feststellung dahin gehend, dass insbesondere ein Teil des rechten Gyrus frontalis medius (Broadmann Area 6) bei Patienten mit ausgeprägter Negativsymptomatik verkleinert sei (s. Abb. 36 und 37). Diese Gehirnregion gehört zum prämotorischen Kortex und ist anatomisch eng mit dem Thalamus verschaltet. Funktionelle Untersuchungen haben ergeben, dass diese Hirnregion vor allem für die Generierung von Reaktionen auf äußere Reize verantwortlich ist. Betrachtet man die ausgeprägte Antriebslosigkeit bei Patienten mit Ne-

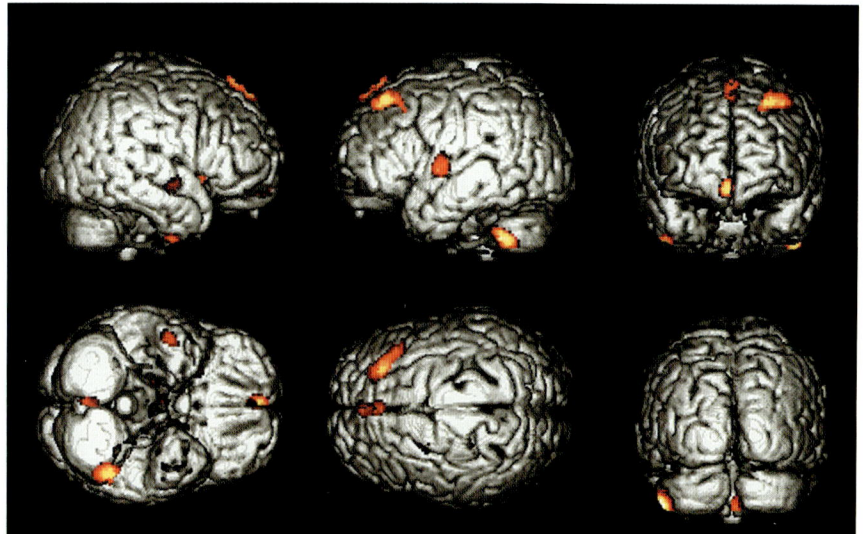

Abb. 35: Ein Vergleich der Hirnstrukturen von 75 Kontrollen und 75 schizophrenen Patienten. Dargestellt sind Gehirnaufsichten mit Markierung der volumengeminderten Gebiete (rotgelbe Markierung) der Patienten. Beachte besonders den linken Frontallappen

gativsymptomatik, erscheint ein solcher Befund durchaus plausibel.

Mögliche funktionelle Implikationen

Wenngleich die Befunde zum Frontallappen insgesamt nicht einheitlich sind, erscheint eine mögliche Volumenminderung bei schizophrenen Patienten durchaus bedeutsam, da der Frontalkortex zu den größten Assoziationsregionen des menschlichen Gehirns gehört. Er verfügt über Verbindungen zu Teilen des parietotemporo-okzipitalen Assoziationskortex, zu limbischen und striatalen Regionen, zum Hypothalamus und Hirnstamm (Abb. 38), deren Intaktheit essenziell für einen reibungslosen Informationsfluss ist. Die beschriebenen Projektionssysteme sind größtenteils zweiseitig, d. h., es gelangen nicht nur Informationen aus den verschiedensten Regionen ins Frontalhirn, um dort integriert und einer weiteren Verarbeitung zugeführt zu werden, sondern es findet gleichzeitig eine Beeinflussung der Funktion weit entfernter Hirnteile durch den Frontallappen statt.

Im Ergebnis dieser Integrations- und Interaktionsvorgänge zeigt sich der Frontalkortex verantwortlich für die erlernte Kontrolle angeborener Verhaltensweisen wie soziale Verbundenheit und Verantwortung, er realisiert die Abstimmung externer mit internen Motivationen, steuert Emotionen und Affekte, beeinflusst Wahrnehmung, Aufmerksam-

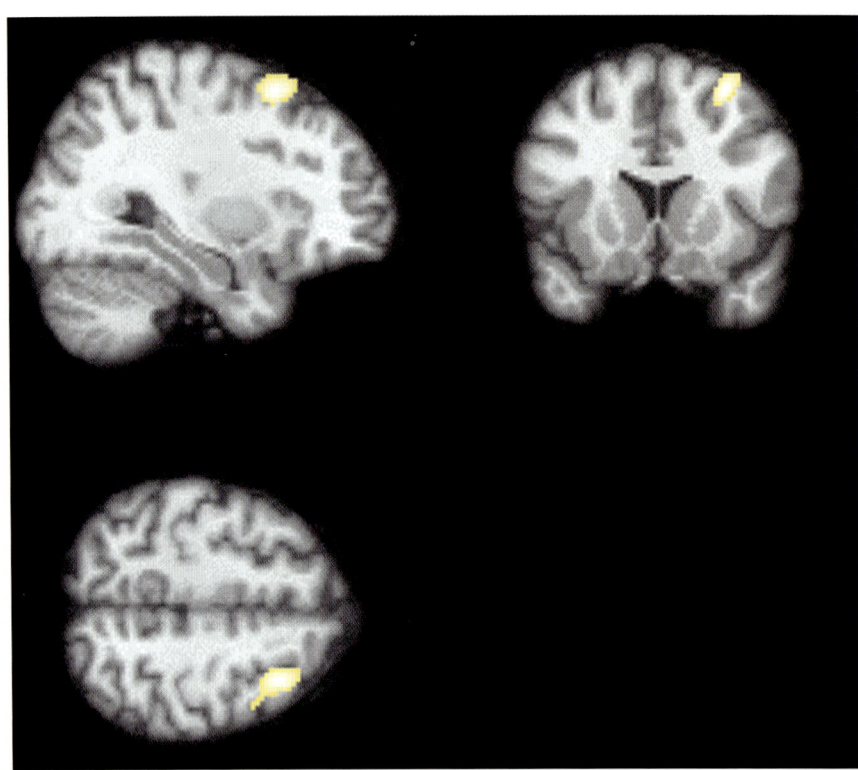

Abb. 36: Zusammenhang zwischen Negativsymptomatik und Volumenverminderung. Dargestellt sind Gehirnschnitte (sagittal, koronar, transversal), auf denen das bei schizophrenen Patienten mit vorrangiger Negativsymptomatik volumengeminderte Areal im Bereich des rechten Gyrus frontalis medius zu sehen ist (modifiziert nach VOLZ et al. 2000b)

keit und abstraktes Denken und trägt darüber hinaus zur Entwicklung von Verhaltensstrategien bei. Insgesamt unterstützt das Frontalhirn eine Vielzahl von Funktionen, die es erlauben, Informationen aus verschiedenen Quellen zu integrieren, zu planen und Entscheidungen zu treffen sowie neue Gedanken und Vorstellungen zu entwickeln.

Entsprechend weitreichend wirken sich Schädigungen dieser wichtigen Region aus. Sie äußern sich in unterschiedlicher Ausprägung als Verlust von Willensstärke und Planungsfähigkeit, in Defiziten sozialer Kompetenzen, wobei die Intelligenz nicht notwendigerweise beeinträchtigt ist. Je nach Ort der Läsion resultieren „euphorische" oder „apathische" Zu-

standsbilder, wobei Überschneidungen zwischen den Syndromen möglich sind: So beobachtet man bei Schädigungen orbitaler Frontalhirnregionen das Auftreten manischer Syndrome, verstärkte motorische Aktivitäten, Albernheiten und antisoziales Verhalten.

Demgegenüber gehen Läsionen des dorsolateralen (Präfrontal-) Kortex, unabhängig von ihrer Genese, mit Symptomen wie affektiver Verflachung, Aktivitätsminderung, Aufmerksamkeitsstörungen, Antriebsschwäche und Initiativlosigkeit, Sprachverarmung, „Pseudodepressionen" sowie Beeinträchtigungen der abstrakten Begriffsbildung einher. Beiden Syndromen gemeinsam ist die Unfähigkeit der Betroffenen,

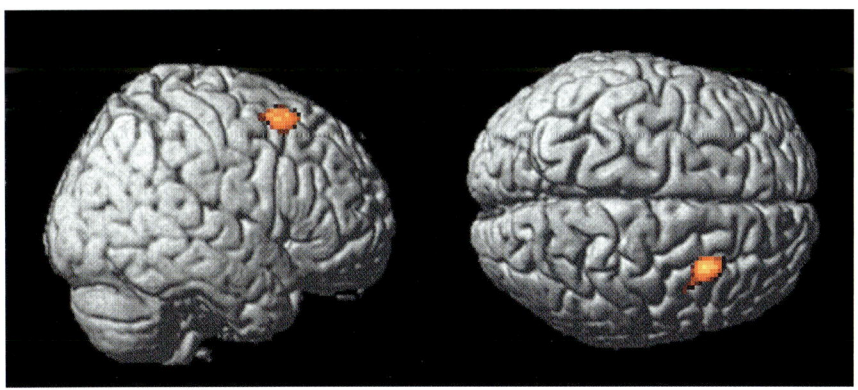

Abb. 37: Gehirnaufsichten des volumengeminderten Gebiets im Bereich des rechten Gyrus frontalis medius bei schizophrenen Patienten mit ausgeprägter Negativsymptomatik (nach VOLZ et al., 2000b)

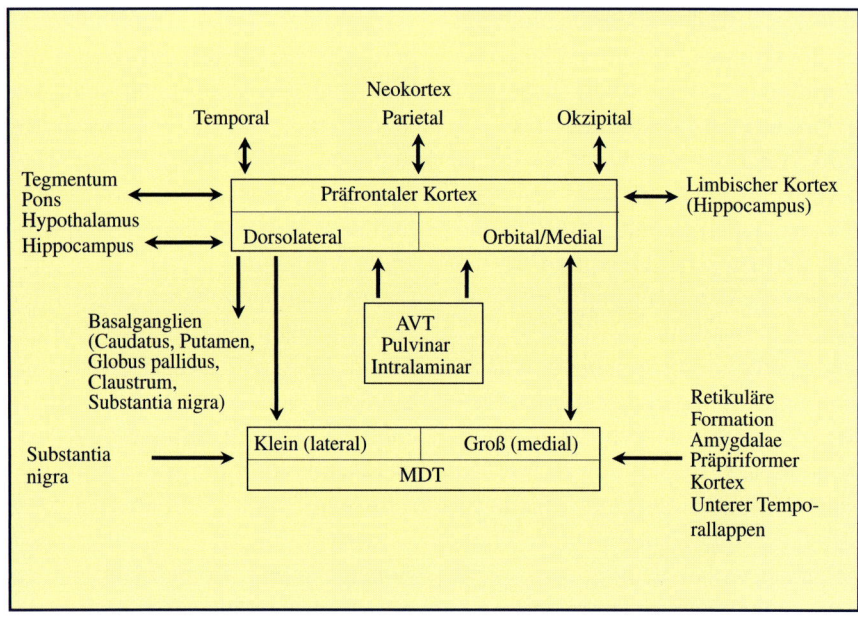

Abb. 38: Verbindungen des Frontalkortex; AVT = anteroventraler Thalamus; MDT = mediodorsaler Thalamus (modifiziert nach ANDREASEN, 1990)

zielgerichtet und adäquat zu handeln, was auf eine mangelnde Integration externer wie interner Stimuli zurückzuführen ist (STUSS und BENSON, 1983; LISHMAN, 1987; DAMASIO et al., 1990; FORSTL und SAHAKIAN, 1991; ORRELL und SAHAKIAN, 1991).

3.2.2.8 Temporallappen

Zum besseren Verständnis der Befunde zu morphologischen Veränderungen des Temporalkortex hier zu-

nächst einige allgemeine Bemerkungen zur Topographie: Der Temporallappen kann in einen lateralen und einen medialen Anteil untergliedert werden. Das laterale Segment umfasst als wesentliche Strukturen den Gyrus temporalis superior (GTS) und das Planum temporale. Das mediale Segment schließt ein kortikales und zwei subkortikale Gebiete ein: den entorhinalen Kortex, die Amygdala und den Hippocampus, wobei die beiden zuletzt genannten Strukturen im Rahmen hirnstruktureller Untersuchungen häufig unter dem Begriff Amygdala-Hippocampus-Komplex (AHK) subsumiert werden.

Auf morphologische Veränderungen des AHK wurde anderenorts (Kap. 3.2.2.4) bereits eingegangen, sodass an dieser Stelle ausschließlich über Alterationen der lateralen Temporallappenanteile berichtet wird.

Es existieren zahlreiche Hinweise darauf, dass Patienten mit schizophrenen Störungen neben den bereits beschriebenen morphologischen Veränderungen auch strukturelle Defizite der lateralen Temporalregion aufweisen (siehe z. B. HENN und BRAUS, 1999; MCCARLEY et al., 1999). Interessanter als die bloße Betrachtung der Strukturdefizite erscheint jedoch die Frage, ob und wenn ja welche Beziehungen zwischen diesen Deviationen und schizophrener Symptomatik bestehen.

Zu den meistreplizierten Befunden zählen Verbreiterungen im Bereich des Sulcus lateralis, die insbesondere links mit Volumeneinbußen im Bereich des Gyrus temporalis superior (GTS) einhergingen und signifikant mit dem Auftreten von Halluzinationen und Wahnvorstellungen bzw. Denkstörungen korreliert waren (BARTA et al., 1990; SHENTON et al., 1992; MCCARLEY et al., 1993).

Mögliche funktionelle Implikationen

Im Hinblick auf die Bedeutung der einzelnen Temporallappenanteile für assoziative Lern- und Gedächtnisvorgänge (SAUNDERS et al., 1988; ROSENE und VAN HOESEN, 1991; SQUIRE und ZOLA-MORGAN, 1991) erscheinen diese Beziehungen zwischen GTS-Veränderungen und Positivsymptomatik plausibel. Als wesentlicher Teil des akustischen Assoziationskortex dient der GTS der Verarbeitung verbaler Informationen (Sprachverständnis), er ist jedoch darüber hinaus, wie Untersuchungen an Patienten mit Hirnverletzungen gezeigt haben, auch in die Speicherung verbaler Gedächtnisinhalte involviert (PENFIELD und PEROT, 1963; OJEMANN, 1991; WIBLE et al., 1992). Im Zusammenspiel mit dem Amygdala-Hippocampus-Komplex und dem Gyrus parahippocampalis trägt der GTS zur Formierung eines neuronalen Netzwerks bei, das u. a. zur Speicherung und Wiederherstellung verbaler Informationen beiträgt. Dies erklärt, warum strukturelle Veränderungen dieser Regionen zu Beeinträchtigungen der Konsolidierung und Reproduktion verbaler Gedächtnisinhalte führen können. Dies kann bei ausgeprägter Dysfunktion so weit gehen, dass spontan akustische Wahrnehmungen ohne externen Stimulus (Halluzinationen) generiert werden oder abnorme Aufmerksamkeitsgradienten mit konsekutiver Assoziationslockerung (Denkstörungen) entstehen.

Auch neuropsychologische und -physiologische Studien untermauern diese Interpretation. So beschrieben MUSSGAY und HERTWIG (1990), SAYKIN et al. (1991) sowie SHTASEL et al. (1992) bei Patienten mit schizophrenen Störungen relativ selektive Beeinträchtigungen des verbalen (semantisch-assoziativen) Gedächtnisses, die mit der Unfähigkeit einhergingen, Konzentrationsgradienten für assoziative Verbindungen zu schaffen und aufrechtzuerhalten sowie in Kategorien zu denken und daher das aktive Reproduzieren auditorischer Gedächtnisinhalte wesentlich stärker behinderten als passives Wiedererkennen. SHENTON et al. (1992) und nach ihnen MCCARLEY et al. (1993) griffen diese Resultate auf und fanden sie bei ihren Patienten im Rahmen neurophysiologischer Untersuchungen mit Veränderungen der P 300 assoziiert. Dabei handelt es sich um ein akustisch evoziertes Potenzial, das vorzugsweise im hinteren Abschnitt des Gyrus temporalis superior generiert wird und laut DONCHIN et al. (1986) als Indexparameter für das Reak-

tualisierungsvermögen des Gedächtnisses nach der Präsentation neuer Stimuli angesehen werden kann.

Die von SHENTON et al. (1992) sowie Mc CARLEY et al. (1993) beobachteten reduzierten Amplitudenhöhen wären demnach Ausdruck eines verzögerten „Updating" innerhalb assoziativer Gedächtnisstrukturen, wobei sich diese Funktionsstörung mit großer Wahrscheinlichkeit auf morphologische Modifikationen zurückführen lässt. Dies belegen die von den Autoren verzeichneten hochgradigen interkorrelativen Beziehungen zwischen Veränderungen der P 300, dem Auftreten von Denkstörungen sowie strukturellen Defiziten des (linken) Gyrus temporalis superior.

3.2.2.9 Kleinhirn

Jahrzehntelang wurde das Kleinhirn ausschließlich im Zusammenhang mit der Steuerung motorischer Funktionen gesehen. Seit einiger Zeit wird jedoch auch eine mögliche Beteiligung dieser Struktur an der Regulierung kognitiver Funktionen diskutiert (z. B. LEINER et al., 1995). Bisher gibt es nur wenige strukturelle Untersuchungen zum Vergleich zerebellarer Strukturen zwischen schizophrenen Patienten und Gesunden. Die meisten fanden keine Größenunterschiede, allerdings beschrieben Rossi et al. (1993), FLAUM et al. (1995), DESHMUKH et al. (1996) und JACOBSEN et al. (1997) Volumenreduktionen in verschiedenen Strukturen. DeLISI et al. (1997) fanden im Längsschnitt eine erhöhte Volumenreduktion im Kleinhirn bei Patienten mit Schizophrenie im Vergleich zu Kontrollpersonen. GASER et al. (1999) sowie VOLZ et al. (2000a) konnten dies für linkshemisphärische Kleinhirnstrukturen in einer Querschnittsuntersuchung bestätigen. Somit verdichten sich – zunächst wider Erwarten – die Hinweise darauf, dass auch das phylogenetisch so alte Kleinhirn bei schizophrenen Patienten strukturell alteriert zu sein scheint. Wie bereits bei den referierten Befunden zum Thalamus dargelegt, sollen die funktionellen Implikationen der Volumenminderung dieser beiden Strukturen unter Einbeziehung des Frontallappens gemeinsam diskutiert werden.

Mögliche funktionelle Implikationen der Strukturauffälligkeiten des Thalamus, des Kleinhirns und des Frontallappens

Die Gruppe um ANDREASEN (z. B. ANDREASEN et al., 1998) hat in kürzlich erschienenen Arbeiten ein überzeugendes, wenngleich bisher nicht bewiesenes Modell zur Erklärung der auf den ersten Blick verwirrenden volumetrischen und psychopathologischen Befunde vorgestellt. Dieses Konzept, meist als „kognitive Dysmetrie" bezeichnet, geht von einer generellen Störung der koordinierten Informationsverarbeitung aus, die alle Bereiche der Kognition wie Gedächtnis und Aufmerksamkeit etc. betrifft. Dieses „globale" Defizit soll durch eine unsynchronisierte Informationsverarbeitung ausgelöst werden, dessen neuronale Korrelate im Frontalkortex, Thalamus und Kleinhirn sowie in den Verbindungen zwischen diesen zerebralen Strukturen bestehen. Hierbei kommt dem Kleinhirn, das mit dem Frontalkortex die Eigenschaft einer enormen phylogenetischen Größenzunahme teilt und eng mit dem Frontalhirn verschaltet ist, eine große Bedeutung zu. Während der Frontalkortex für die klassischen exekutiven Funktionen wie Entscheidungsfindung, Strategieentwicklung sowie Antwortgenerierung verantwortlich ist und der Thalamus als Filter wirkt, der nur die relevanten Informationen an das Frontalhirn passieren lässt, dient das Kleinhirn als „Anpassungsmodul", das die Informationsweiterleitung in der zeitlich korrekten Struktur gewährleistet. Es synchronisiert den „Filter" Thalamus und das „Entscheidungsorgan" Frontalkortex. Eine Störung dieser Funktionen führt zu Schwierigkeiten bei der koordinierten Informationsverarbeitung, der Prioritätensetzung, des Informationsabrufs sowie der Umsetzung von Informationen in gesteuertes Verhalten. Hierdurch erklärt sich das gesamte vielgestaltige Spektrum der schizophrenen Symptomatik, das sowohl Wahn als auch Halluzinationen, Störungen von Sprache und Verhalten, affektive Verflachung, Anhedonie und vor allem weitgehende kognitive Dysfunktionen einschließt.

Literatur

ANDREASEN NC, OLSEN S, DENNERT JW, SMITH MR. Ventricular enlargement in schizophrenia. Relationship to positive and negative symptoms. American Journal of Psychiatry 1982; 139: 297-302.

ANDREASEN NC, NASRALLAH HA, DUNN V, OLSON SC, GROVE WM, ERHARDT JC, COFFMAN JA, CROSSET JHM. Structural abnormalities in the frontal system in schizophrenia. Archives of General Psychiatry 1986; 43: 136-144.

ANDREASEN NC. Das funktionsgestörte Gehirn. Einführung in die biologische Psychiatrie. Karger: Basel 1990.

ANDREASEN NC, EHRHARDT JC, SWAYZE 2ND VW, ALLIGER RJ, YUH WT, COHEN G, ZIEBELL S. Magnetic resonance imaging of the brain in schizophrenia: the pathophysiological significance of structural abnormalities. Archives of General Psychiatry 1990; 47: 35-44.

ANDREASEN NC, CIZADLO T, HARRIS G, SWAYZE 2ND V, O,LEARY DS, COHEN G, EHRHARDT J, YUH WT. Voxel processing techniques for the antemortem study of neuroanatomy and neuropathology using magnetic resonance imaging. Journal of Neuropsychiatry and Clinical Neuroscience 1993; 5: 121-130.

ANDEASEN NC, ARNDT S, SWAYZE 2ND V, CIZADLO T, FLAUM M, O,LEARY D, EHRHARDT JC, YUH WT. Thalamic abnormalities in schizophrenia visualized through magnetic resonance image averaging. Science 1994; 266: 294-298.

ANDREASEN NC, PARADISO S, O'LEARY DS. "Cognitive dysmetria" as an integrative theory of schizophrenia: a dysfunction of the cortical-subcortical-cerebellar circuitry. Schizophrenia Bulletin 1998; 24: 203-218.

ARNOLD SE, FRANZ BR, GUR RC, GUR RE, SHAPIRO RM, MOBERG PJ, TROJANOWSKI JQ. Smaller neuron size in schizophrenia in hippocampal subfields that mediate cortical-hippocampal interactions. American Journal of Psychiatry 1995; 152: 738-748.

ARNOLD SE, FRANZ BR, TROJANOWSKI JQ, MOBERG PJ, GUR RE. Glial fibrillary acidic protein immunoreactive astrocytosis in elderly patients with schizophrenia and dementia. Acta Neuropathologica 1996; 91: 269-277.

ASANO N. Pneumencephalographic study of schizophrenia. In: MITSUDA H (Hrsg.). Clinical genetics in psychiatry: Problems in nosological classifications. Igaku Shoin Ltd.: Tokyo 1967; 209-219.

BARTA PE, PEARLSON GD, POWERS RE, RICHARD SS, TUNE LE. Auditory hallucinations and smaller superior temporal gyral volume in schizophrenia. American Journal of Psychiatry 1990; 147: 1457-1462.

BENES FM, SORENSEN I, BIRD ED. Reduced neuronal size in posterior hippocampus of schizophrenic patients. Schizophrenia Bulletin 1991; 17: 597-608.

BERZE J. Primary insufficiency of mental activity. F. Deuticke: Leipzig 1914.

BESSON JAO, MONTGOMERY SA, PERRIS C, SMITH FW. Nuclear magnetic brain imaging in chronic schizophrenia. British Journal of Psychiatry 1987; 150: 161-163.

BOGERTS B, HANTSCH H, HERZER M. A morphometric study of the dopamine-containing cell groups in the mesencephalon of normals, Parkinson patients, and schizophrenics. Biological Psychiatry 1983; 18: 951-969.

BOGERTS B, MEERTZ E, SCHONFELDT-BAUSCH R. Basal ganglia and limbic system pathology in schizophrenia. Archives of General Psychiatry 1985; 42: 784-791.

BOGERTS B, FALKAI P, HAUPTS M, GREVE B, ERNST S, TAPERNON-FRANZ U, HEINZMANN U. Post-mortem volume measurements of limbic system and basal ganglia structures in chronic schizophrenics. Initial results from a new brain collection. Schizophrenia Research 1990; 3: 295-301.

BOGERTS B, LIEBERMAN JA, ASHTARI M, BILDER RM, DEGREEF G, LERNER G, JOHNS C, MASIAR S. Hippocampus-amygdala volumes and psychopathology in chronic schizophrenia. Biological Psychiatry 1993; 33: 236-246.

BREIER A, BUCHANAN RW, ELKASHEF A, MUNSON RC, KIRKPATRICK B. Brain morphology and schizophrenia: a magnetic resonance imaging study of limbic, prefrontal cortex, and caudate structures. Archives of General Psychiatry 1992; 49: 921-926.

BROADBENT DE. Decision and stress. Academic Press: London 1971.

BUCHANAN RW, BREIER A, KIRKPATRICK B, ELKASHEF A, MUNSON RC, GELLAD F, CARPENTER W. Structural abnormalities in deficit versus nondeficit schizophrenia. American Journal of Psychiatry 1993; 150: 59-65A.

BUCHSBAUM MS, SOMEYA T, TENG CY, ABEL L, CHIN S, NAJAFI A, HAIER RJ, WU J, BUNNEY JR WE. PET and MRI of the thalamus in never-medicated patients with schizophrenia. American Journal of Psychiatry 1996; 153: 191-199.

CANNON TD, MARCO E. Structural brain abnormalities as indicators of vulnerabiltiy to schizophrenia. Schizophrenia Bulletin 1994; 20: 89-102.

CLARKE B. Arthur Wigan and the duality of mind. Psychological Medicine, Monograph Suppl 1987; 11.

COLLICUTT JR, HEMSLEY DR. Schizophrenia: A disruption of the stream of thought. Unpublished manuscript 1985.

CROW TJ. Molecular pathology of schizophrenia: more then one disease process? British Medical Journal 1980a; 80: 66-68.

CROW TJ. Positive and negative schizophrenic symptoms and the rule of dopamine. British Journal of Psychiatry 1980b; 137: 383-386.

CROW TJ. Two syndromes of schizophrenia as one pool of the continuum of psychosis. In: HENN FA, DE LISI LE (Hrsg.). Handbook of schizophrenia. Vol. 2: Neurochemistry and neuropharmacology of schizophrenia. Elsevier: Amsterdam 1987; 17-47.

CROW TJ. Brain changes and negative symptoms in schizophrenia. Psychopathology 1995; 28: 18-21.

DAMASIO AR, TRANEL D, DAMASIO H. Individuals with sociopathic behaviour caused by frontal damage fail to respond automatically to social stimuli. Behavioral Brain Research 1990; 41: 81-94.

DAVID AS. Reading about the split brain syndrome. British Journal of Psychiatry 1989; 154: 422-425.

DAVID AS. Schizophrenia and the corpus callosum: Developmental, structural and functional relationships. Behavioral Brain Research 1994; 64 (1-2): 203-211.

DAVID AS, WACHARASINDHU A, LISHMAN WA. Developmental abnormalities of the corpus callosum and severe psychiatric disorders: Review and case series. Journal of Neurology, Neurosurgery and Psychiatry 1993; 56: 85-93.

DeLISI LE, SAKUMA M, TEW W, KUSHNER M, HOFF AL, GRIMSON R. Schizophrenia as a chronic active brain process: a study of progressive brain structural change subsequent to the onset of schizophrenia. Psychiatry Research 1997; 74: 129-140.

DEGREEF G, ASHTARI M, BOGERTS B, BILDER RM, JODY DM, ALVIR JMJ, LIEBERMAN JA. Volumes of ventricular system subdivisions measured from magnetic resonance imaging in first-episode schizophrenic patients. Archives of General Psychiatry 1992a; 49: 531-537.

DEGREEF G, LANTONS G, BOGERTS B, ASHTARI M, LIEBERMAN J. Abnormalities of the septum pellucidum on MR scans in first-episode schizophrenic patients. American Journal of Neuroradiology 1992b; 13: 835-840.

DESHMUKH A, SULLIVAN EV, MATHALON DH, DESMOND JE, MATSUMOTO B, LIM KO, PFEFFERBAUM A. Cerebellar volume deficits in schizophrenia (abstract). Biological Psychiatry 1996; 239: 600.

DONCHIN E, KARIS D, BASHORE T, COLES MGH, GRATTON G. Cognitive psychophysiology and human information processing. In: COLES MGH, DONCHIN E, PORGES SW (Hrsg.). Psychophysiology: Systems, processes, and applications. Guildford Press, New York 1986: 244-267.

ELLIOTT R, SAHAKIAN BJ. The neuropsychology of schizophrenia: Relations with clinical and neurobiological dimensions. Psychological Medicine 1995; 25: 581-594.

FALKAI P, BOGERTS B. Cell loss in the hippocampus of schizophrenics. European Archives of Psychiatry and Neurological Science 1986; 236: 154-161.

FILTEAU MJ, POURCHER E, BOUCHARD RH, BARUCH P, MATHIEU J, SIMARD N, VINCENT P. Corpus callosum agenesis and psychosis in Andermann syndrome. Archives of Neurology 1991; 48: 1275-1280.

FLAUM M, SWAYZE 2ND VW, O'LEARY DS, YUH WT, EHRHARDT JC, ARNDT SV, ANDREASEN NC. Effects of diagnosis, laterality and gender on brain morphology in schizophrenia. American Journal of Psychiatry 1995; 152: 704-714.

FORSTL H, SAHAKIAN BJ. A psychiatric presentation of abulia - three cases of left frontal lobe ischaemia and atrophy. Journal of the Royal Society of Medicine 1991; 84: 89-91.

FUKUZAKO H, FUKUZAKO T, HASHIGUCHI T, HOKAZONO Y, TAKEUCHI K, HIRAKAWA, K, UEYAMA K, TAKIGAWA M, KAJIYA Y, NAKAJO M, FUJIMOTO T. Reduction in hippocampal formation volume is caused mainly by its shortening in chronic schizophrenia: Assessment by MRI. Biological Psychiatry 1996; 39: 938-945.

GALIN D. Implications for psychiatry of left and right cerebral specialization. Archives of General Psychiatry 1974; 31: 572-583.

GASER C, VOLZ HP, KIEBEL S, RIEHEMANN S, SAUER H. Detecting structural changes in whole brain based on nonlinear deformation – application to schizophrenia research. Neuroimage 1999; 10: 107-113.

GLOOR P. Temporal lobe epilepsy: Its possible contribution to the understanding of the functional significance of the amygdala and of its interaction with neocortical-temporal mechanism. In: ELEFTHERIOU BE (Hrsg.). The neurobiology of the amygdala. Plenum Press: New York 1972; 423-457.

GULMANN NC, WILDSCHIOTZ G, ORBAEK K. Alteration of interhemisphere conduction through corpus callosum in chronic schizophrenia. Biological Psychiatry 1982; 17: 585-594.

GÜNTHER W, PETSCH R, STEINBERG R, MOSER E, STRECK P, HELLER H, KURTZ G, HIPPIUS H. Brain dysfunction during motor activation and corpus callosum alterations in schizophrenia. Measured by cerebral blood flow and magnetic resonance imaging. Biological Psychiatry 1991; 29: 535-555.

GUR RE, MOZLEY PD, SHTASEL DL, CANNON TD, GALLACHER F, TURETSKY B, GROSSMAN R, GUR RC. Clinical subtypes of schizophrenia: Differences in brain and CSF-volume. American Journal of Psychiatry 1994; 151: 343-350.

HAUG JO. Pneumenzephalographic studies in mental disease. Acta Psychiatrica Scandinavica 1962; 38: 1-114.

HEMSLEY DR. An experimental psychological model for schizophrenia. In: HÄFNER H, GATTAZ WF, JANZARIK W (Hrsg.). Search for the causes of schizophrenia. Springer: Heidelberg 1987a.

HEMSLEY DR. Hallucinations: Unintended or unexpected? Behavioral Brain Science 1987b; 10: 532-533.

HEMSLEY DR. A simple (or simplistic?) cognitive model for schizophrenia. Behaviour Research and Therapy 1993; 31: 633-645.

HENN FA, BRAUS DF. Structural neuroimaging in schizophrenia. An integrative view of neuromorphology. European Archives of Psychiatry and Clinical Neuroscience 1999; 249 (Suppl 4): 48-56.

HOUNSFIELD GN. Computerised transverse axial scanning (tomography). Part I. Description of the system. British Journal of Radiology 1973; 46: 1016-1022.

HUBER G. Pneumenzephalographische und psychopathologische Bilder bei endogenen Psychosen. Springer: Berlin 1957.

JACOBI W, WINKLER H. Encephalographische Studien an chronisch Schizophrenen. Archiv für Psychiatrie und Nervenkrankheiten 1927; 80: 299-332.

JACOBSEN LK, GIEDD JN, BERQUIN PC, KRAIN AL, HAMBURGER SD, KUMRA S, RAPOPORT JL. Quantitative morphology of the cerebellum and fourth ventricle in childhood-onset schizophrenia. American Journal of Psychiatry 1997; 154: 1663-1669.

JERNIGAN TL, ZISOOK S, HEATON RK, MORANVILLE JT, HESSELINK JR, BRAFF DL. Magnetic resonance imaging abnormalities in lenticular nuclei and cerebral cortex in schizophrenia. Archives of General Psychiatry 1991; 48: 881-890.

JESTE DV, LOHR JB. Hippocampal pathological findings in schizophrenia: A morphometric study. Archives of General Psychiatry 1989; 46: 1019-1024.

VAN KAMMEN DP, VAN KAMMEN WB, PETERS J, GOETZ K, NEYLON T. Decreased slow-wave sleep and enlarged ventricles in schizophrenia. Neuropsychopharmacology 1988; 1: 265-271.

KEILP JG, SWEENEY JA, JACOBSON P, SOLOMON C, ST. LOUIS L, DECK M, FRANCES A, MANN JJ. Cognitive impairment in schizophrenia: Specific relations to ventricular size and negative symptomatology. Biological Psychiatry 1988; 24: 47-55.

KELSOE JR JR, CADET JL, PICAR JL, WEINBERGER DR. Quantitative neuroanatomy in schizophrenia: a controlled magnetic resonance imaging study. Archives of General Psychiatry 1988; 45: 533-541.

KEMALI D, MAY M, GALDERISI S. Clinical, biological and neuropsychological features associated with lateral ventricular enlargement in DSM-III schizophrenic disorder. Psychiatry Research 1987; 21: 137-149.

KLÜVER H, BUCY PC. Preliminary analysis of function of the temporal lobe in monkeys. Archives of Neurology and Psychiatry 1939; 42: 979-1000.

KOJIMA H, YAMADA S, NAKAMURA J. Morphological changes of the brain in chronic schizophrenia. In: TAKAHASHI R, FLOR-HENRI P, GRUZELIER J, NIWA S (Hrsg.). Cerebral dynamics, laterality and psychopathology. Elsevier: Amsterdam 1987.

KOLAKOWSKA T, WILLIAMS AO, ARDERN M, BEVELEY M, JAMBOR K, GELDER MG, MANDELBROTE BM. Schizophrenia with good and poor outcome. I. Early clinical features, response to neuroleptics and signs of organic dysfunction. British Journal of Psychiatry 1985a; 146: 229-246.

KOLAKOWSKA T, WILLIAMS AO, JAMBOR K, ARDERN M. Schizophrenia with good and poor outcome. III. Neurological "soft" signs, cognitive impairment and their clinical significance. British Journal of Psychiatry 1985b; 146: 348-357.

KOVELMAN JA, SCHEIBEL AB. A neurohistological correlate of schizophrenia. Biological Psychiatry 1984; 19: 1601-1621.

LAUBENBERGER T, LAUBENBERGER J. Technik der medizinischen Radiologie. Deutscher Ärzte-Verlag: Köln 1994.

LAWRIE SM, ABUKMEIL SS. Brain abnormality in schizophrenia. A systematic and quantitative review of volumetric magnetic resonance imaging studies. British Journal of Psychiatry 1998; 172: 110-120.

LEINER HC, LEINER AL, DOW RS. The underestimated cerebellum. Human Brain Mapping 1995; 2: 244-254.

LEMKE R. Untersuchungen über die soziale Prognose der Schizophrenie unter besonderer Berücksichtigung des encephalographischen Befundes. Archiv für Psychiatrie und Nervenkrankheiten 1935; 104: 89-136.

LESCH A, BOGERTS B. The diencephalon in schizophrenia: Evidence for reduced thickness of the periventricular grey matter. European Archives of Psychiatry and Neurological Sciences 1984; 234: 212-219.

LEWIS SW, REVELEY MA, DAVID AS, RON MA. Agenesis of the corpus callosum and schizophrenia: A case report. Psychological Medicine 1988; 18: 341-347.

LISHMAN AW. Organic Psychiatry. Blackwell Scientific Publications: Oxford 1987.

LISSNER J. Radiologie I. Enke: Stuttgart 1993.

LIVINGSTONE KW, HORNYKIEWICZ T (Hrsg.). Limbic mechanisms. Plenum Press: New York 1978.

LOSONCZY MF, SONG IS, MOHS RC, SMALL NA, DAVIDSON M, JOHNS CA, DAVIS KL. Correlates of lateral ventricular size in chronic schizophrenia. I. Behavioral and treatment response measures. American Journal of Psychiatry 1986; 143: 976-981.

LUCHINS DJ, LEWINE RJ, MELTZER HY. Lateral ventricular size, psychopathology and medical response in the psychoses. Biological Psychiatry 1984; 19: 29-44.

LUCHINS DJ, MELTZER HY. A comparison of CT findings in acute and chronic ward schizophrenics. Psychiatry Research 1986; 17: 7-14.

MAC LEAN PD. Psychosomatic disease and the "visceral brain". Recent developments bearing on the Papez theory of emotion. Medicine 1949; 11: 338-353.

MAC LEAN PD. The triune brain, emotion and scientific bias. In: Intensive study program in the neurosciences. Neuroscience Research Program. Rockefeller University Press: New York, Chapter 1970; 23: 336-346.

MAC PHERSON, RI, HOLIGATE RC, LONDEMAN SK. Midline central nervous lipomas in children. Journal of the Canadian Association of Radiologists 1987; 38: 264-270.

MAHER BA. Anomalous experience and delusional thinking: The logic of explanations. In: OLTMAN TF, MAHER BA (Hrsg.). Delusional beliefs. Wiley: New York 1988.

MARKS RC, LUCHINS DJ. Relationship between brain imaging findings in schizophrenia and psychopathology. A review of the literature relating to positive and negative symptoms. In: ANDREASEN NC (Hrsg.). Schizophrenia: Positive and negative symptoms and syndromes. Modern Problems of Pharmacopsychiatry. Karger: Basel, 1990; Vol 24: 89-123.

MCCARLEY RW, SHENTON ME, O'DONNELL BF, NESTOR PG. Uniting Kraepelin and Bleuler: The psychology of schizophrenia and the biology of temporal lobe abnormalities. Harvard Review of Psychiatry 1993; 1: 36-56.

MCCARLEY RW, WIBLE CG, FRUMIN M, HIRAYASU Y, LEVITT JJ, FISCHER A, SHENTON ME. MRI anatomy of schizophrenia. Biological Psychiatry 1999; 45: 1099-1119.

MESULAM MM. Patterns in behavioral neuroanatomy: Association areas, the limbic system, and hemispheric specialization. In: MESULAM MM (Hrsg.). Principles of behavioral neurology. Davis: Philadelphia 1986: 1-70.

MOZLEY PD, GUR RE, RESNICK SM, SHTASEL DL, RICHARD J, KOHN M, GROSSMAN R, HERMAN G, GUR RC. Magnetic resonance imaging in schizophrenia: Relationship with clinical measures. Schizophrenia Research 1994; 12: 195-203.

MILLER R. Schizophrenia as a progressive disorder: Relations to EEG, CT, neuropathological and other evidence. Progress in Neurobiology 1989; 33: 17-44.

MUSSGAY L, HERTWIG R. Signal detection indices in schizophrenics on a visual, auditory, and bimodal continuous performance test. Schizophrenia Research 1990; 3: 303-310.

NASRALLAH HA, KUPERMAN S, JACOBY CG, MC CALLEY-WHITTERS M, HAMARA B. Clinical correlates of sulcal widening in chronic schizophrenia. Psychiatry Research 1983; 10: 237-242.

NETTER FH. Atlas der Anatomie des Menschen. Thieme: Basel 1995.

NICHOLI AM (Hrsg.). The Harvard guide to modern psychiatry. The Belknap Press of Harvard. University Press: Cambridge 1978.

NIEUWENHUYS R, VOOGD J, VAN HUIJZEN C. The human central nervous system. Springer: New York, Berlin 1981.

NIEUWENHUYS R. Chemoarchitecture of the brain. Springer: New York, Berlin 1985.

OJEMANN GA. Cortical organization of language. Journal of Neuroscience 1991; 11: 2281-2287.

OLTON DS, WIBLE CG, SHAPIRO ML. Mnemonic theories of hippocampal function. Behavioral Neuroscience 1986; 100: 852-855.

ORRELL MW, SAHAKIAN BJ. Dementia of the frontal lobe type. Psychological Medicine 1991; 21: 553-556.

OTA T, MAESHIRO H, ISHIDO H, SHIMIZU Y, UCHIDA R, TOYOSHIMA R, OSHIMA H, TOKAZAWA A, MOTOMURA H, NOGUCHI T (1987a) Treatment-resistant chronic psychopathology and CT scans in schizophrenia. Acta Psychiatrica Scandinavica 75, 415-427.

OTA T, TOYOSHIMA R, MOTOMURA H. Biological heterogeneity of schizophrenia: Morphological and psychophysiological evidence. In: TAKAHASHI R, FLOR-HENRY P, GRUZELIER J, NIWA S (Hrsg.) Cerebral dynamics, laterality and psychopathology. Elsevier: Amsterdam 1987b.

OWENS DCG, JOHNSTONE EC, CROW TJ, FRITH CD, JAGOE JR, KREEL L. Lateral ventricular size in schizophrenia: Relationship to the disease process and its clinical manifestations. Psychological Medicine 1985; 15: 27-41.

PAKKENBERG B. Pronounced reduction of total neuron number in mediodorsal thalamic nucleus and nucleus accumbens in schizophrenia. Archives of General Psychiatry 1990; 47: 1023-1028.

PANDURANGI A, DEWAN M, BOUCHER M, LEVY B, RAMCHANDRAN T, BARTELL K, BICK PA, PHELPS BH, MAYOR L. A comprehensive study of chronic schizophrenic patients. II. Biological, neuropsychological, and clinical correlates of CT abnormality. Acta Psychiatrica Scandinavica 1986; 73: 161-171.

PEARLSON GD, VEROFF AE. Computerized tomographic scan changes in manic depressive illness. Lancet, ii, 1981: 470.

PEARLSON GD, GARBACZ DJ, BREAKEY W, AHN HS, DE PAULO JR. Lateral ventricular enlargement associated with persistent unemployment and negative symptoms in both schizophrenia and bipolar disorder. Psychiatry Research 1984; 12: 1-9.

PEARLSON GD, GARBACZ DJ, MOBERG PJ, AHN HS, DE PAULO JR. Symptomatic, familiar, perinatal, and social correlates of computerized axial tomography (CAT) changes in schizophrenics and bipolars. Journal of Nervous and Mental Disease 1985: 173: 42-50.

PENFIELD W, PEROT P. The brain's record of auditory and visual experience: A final summary and discussion. Brain 1963; 86: 596-695.

PORTAS CM, GOLDSTEIN JM, SHENTON ME, HOKAMA HH, WIBLE CG, FISCHER I. Volumetric evaluation of the thalamus in schizophrenic male patients using magnetic resonance imaging. Biological Psychiatry 1998; 43: 649-659.

RAINE A, HARRISON GN, REYNOLDS GP, SHEARD C, COOPER JE, MEDLEY I. Structural and functional characteristics of the corpus callosum in schizophrenics, psychiatric controls, and normal controls. Archives of General Psychiatry 1990; 47: 1060-1064.

RAINE A, LENCZ T, REYNOLDS GP, HARRISON GN, SHEARD C, MEDLEY I, REYNOLDS LM, COOPER JE. An evaluation of structural and functional prefrontal deficits in schizophrenia. MRI and neuropsychological measures. Psychiatry Research 1992; 45: 123-137.

RAKIC P, YAKOVLEV PI. Development of the corpus callosum and cavum septi in man.

Journal of Comparative Neurology 1986; 132: 45-72.

ROBERTS GW. Schizophrenia: A neuropathological perspective. British Journal of Psychiatry 1991; 158: 8-17.

RON MA, ACKER W, SHAW GK, LISHMAN WA. Computerized tomography of the brain in chronic alcoholism. Brain 1982; 105: 497-514.

ROSENE DL, VAN HOESEN GW. The hippocampal formation of the primate brain: a review of some comparative aspects of cytoarchitecture and connections. In: JONES EG, PETERS A (Hrsg.). Cerebral cortex. Plenum Publishers: New York, vol 6, 1987.

ROSENTHAL R, BIGELOW LB. Quantitative brain measurements in chronic schizophrenia. British Journal of Psychiatry 1972: 21: 259-264.

ROSSI A, STRATTA P, MANCINI F, DE CATALDO S, CASACCHIA M. Cerebellar vermal size in schizophrenia: a male effect. Biological Psychiatry 1993; 33: 354-357.

SAUNDERS RC, ROSENE DL, VAN HOESEN GW. Comparison of the efferents of the amygdala and the hippocampal formation in the rhesus monkey, II. reciprocal and non-reciprocal connections. Journal of Comparative Neurology 1988; 271: 185-207.

SAYKIN AJ, GUR RL, GUR RE, MOZLEY PF, MOZLEY LH, RESNICK SM, KESTER DB, STAFINIAK P. Neuropsychological function in schizophrenia: Selective impairment in memory and learning. Archives of General Psychiatry 1991; 48: 618-624.

SCHRÖDER J, GEIDER FJ, BINKERT M, REITZ C, JAUSS M, SAUER H. Subsyndromes in chronic schizophrenia: Do their psychopathological characteristics correspond to cerebral alterations? Psychiatry Research 1992; 42: 209-220.

SCHRÖDER J, BUCHSBAUM MS, SIEGEL BV, GEIDER FJ, NIETHAMMER R. Structural and functional correlates of subsyndromes in chronic schizophrenia. Psychopathology 1995; 28: 38-45.

SHELTON RC, WEINBERGER DR. X-ray computed tomography studies in schizophrenia: A review and synthesis. In: NASRALLAH HA, WEINBERGER DR (Hrsg.). The neurology of schizophrenia. Elsevier: Amsterdam 1986: 207-250.

SHENTON ME, KIKINIS R, JOLESZ FA, POLLACK SD, LE MAY M, WIBLE CG, HOKAMA H, MARTIN J, METCALF D, COLEMAN M, MAC CARLEY RW. Abnormalities of the left temporal lobe and thought disorder in schizophrenia: A quantitative magnetic resonance imaging study. New England Journal of Medicine 1992; 327: 604-612.

SHTASEL D, SAYKIN AJ, GUR RE, KESTER DB, HARPER-MOZLEY LM, GUR RC. Neuropsychology in first episode schizophrenia. American Psychiatric New Research Abstracts 1992; 154.

SIMS A. Symptoms in the mind. Balliiere Tindall: London 1992.

SMITH RC, BAUMGARTNER R, CALDERON M. Magnetic resonance imaging of brains of schizophrenic patients. Psychiatry Research 1987; 20: 33-46.

SQUIRE LR, ZOLA-MORGAN S. The medial temporal lobe memory system. Science 1991; 253: 1380-1386.

ST. CLAIR D. Expanded CAG trinucleotide repeat of Huntington's disease gene in a patient with schizophrenia and normal striatal histology [letter]. Journal of Medical Genetics 1994; 31: 658-659.

STRATTA P, ROSSI A, GALLUCCI M, AMICARELLI I, PASSARIELLO R, CASACCHIA M. Hemispheric asymmetries and schizophrenia: a preliminary magnetic resonance imaging study. Biological Psychiatry 1989; 25: 275-284.

STUSS DT, BENSON DF. Emotional concomitants of psychosurgery. In: HEILMAN KM, SATZ P (Hrsg.). Neuropsychology of human emotions. Guildford Press: London 1983: 111-140.

SUDDATH RL, CASSANOVA MF, GOLDBERG TE, DANIEL DG, KELSOE JR, WEINBERGER DR. Temporal lobe pathology in schizophrenia: a quantitative magnetic resonance imaging study. American Journal of Psychiatry 1989; 146: 464-472.

SWANSON LW. The hippocampus and the concept of limbic system. In: SEIFERT W (Hrsg.). Neurobiology of the hippocampus. Academic Press, London 1983: 3-19.

SWAYZE VW, ANDREASEN NC, ERHARDT JC, YUH WTC, ALLIGER RJ, COHEN GA. Developmental abnormalities of the corpus callosum in schizophrenia. Archives of Neurology 1990; 47: 805-808.

UEMATSU M, KAIYA H. Midsagittal cortical pathomorphology of schizophrenia: A magnetic resonance imaging study. Psychiatry Research 1989; 30: 11-20.

VELEK M, WHITE LE, WILLIAMS JP, STAFFORD RL, MARCO LA. Psychosis in a case of corpus callosum agenesis. Alabama Medicine 1988; 58: 27-29.

VOLZ HP, GASER C, SAUER H. Supporting evidence for the model of cognitive dysmetria in schizophrenia – a structural magnetic resonance imaging study using deformation based morphometry. Schizophrenia Research, im Druck 2000a.

VOLZ HP, GASER C, SOMMER M, SAUER H. Brain structure and negative symptoms in schizophrenia. Psychiatry Research: Neuroimaging, eingereicht 2000b.

WEINBERGER DR, BIGELOW LB, KLEINMAN JE, KLEIN ST, ROSENBLATT JE, WYATT RJ.

Cerebral ventricular enlargement in chronic schizophrenia: An association with poor response to treatment. Archives of General Psychiatry 1980; 37: 11-13.

WEINBERGER DR. Implications of normal brain development for the pathogenesis of schizophrenia. Archives of General Psychiatry 1987; 44: 660-669.

WEXLER BD, HENNINGER GR. Alterations in cerebral alterality during acute psychotic illness. Archives of General Psychiatry 1979; 36: 278-284.

WIBLE CG, SHENTON ME, MCCARLEY RW. Do positive symptoms in schizophrenia result from abnormalities of functionally linked temporal lobe structures? A new theory. Biological Psychiatry 1992; 31: 61A-252A.

WIBLE CG, SHENTON ME, HOKAMA H, KIKINIS R, JOLESZ FA, METCALF D, MCCARLEY RW. Prefrontal cortex and schizophrenia: A quantitative magnetic resonance imaging study. Archives of General Psychiatry 1995; 52: 279-288.

WILLIAMS AO, REVELEY MA, KOLOKOWSKA T, ARDERN M, MANDELBROTE BM. Schizophrenia with good and poor outcome. II. Cerebral ventricular size and its clinical significance. British Journal of Psychiatry 1985; 146: 239-246.

WILLIAMSON P, PELZ D, MERSKEY H, MORRISON C, CONLON P. Correlation of negative symptoms in schizophrenia with frontal lobe parameters on magnetic resonance imaging. British Journal of Psychiatry 1991; 159: 130-134.

YOUNG AH, BLACKWOOD DHR, ROXBOROUGH H, MC QUEEN JK, MARTIN MJ, KEAN D. A magnetic resonance imaging study of schizophrenia: Brain structure and clinical symptoms. British Journal of Psychiatry 1991; 158: 158-164.

ZIPURSKY RB, LIM KO, SULLIVAN EV, BROWN BW, PFEFFERBAUM A. Widespread cerebral grey matter volume deficits in schizophrenia. Archives of General Psychiatry 1992; 49: 195-205.

ZIPURSKY RB, MARSH L, LIM KO, DE MENT S, SHEAR PK, SULLIVAN EV, MURPHY GM, CSERNANSKY JG, PFEFFERBAUM A. Volumetric MRI assessments of temporal lobe structures in schizophrenia. Biological Psychiatry 1994; 35: 501-516.

3.3 Funktionelle Bildgebung

Die funktionelle Bildgebung erfasst Änderungen zerebraler Parameter über die Zeit. Die hierbei angewandten Verfahren sind Single-Photon-Emissions-Computer-Tomographie (SPECT), Positronen-Emissions-Tomographie (PET) und funktionelle Magnetresonanztomographie (fMRT). Während die beiden ersten Verfahren mit radioaktiven Substanzen arbeiten, kann bei der fMRT darauf verzichtet werden; diese Methode gilt somit als noninvasiv.

In Kapitel 1.3.1.4 wurden die Prinzipien der genannten Methoden bereits näher erläutert, sodass nun ausschließlich auf die Befunde bei schizophren Erkrankten eingegangen werden kann.

Befunde bei schizophrenen Patienten

Die bisher durchgeführten funktionell-bildgebenden Untersuchungen erbrachten drei Hauptbefunde (EBMEIER, 1995):

* Hypofrontalität
* Veränderte Perfusion oder Metabolismus in den Basalganglien
* Veränderte Perfusion oder Metabolismus im Temporallappen

INGVAR und FRANZEN (1974) beschrieben mit Hilfe von SPECT erstmals eine Aktivitätsminderung frontaler Areale bei Schizophrenen im Vergleich zu Kontrollen. Diese Untersuchung wurde in Ruhe durchgeführt, d. h., die Patienten/Probanden mussten während der Messung keine Aufgabe ausführen. Die Autoren charakterisierten die Hypofrontalität als relativ, da die Gehirnaktivität nicht insgesamt vermindert war, vielmehr bestand eine Verschiebung der Traceranreicherung von frontalen Gebieten zugunsten posteriorer Gehirnareale.

In der Folgezeit wurde diese relative Hypofrontalität unter Ruhebedingungen in zahlreichen Untersuchungen an neuroleptikafreien und mit Neuroleptika behandelten Patienten mittels PET und SPECT repliziert. Bei akut erkrankten schizophrenen

Patienten zeigte sich diese Hypofrontalität jedoch nicht immer (SHEPPARD et al, 1983; VOLKOW et al., 1986), sondern es wurde zum Teil sogar über eine Hyperfrontalität berichtet (SZECHTMAN et al., 1988; CLEGHORN et al., 1989).

Werden die schizophrenen Patienten nicht in Ruhe, sondern bei der Bewältigung von kognitiven Aufgaben untersucht (ANDREASEN et al., 1992), kann die Hypofrontalität wesentlich konsistenter dargestellt werden. Die Untersucher verwenden dazu je nachdem, welches Gehirngebiet untersucht wird, einen möglichst exakt darauf abgestimmten Test. So hat sich für die Untersuchung von Frontallappenfunktionen der Wisconsin-Card-Sorting-Test (WCST) oder der Continuous-Performance-Test (CPT) bewährt (s. auch Kap. 1.3.2.4 bzw. 1.3.2.2). Tatsächlich konnte unter solchen oder ähnlichen Stimulationsbedingungen in nahezu allen Studien eine Hypofrontalität dargestellt werden, am stärksten ausgeprägt an der lateralen Konvexität des Frontallappens, dem so genannten dorsolateralen präfrontalen Kortex.

In eigenen fMRT-Untersuchungen nutzten VOLZ et al. (1997) sowie MENTZEL et al. (1998) ebenfalls den WCST als kognitiven Stimulus. Den bei allen fMRT-Untersuchungen sehr ähnlichen Versuchsaufbau für diese Experimente zeigt Abb. 39.

Bei einer solchen fMRT-Untersuchung liegt der Proband im Scanner, der Test wird auf eine Leinwand projiziert und vom Probanden mit Hilfe einer Tastatur bearbeitet. Im Ruhezustand und während des Testes werden Bilder aufgenommen; durch entsprechende Verrechnung können dann die Gehirnstrukturen dargestellt werden, die während des Tests eine höhere Durchblutung aufweisen, also „aktiv" sind.

Abb. 40 zeigt das Ergebnis für die schizophrenen Patienten im Vergleich zu Kontrollpersonen.

Der in Abb. 40 entstandene Eindruck, dass Schizophrene in frontalen Gehirngebieten während neurokognitiver Stimulation mit dem WCST eine geringere „Aktivierung" zeigen, lässt sich mit geeigneten statistischen Verfahren erhärten. Dazu vergleicht man die beiden gemittelten Datensätze der Probanden bzw. Patienten miteinander und stellt das Ergebnis dieses Vergleichs wiederum bildlich dar (s. Abb. 41). Auf diesem Bild sind in Rot bzw. Gelb diejenigen Gehirngebiete dargestellt, die bei Gesunden eine stärkere Aktivierung als bei schizophrenen Patienten aufweisen.

Der o.g. Ansatz ist ein Beispiel für die sinnvolle Verknüpfung von funktionell-bildgebenden Untersuchungen mit neurokognitiven Fragestellungen. Als Stimulationsparadigma wird ein neurokognitiver Test verwendet, sodass simultan die Gehirnaktivität und die Testleistung bestimmt werden können.

Ein häufig genannter Einwand bei der Diskussion solcher oder ähnlicher Befunde besteht darin, dass schizophrene Patienten aufgrund unspezifischer Faktoren schlechter in den Tests „abschneiden", weil sie z.B. keine ausreichende Motivation aufbringen oder in ihrer Aufmerksamkeit zu sehr beeinträchtigt sind. Somit würden keine spezifischen zerebral-funktionellen Alterationen bei schizophrenen Patienten gefunden, sondern lediglich das zerebrale Äquivalent einer aus ganz anderen Gründen herabgesetzten Testleistung.

Um diesem Einwand begegnen zu können, muss die Testleistung, die von den einzelnen Probanden bzw. Patienten im Scanner erbracht wird, kontrolliert werden. Im Nachfolgenden soll ein solcher experimenteller

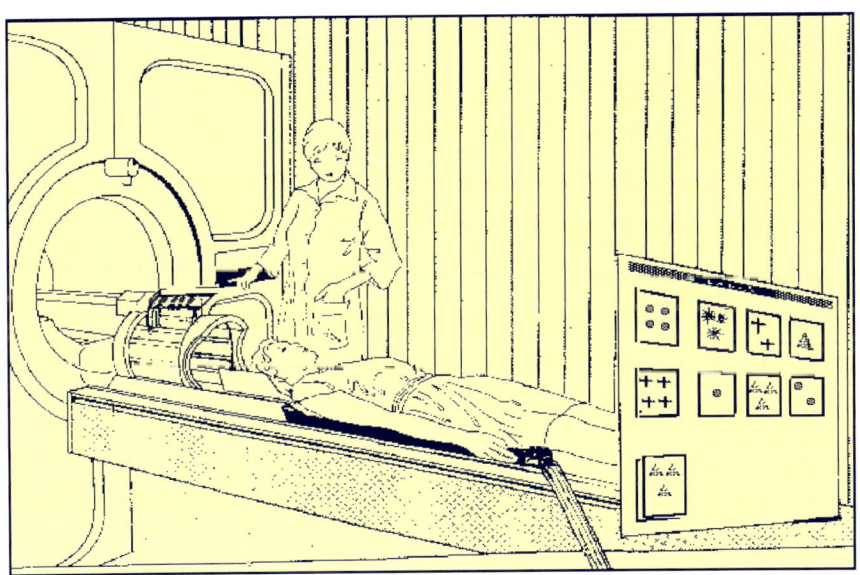

Abb. 39: Versuchsaufbau für die WCST-fMRT-Studie (VOLZ et al., 1997). Der Proband sieht den Test, der auf eine Leinwand am Ende des Untersuchungstisches projiziert wird, und kann mit einer Tastatur die Aufgaben bearbeiten

Zugang am Beispiel des CPT ge-zeigt werden.

Volz et al. (1999) untersuchten 20 Kontrollpersonen und 14 Schizo-phrene mit dem CPT und fMRT. In Abb. 42 ist der Gruppenvergleich dargestellt. Darin zeigen die Kon-trollen im frontomesialen Kortex und Cingulum rechts sowie im lin-ken Kaudatum eine höhere Aktivität. In einer Subauswertung wurden je-weils fünf Probanden und Patienten aufgenommen, die vergleichbar gute Testleistungen erbrachten. Der Grup-penunterschied in Bezug auf zere-brale Aktivierungen ist in Abb. 43 dargestellt.

Wie zu erkennen sind die Gruppen-unterschiede ähnlich wie in der Gesamtuntersuchung. Somit sind die Aktivierungsunterschiede nicht ausschließlich durch unspezifische, zu schlechteren Testleistungen füh-rende Faktoren hervorgerufen, viel-mehr stellen sie eine funktionelle Al-teration bei der Durchführung eines

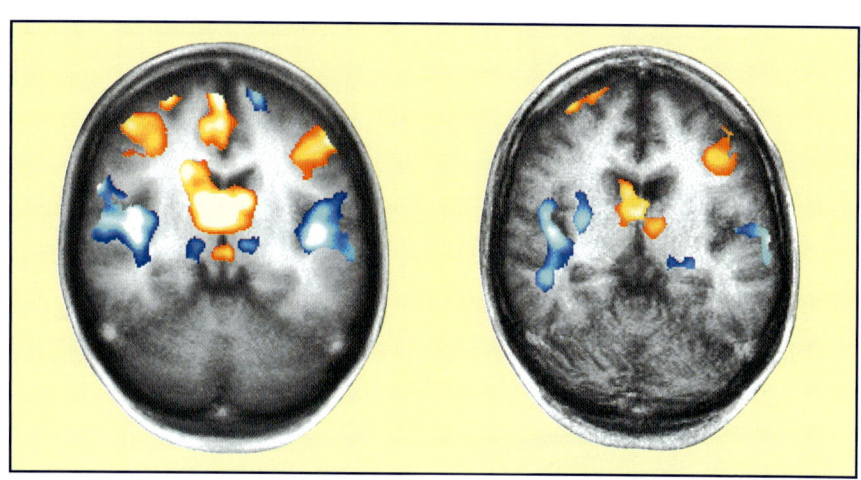

Abb. 40: Mittlere Aktivierung von 25 Probanden (links) bzw. 8 schizo-phrenen Patienten (rechts) während der Bearbeitung des WCST. Die gelbrote Farbmarkierung zeigt Gebiete an, die während der Bearbeitung des WCST einen Durchblutungsanstieg aufweisen. Deutlich erkennbar die geringe „Aktivierung" der schizophrenen Patienten in frontalen Gehirngebieten (Befunde der Psychiatri-schen Klinik der Universität Jena)

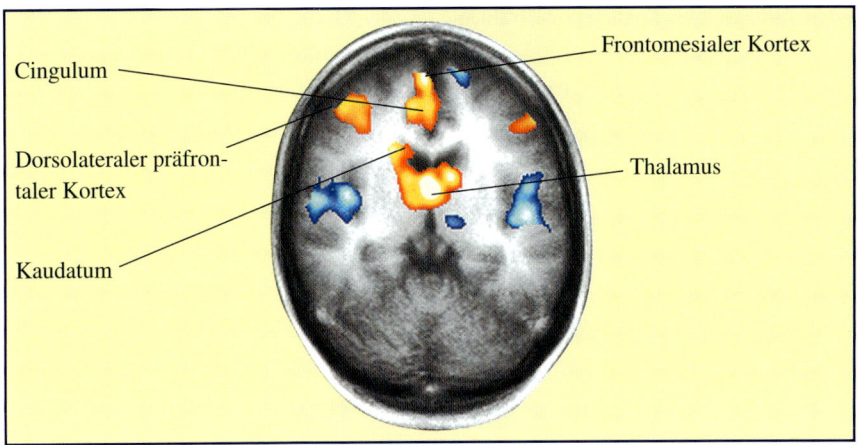

Abb. 41: Gruppenvergleich von 25 Probanden mit 8 schizophrenen Patienten während der Bearbeitung des WCST. In Rot und Gelb dargestellt sind die bei Gesunden stärker als bei schizophrenen Patienten aktivierten Gehirngebiete (Befunde der Psychiatrischen Klinik der Universität Jena)

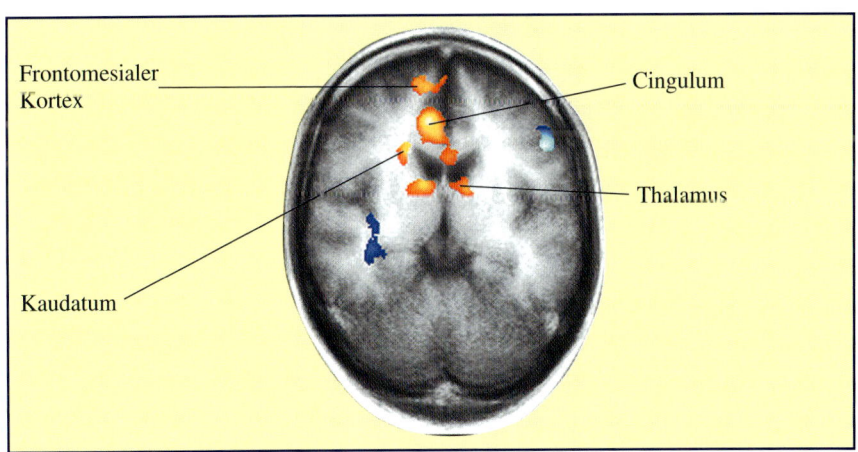

Abb. 42: Gruppenunterschied (12 Kontrollpersonen, 11 Schizophrene) während der Darbietung des CPT (nach VOLZ et al., 1999)

neurokognitiven Tests dar. Die Interpretation dieser Daten kann nur lauten, dass Schizophrene trotz guter Testleistung nicht dieselben Hirnareale wie Gesunde nutzen. Das kann z. B. mit den in Kapitel 3.1 bzw. 3.2 dargelegten zellulären bzw. strukturellen Auffälligkeiten erklärt werden, die zu Störungen im Gebiet selbst (Volumenverminderung des Frontallappens bzw. einzelner Substrukturen) oder aber zu Läsionen

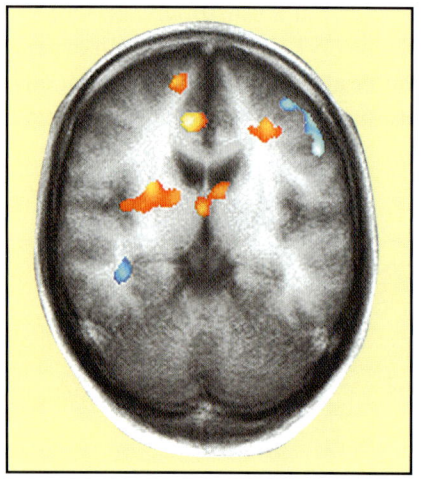

Abb. 43: Gruppenunterschied der Probanden bzw. Patienten mit einer vergleichbaren Testleistung. Es ergeben sich ähnliche Minderaktivierungen wie in der Gesamtstudie (nach Volz et al., 1999)

von Afferenzen und/oder Efferenzen im Sinne eines Dyskonnektionssyndroms führten.

Fazit: Die Hypofrontalität schizophrener Patienten im Rahmen funktionell-bildgebender Verfahren kommt ganz besonders dann zur Darstellung, wenn eine neurokognitive Testaufgabe bearbeitet werden muss. Sie ist nicht auf Neuroleptika zurückzuführen und kann nicht ausschließlich durch mangelnde Motivation, die in einer schlechteren Testleistung resultiert, erklärt werden. Vielmehr erscheint die Hypofrontalität als funktionelles Korrelat für einen Teil der schizophrenen Symptomatik und der kognitiven Störungen.

Zum Frontallappen liegen die meisten funktionell-bildgebenden Untersuchungen vor, allerdings wurde dem Temporallappen auch eine Reihe von Studien gewidmet. Trotz z. T. widersprüchlicher Befunde kam eine Aktivitätszunahme am häufigsten in linken lateralen Temporallappenanteilen zur Darstellung (DeLisi et al., 1989; Liddle et al., 1992). Relativ eindeutig sind die Befunde bei halluzinierenden schizophrenen Patienten: Hier fanden McGuire et al. (1993) mit SPECT einen erhöhten Blutfluss im Broca-Gebiet und Cleghorn et al. (1992) beschrieben einen verminderten Metabolismus in der Wernicke-Area sowie einen erhöhten Metabolismus im anterioren Cingulum mittels Glukose-PET. DIERKS et al. (1999) konnten zeigen, dass bei akustischen Halluzinationen eine erhöhte Aktivität im primären Hörkortex, dem Herschl-Gyrus, im Vergleich zu Zeiten ohne Halluzinationen vorhanden war.

Zu den Basalganglien liegen widerspüchliche Befunde vor; sowohl normale, erhöhte und erniedrigte Aktivitätsparameter wurden berichtet. Am häufigsten scheint eine erhöhte Aktivität nach neuroleptischer Behandlung der Patienten in PET-Studien zur Darstellung zu gelangen (DeLISI und BUCHSBAUM, 1986; GUR, 1986; CELGHORN et al., 1992). Dies steht mit dem hohen Dopamin-Gehalt im Rahmen schizophrener Erkrankungen in engem Zusammenhang, wenngleich bisher unklar ist, wieso diese erhöhte Aktivität gerade nach neuroleptischer Medikation besonders häufig auftritt.

Im Mittelpunkt des Interesses stand außerdem die Frage des Zusammenhanges der Hypofrontalität und der alterierten Temporallappenaktivität mit der Psychopathologie. Hierbei konnte am besten gezeigt werden, dass Hypofrontalität mit ausgeprägter Negativsymptomatik einhergeht.

So beschrieben INGVAR und FRANZEN bereits 1974 im Rahmen ihrer SPECT-Messungen bei einer Gruppe von 40 chronisch Schizophrenen eine signifikante Beziehung zwischen frontaler Minderperfusion und dem Auftreten von Autismus und Inaktivität; ein Ergebnis, das in der Folgezeit bestätigt wurde durch die Arbeiten von ANDREASEN et al. (1992), WOLKIN et al. (1992) sowie SCHRÖDER et al. (1995), die alle eine hochsignifikante Korrelation zwischen Hypofrontalität und schizophrener Negativsymptomatik zeigen konnten.

Einen interessanten und über die einfache Beziehung Hypofrontalität/ Negativsymptomatik hinausweisenden Ansatz verfolgten LIDDLE et al. (1992). LIDDLE hatte bereits vorher basierend auf systematischen Erhebungen psychopathologischer Symptome und nachfolgend durchgeführter Faktorenanalyse (ein statistisches Verfahren, das einzelne Merkmale/ Symptome zu sinnvollen Gruppen zusammenfasst) drei Symptomgruppen beschieben: psychomotorische Verarmung, Realtitätsverzerrung und Desorganisation. Die psychomotorische Verarmung umfasst sprachliche sowie Affektverarmung und Bewegungsarmut; die Realitätsverzerrung schließt Halluzinationen und Wahn ein, während die Desorganisation durch formale Denkstörungen und parathymen Affekt gekennzeichnet ist. Jeder dieser Zustände kann von einem einzelnen Patienten eingenommen werden, sie repräsentieren aber hirnfunktionell betrachtet unterschiedliche, unabhängige Funktionszustände. Mit Hilfe von PET wurden für jedes dieser drei Syndrome spezifische neuroanatomisch-funktionelle Profile gefunden, die in Tab. 4 dargestellt sind.

Auch bei dieser komplexen Auswertung zeigt sich der Zusammenhang von Hypofrontalität und ausgeprägter Negativsymptomatik – hier in Form der verminderten präfrontalen Aktivität beim Syndrom der psychomotorischen Verarmung.

Des Weiteren bieten diese Befunde auch eine mögliche Erklärung, warum neben der meist gezeigten Hypofrontalität einige Untersucher auch eine Hyperfrontalität fanden.

Tab. 4: PET- Befunde bei Subsyndromen der Schizophrenie (nach LIDDLE et al., 1992)

Syndrom-Cluster	Klinische Eigenschaften	PET-Ergebnisse
Psychomotorische Verarmung	Sprach-, Affekt-, Bewegungsarmut	Verminderte Aktivität: präfrontal und links parietal Erhöhte Aktivität: Kaudatum
Realitätsverzerrung	Halluzination und Wahn	Verminderte Aktivität: rechtes Cingulum und rechter posteriorer Temporallappen Erhöhte Aktivität: ventrales Striatum
Desorganisation	Formale Denkstörungen, parathymer Affekt	Verminderte Aktivität: rechts frontotemporal, Broca, rechter und linker Gyrus angularis Erhöhte Aktivität: anteriores Cingulum, mediodorsaler Thalamus

Diese könnten vorrangig desorganisierte Patienten eingeschlossen haben, die nach LIDDLE et al. (1992, s. Tab. 4) eine erhöhte Aktivität im anterioren Cingulum, einer ebenfalls frontal lokalisierten Struktur, aufweisen.

Neben der Hypofrontalität wurde in der Untersuchung von LIDDLE et al. (1992) auch eine Aktivitätszunahme im ventralen Striatum (Kaudatum) dargestellt. Bereits WOLKIN et al. (1986), EARLY et al. (1987) sowie GUR et al. (1987 a, b) hatten im Rahmen von PET-Studien auf die Koinzidenz von Hypofrontalität und relativer Hyperaktivität striataler Regionen verwiesen, was letztlich dazu führte, vom Dogma der ausschließlichen Frontallappenalteration als Ursache schizophrener (Negativ-) Symptomatik abzugehen. Basierend auf diesen Erkenntnissen modifizierte FRITH (1987) die bis dato gültige Theorie zur Erklärung von Negativsymptomen dahin gehend, dass neben frontalen auch Basalganglienstrukturen in die Genese der beobachteten Defizite involviert seien. Dabei sollen Erstere für die Unfähigkeit zur Unterdrückung störender und inadäquater Stimuli verantwortlich zeichnen und Letztere eine unzulängliche Umwandlung eigener Absichten in selbstinitiierte Aktivitäten bedingen. Bestätigung fand FRITH u. a. in den Arbeiten von NELSON et al. (1990) sowie PANTELIS et al. (1992), die die Ähnlichkeit zwischen kognitiven und motorischen Beeinträchtigungen im Rahmen schizophrener Störungen und denen bei Morbus Parkinson sowie anderen Erkrankungen der Basalganglien betonten. So ging man nunmehr davon aus, dass sich kognitive und affektive Defizite zumindest bei einem Teil der Patienten mit schizophrener Negativsymptomatik auf frontostriatale Dysfunktionen (ROBBINS, 1990) zurückführen lassen, wobei die schizophrenen Kernsymptome durch Schädigungen im Bereich des Frontalkortex vermittelt werden und zusätzliche Veränderungen des (dopaminergen) Informationsaustausches zwischen Frontalhirn und Basalganglien (Striatum) zur Exazerbation der Symptomatik führen. Auf mögliche Ursachen der frontostriatalen Dysfunktion wurde bereits weiter oben eingegangen (frühe Störungshypothese der Schizophrenie-Ätiologie). An dieser Stelle soll lediglich auf die Arbeit von HOFFMAN und DOBSCHA (1989) verwiesen werden. Diese Autoren führen die Manifestation schizophrener Symptome auf ein Hyperpruning kollateraler Axone des Präfrontalkortex zurück, das zum Zusammenbruch kortikaler Kommunikationssysteme führt.

Allerdings sind diese Überlegungen nur für das Syndrom der psychomotorischen Verarmung zutreffend, nicht für die beiden anderen Symptomgruppen. Für die Realitätsverzerrung und Desorganisation sind die Theoriebildungen nicht so weit fortgeschritten wie für die Negativsymptomatik, gleichfalls gilt es auch im Rahmen funktionell-bildgebender Untersuchungen diese anderen Erkrankungsformen im Auge zu behalten. So können nicht schlüssige Ergebnisse bei der Untersuchung einer heterogenen Gruppe schizophrener Patienten nach einer Subgruppeneinteilung wie der von LIDDLE et al. (1992) trotzdem sinnvoll interpretiert werden. Eine Feststellung, die allerdings angesichts des Titels des bahnbrechenen Buches von BLEULER *Dementia praecox oder die Gruppe der Schizophrenien* nur wenig überraschen dürfte.

Literatur

ANDREASEN NC, REZAI K, ALLIGER R, SWAZEY YW, FLAUM M, KIRSCHNER P, COHEN G, O'LEARY DS. Hypofrontality in neuroleptic-naive patients and in patients with chronic schizophrenia. Archives of General Psychiatry 1992; 49: 943-958.

CLEGHORN J, GARNETT E, NAHMIAS C, FIRNAU G, BROWN G, KAPLAN R, SZECHTMAN H, SZECHTMAN B. Inceased frontal and reduced parietal glucose metabolism in acute untreated schizophrenia. Psychiatry Research 1989; 28: 119-133.

CLEGHORN JM, FRANCO S, SZECHTMAN B, KAPLAN RD, SZECHTMAN H, BROWN GM, NAHMIAS C, GARNETT ES. Towards a brain map of auditory hallucinations. American Journal of Psychiatry 1992; 149: 1062-1069.

DE LISI LE, BUCHSBAUM MS. PET and cerebral glucose use in psychiatric patients. In: TRIMBLE MR (Hrsg.). New brain imaging techniques in psychopharmacology. Oxford University Press: Oxford 1986; 48-62.

DE LISI L, BUCHSBAUM MS, HOLCOMB H, LANGSTON KC, KING AC, KESSLER R, PICAR D, CARPENTER WT JR, MOIHISA JM, MARGOLIN R et al. Increased temporal lobe glucose use in chronic schizophrenic patients. Biological Psychiatry 1989; 25: 835-851.

DIERKS T, LINDEN DE, JANDL M, FORMISANO E, GOEBEL R, LANFERMANN H, SINGER W. Activation of Heschl's gyrus during auditory hallucinations. Neuron 1999; 22: 615-621.

EARLY T, REIMAN E, RAICHLE ME, SPITZNAGEL EL. Left globus pallidus abnormality in never-medicated patients with schizophrenia. Proceedings of the National Academy of Science of the United States of America 1987; 84: 561-563.

EBMEIER KP. Brain imaging and schizophrenia. In: DEN BOER JA, WESTENBERG HGM, VAN PRAAG HM (Hrsg.). Advances in the neurobiology of schizophrenia. Wiley, Chichester 1995; 131-155.

FRITH CD. The positive and negative symptoms of schizophrenia reflect impairments in the perception and initiation of action. Psychological Medicine 1987; 17: 631-648.

Gur RE. Regional brain abnormalities in schizophrenia. 3rd International Symposium on Cerebral Dynamics, Laterality and Psychopathology, Abstract V-7, Hakone, Japan 1986.

Gur RE, Resnick SM, Alavi A, Gur RC, Caroff S, Dann R, Silver F, Saykin AJ, Chawluck JB, Kushner M, Reivich M. Regional brain function in schizophrenia: I. A positron emission tomography study. Archives of General Psychiatry 1987a; 44: 119-125.

Gur RE, Resnick SM, Gur RC, Alavi A, Caroff S, Kushner M, Reivich M. Regional brain function in schizophrenia: II. Repeated evaluation with positron emission tomography. Archives of General Psychiatry 1987b; 44: 126-129.

Hoffman RE, Dobscha SK. Cortical pruning and the development of schizophrenia: a computer model. Schizophrenia Bulletin 1989; 15: 477-490.

Ingvar DH, Franzen G. Abnormalities of cerebral blood flow distribution in patients with chronic schizophrenia. Acta Psychiatrica Scandinavica 1974; 50: 425-464.

Liddle PF, Friston K, Frith CD, Hirsch SR, Jones T, Frackowiak. Patterns of cerebral blood flow in schizophrenia. British Journal of Psychiatry 1992; 160: 179-186.

McGuire PK, Shah GMS, Murray RM. Increased blood flow in Brocas area during auditory hallucinations in schizophrenia. Lancet 1993; 342: 703-706.

Mentzel HJ, Gaser C, Volz HP, Rzanny R, Häger F, Sauer H, Kaiser WA. Cognitive stimulation by using the Wisconsin Card Sorting Test: a functional magnetic resonance imaging study at 1.5 Tesla. Radiology 1998; 207: 399-404.

Nelson HE, Pantelis C, Carruthers K, Speller J, Baxendale S, Barnes TRE. Cognitive functioning and symptomatology in chronic schizophrenia. Psychological Medicine 1990; 20: 357-365.

Pantelis C, Barnes TRE, Nelson HE. Is the concept of fronto-subcortical dementia relevant to schizophrenia? British Journal of Psychiatry 1992; 160: 442-460.

Robbins TW. The case for frontostriatal dysfunction in schizophrenia. Schizophrenia Bulletin 1990; 16: 391-402.

Schröder J, Buchsbaum MS, Siegel BV, Geider FJ, Niethammer R. Structural and functional correlates of subsyndromes in chronic schizophrenia. Psychopathology 1995; 28: 38-45.

Sheppard G, Gruzelier J, Manchanda R, Hirsch SR, Wise R, Frackowiak R, Jones T. ^{15}O positron emission tomographic scanning in predominantly never-treated acute schizophrenic patients. Lancet 1983; 1: 1448-1552.

Szechtman H Nahmias C, Garnett ES, Firnau G. Effect of neuroleptics on altered cerebral glucose metabolism in schizophrenia. Archives of General Psychiatry 1988; 45: 523-541.

Volkow ND, Brodie JD, Wolf AP, Gomez-Mont F, Canaro R, Van Gelder P, Russel JA, Overall J. Brain organization in schizophrenia. Journal of Cerebral Blood Flow and Metabolism 1986; 6: 441-446.

Volz HP, Gaser C, Häger F, Rzanny R, Mentzel H, Kaiser WA, Sauer H. Brain activation during cognitive stimulation with the Wisconsin Card Sorting Test. A functional MRI study on healthy volunteers and schizophrenics. Psychiatry Research Neuroimaging 1997; 75: 145-157.

Volz HP, Gaser C, Häger F, Rzanny R, Pönisch J, Mentzel HJ, Kaiser WA, Sauer H. Decreased frontal activation in schizophrenics during stimulation with the Continuous Performance Test - a functional magnetic resonance study. European Psychiatry 1999; 14: 17-24.

WOLKIN A, JAEGER J, BRODIE JD, WOLF AP, FOWLER J, ROTROSEN J, GOMEZ-MONT F, CANCRO R. Persistence of cerebral metabolic abnormalities in chronic schizo-phrenia determined by positron emission tomography. American Journal of Psychiatry 1986; 142: 564-571.

WOLKIN A, SANFILIPO M, WOLF AP, ANGRIST B, BRODIE JD, ROTROSEN J. Negative symptoms and hypofrontality in chronic schizophrenia. Archives of General Psychiatry 1992; 49: 959-965.

4. Folgen der Kognitionsstörungen
- H.-J. Möller -

Die kognitiven Störungen schizophrener Patienten sind ein zentrales Phänomen der Erkrankung und haben Konsequenzen auf verschiedenen Ebenen, die nachfolgend dargestellt werden (HEMSLEY, 1987; COHEN und BORST, 1987; VENABLES, 1987). Besonders einleuchtend und verständlich sind die Zusammenhänge zwischen kognitiven Störungen und Symptomen der formalen Denkstörungen. Komplizierter sind die Sachverhalte, wenn es um das Spektrum der Negativ- und der Positivsymptomatik geht, wobei das traditionelle Konzept der schizophrenen Basisstörung für das Verständnis hilfreich ist. Weiterhin gilt es zu beachten, inwieweit kognitive Störungen sich auf alltagsrelevante Funktionen auswirken. In dem Zusammenhang muss auch die zentrale Bedeutung kognitiver Funktionen für die Prognose schizophrener Erkrankungen dargestellt werden.

4.1 Formale Denkstörungen als manifeste Folge kognitiver Störungen schizophrener Patienten

Formale Denkstörungen wie Zerfahrenheit und Gedankenabreißen zählen zu den für Schizophrene charakteristischen Störungen des Denkens und der Sprache. Schon KRAEPELIN (1913) hat bei Erkrankten einen sprunghaft zerfahrenen Gedankengang verbunden mit plötzlichen, irregulären Unterbrechungen beschrieben. EUGEN BLEULER wie auch sein Sohn MANFRED BLEULER (1966) zählen die formalen Denkstörungen zu den Grundsymptomen der schizophrenen Erkrankung. Nach BERNER (1982) stellen diese ein zentrales Achsensyndrom der Schizophrenie dar und können als Unterscheidungskriterium gegenüber affektiven und nicht psychotischen Störungen, wie z.B. Angsterkrankungen, dienen.
Die *Denkzerfahrenheit* wurde bereits von E. BLEULER und M. BLEULER (1966) mit Hilfe von Assoziationsversuchen in Beziehung gesetzt zu

einer „assoziativen Lockerung" schizophrener Patienten. Es fehlt dabei die Fokussierung auf ein Ziel, z. B. bei einer intendierten Mitteilung. Zufällige Gedanken neben sprachlichen Verdichtungen, ungewöhnlichen Assoziationen, solchen nach dem bloßen Wortklang usw. lenken den Gedankengang ab. In schweren Fällen kann der Kranke sich nicht mehr verständlich machen. Es gelingen keine semantisch geordneten sprachlichen Sequenzen mehr, Satzteile, Worte oder nur Silben werden aneinander gereiht. Nur wenn die verknüpften Bruchstücke aus einem annähernd assoziativen Umfeld stammen, kann der Zuhörer die Bedeutung noch erahnen. Abb. 44 zeigt als Beispiel ein Gemälde eines schizophrenen Patienten, das die Denkzerfahrenheit deutlich zum Ausdruck bringt.

Neben den schweren Ausprägungen der Denkzerfahrenheit, bei welchen nur noch ein „Wortsalat" geäußert wird, Schizophasie genannt (Huber, 1994), spielen Phänomene eine Rolle, die als „Faseln" oder „Entgleiten" bezeichnet werden. Dabei handelt es sich um eine gewisse sprachliche Unschärfe, die aber noch verständliche Aussagen ermöglicht. Es kommt zu einem ständigen Abgleiten auf Nebenaspekte, die Äußerungen sind unpräzise und nur ungefähr zutreffend. Die assoziativen Einsprengsel, von Plaum (1978) als Regulationsstörungen ausgelegt, können mehr oder weniger weit entfernt von der an sich relevanten Wortkategorie angesiedelt sein. Dem mit der Betreuung derartiger Patienten beschäftigten Arzt ist diese Unpräzision leidvoll dadurch bekannt, dass es ihm trotz stundenlanger Gespräche mit dem Patienten schwer fällt, eine die wesentlichen Details erfassende Krankengeschichte zusammenzustellen.

Die in der Psychopathologie als Einzelsymptome erfassten Phänomene gehören sehr wahrscheinlich in ein Schweregradkontinuum der zugrunde liegenden Selektionsstörungen (Süllwold, 1995). Das Grundmuster abwesender, fehlerhafter Reaktionen findet sich demzufolge auch nicht nur bei sprachlichen Äußerungen, sondern durchzieht das gesamte Leistungsspektrum, wie später noch ausgeführt wird. Charakteristisch für den Kranken ist, dass unangemessene Reaktionen, fehlerhafte Entgleisungen oder Hemmungen mit dem Ausbleiben einer Reaktion fluktuierend in Erscheinung treten. Spitzer (1993) sieht darin Belege für eine mangelnde Hemmung assoziativer Prozesse: Semantische Netzwerke werden zu ungerichtet aktiviert. Nach dem neurobiologischen Modell von Sin-

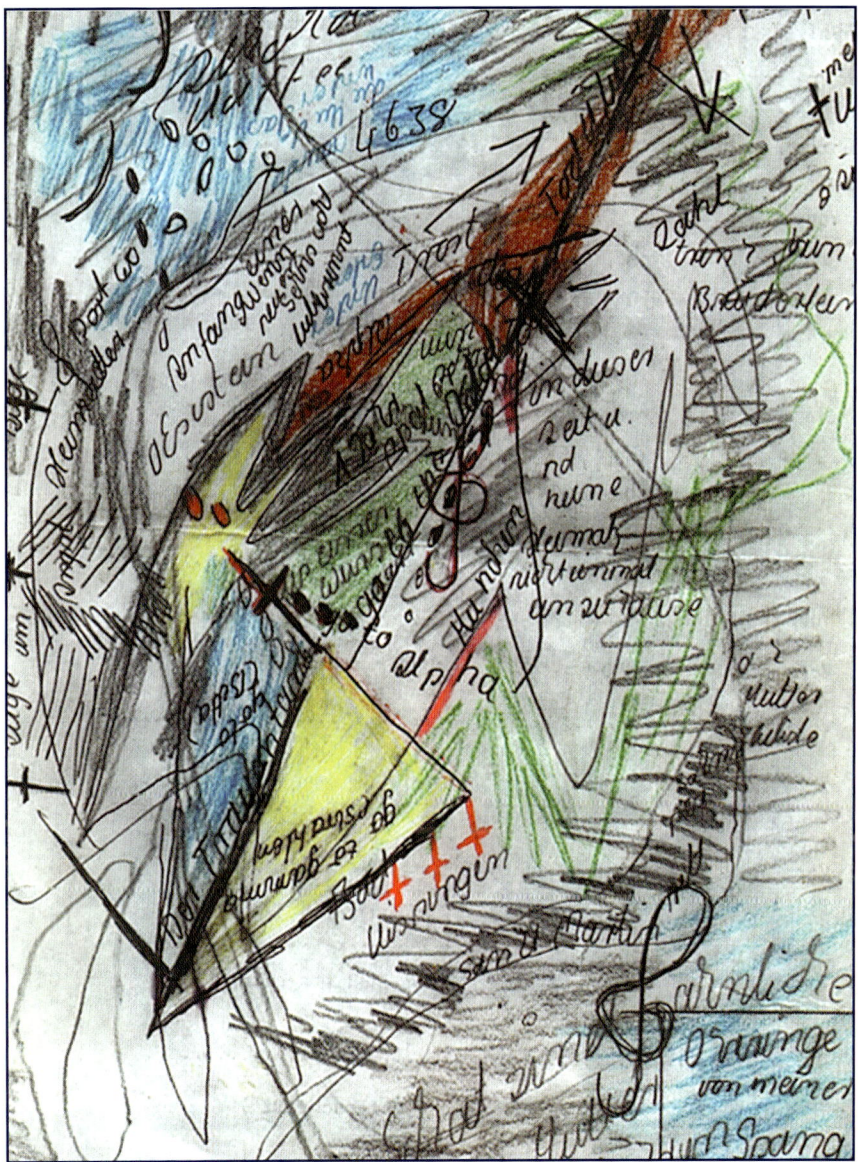

Abb. 44: Gemälde eines schizophrenen Patienten, das u.a. die Denkzerfahrenheit zum Ausdruck bringt

GER (1990) ist anzunehmen, dass eine unzureichende Synchronisation der jeweiligen Neuronensubgruppe zugrunde liegt. Je nach Ausmaß der diffusen Aktivierung kommt es daher zu einem Eindringen weit entfernt liegender assoziativer Elemente. Wahrscheinlich werden verschiedene sprachliche Besonderheiten schizophrener Patienten, so z. B. Verdichtung von Worten, Wortneubildung oder ein falscher Gebrauch von Begriffen, von dieser basalen Störung verursacht. CHAPMAN et al. (1964) belegten in Experimenten, dass Schizophrene bei mehrdeutigen Worten an der Hauptbedeutung festhalten, obwohl der Kontext die Nebenbedeutung aktivieren müsste. Das Phänomen des zu breiten oder zu engen assoziativen Feldes erklärt viele sprachliche Auffälligkeiten Schizophrener.

Eine weitere klinisch relevante formale Denkstörung ist das *Gedankenabreißen*. Für den Beobachter unverständlich, bricht der Schizophrene einen Satz plötzlich ab, er schweigt oder beginnt ein anderes Thema. Subjektiv wird eine plötzliche, unmotivierte Leerstelle im Vorstellungsstrom erlebt, ein Vergessen, eine den Absencen ähnliche Blockade. Nicht selten wird gesagt, der Gedanke sei wie weggeblasen. CALLAWAY (1970) hat dies in Analogie zu einem Computerprogramm zu erklären versucht. Während der Gesunde bei gelegentlichem Fadenverlieren durch Ablenkung oder Ermüdung den Inhalt wieder aufnehmen kann, „zerfällt" das laufende Programm beim Gedankenabreißen vollständig. Geht man von der Annahme eines zu diffus aktivierten Netzwerks aus mit mangelnder Synchronisation einer relevanten Neuronengruppe, kann angenommen werden, dass es im Fall des Gedankenabreißens nicht gelingt, jenes Element einer sprachlichen Sequenz herauszufiltern, das auslösender Stimulus für das nächste wäre. Zerfahrenheit und Blockierungen hängen daher von derselben basalen Dysfunktion ab.

Neben diesen Denkstörungen kommen bei vielen Patienten gehäuft *Perseverationen* vor. Diese lassen sich ebenfalls von den beschriebenen kognitiven Störungen ableiten. Eine bereits einmal erregte Vorstellung hat eine erhöhte Wahrscheinlichkeit, über die Reaktionsschwelle zu gelangen, wenn die Organisation von Alternativen durch die erschwerte Fokussierung behindert ist. Die „Durchmischung" der zerfahrenen Rede mit stereotypen Wiederholungen ist daher, vom Grundmodell der Störung aus gesehen, genauso zu erklären.

SÜLLWOLD (1995) verweist in ihrem Schizophreniebuch auf Zusammenhänge zwischen verschiedenen formalen Denkstörungen und Irregularitäten in anderen Verhaltensbereichen; Zusammenhänge, die sie und ihre Mitarbeiter auf der Basis von Selbstbeurteilungen untersucht haben. So konnte in der Studie von GIESSEN (1981) gezeigt werden, dass Schizophrene *mit* dem Symptom Gedankenabreißen im Vergleich zu einer Gruppe schizophrener Patienten *ohne* dieses Symptom statistisch signifikant mehr Blockierungsphänomene erlebten. Die Betroffenen bemerkten Lücken in der Selbstwahrnehmung ähnlich den Absencen, sie wussten kurzfristig nicht, was sie soeben gesagt oder getan hatten und was um sie herum vorging. Weitere Phänomene waren: Sie sahen eine Zeit lang die Umgebung nicht klar, Bewegungen stoppten plötzlich ohne Anlass, beim Sprechen setzte der Worteinfall aus. Die gefundene assoziative Beziehung legt nach SÜLLWOLD (1995) die Annahme nahe, dass mit dem Gedankenabreißen keine isolierte Denkstörung erfasst wird, sondern eine Tendenz zu irregulären Unterbrechungen der psychischen Vollzüge in unterschiedlichen Dimensionen des Erlebens und Verhaltens.

4.2 Zusammenhang zwischen kognitiven Störungen und affektiven Grundstörungen

Nicht nur die formalen Denkstörungen, sondern möglicherweise auch die *affektiven Symptome* Schizophrener stehen in engem Zusammenhang mit kognitiven Basisstörungen. Das sei hier am Beispiel der charakteristischen Gefühlsstörung Schizophrener dargestellt. Die von EUGEN BLEULER (1911) beschriebene charakteristische Veränderung des Fühlens schizophrener Patienten stellt nach der Auffassung von SÜLLWOLD (1995) keine abgrenzbare Kategorie von Störungen dar, sondern ist vielmehr als Ausdruck der gleichen Grundstörung zu betrachten, die der assoziativen Lockerung zugrunde liegt. Im Bereich der Gefühlsreaktionen stellt der Verlust der „Einheitlichkeit" eine innere Zerrissenheit dar – die Entsprechung zur mangelnden Steuerung von Denkabläufen. Dem zerfahrenen Denken entsprechen die unzusammenhängenden, ebenfalls zerfahrenen emotionalen Reaktionen.

Erkenntnisse der modernen Kognitions-, Emotions- und Motivationspsychologie machen deutlich, dass diese Bereiche nur auf einer abstrakten Ebene zu trennen sind. Wie die psychophysiologische Forschung gezeigt hat (BIRBAUMER, 1975), gehen Aufmerksamkeitsreaktionen, so genannte Orientierungsreaktionen, mit einer Anhebung des Erregungsniveaus im gesamten Organismus einher. Es verändern sich nicht nur EEG-Muster, sondern ebenso periphere psychophysiologische Indikatoren wie Pulsrate, Hautwiderstand, Atemfrequenz u. a. Dies gilt sowohl für kognitive Aktivitäten als auch für emotionale Reaktionen. Auf der psychologischen Ebene sind emotionale Reaktionen mit Wahrnehmungen oder Vorstellungen verbundene subjektive Bewertungen. Positive Emotionen aktivieren motorische Aktivitäten, die als Teil eines Handlungsmusters mit der Tendenz zur Annäherung an das jeweilige Objekt verstanden werden können. Negative Emotionen sind mit einer Bereitschaft zur Flucht oder zum Angriff verbunden. Allgemein gültige Grundmuster im Ausdrucksverhalten (EIBL-EIBESFELDT, 1986) machen es möglich, emotionale Reaktionen anderer auch ohne verbale Kommunikation zu verstehen. Zwischen emotionaler Reaktion und deren Äußerungen sind im Normalfall kognitive Prozesse eingeschaltet. So schätzt z. B. bei Auftreten von Gefahr der mit Angst Reagierende das Ausmaß dieser Gefahr in Relation zu den eigenen Bewältigungs-

möglichkeiten ein. Erst danach fällt die Entscheidung für eine bestimmte Verhaltensweise. Stimmungen, also länger anhaltende emotionale Zustände, beeinflussen die Kognitionen selektiv. Im Falle einer depressiven Stimmung werden z. B. negative Aspekte selektiv wahrgenommen. Zwischen derartigen Kognitionen und der depressiven Stimmungslage bestehen Wechselwirkungen (HAUTZINGER und GREIF, 1981). Intensive Affekte, z. B. extreme Angst, engen die Aufmerksamkeit stark ein und zentrieren diese auf den Ort der Gefahr. Diese Verschränkungen von Kognition und Emotion weisen bereits darauf hin, dass die bei schizophrenen Patienten beobachteten kognitiven Störungen auch Auswirkungen auf die Affektivität haben können.

Ein weiteres charakteristisches Merkmal der Gefühlsveränderung Schizophrener ist die *Affektverflachung*. Das heißt, emotionale Reaktionen fallen nicht so intensiv aus, wie von der Umgebung erwartet wird. Die Kranken erscheinen indifferent und selbst wichtigen Ereignissen in der Familie und engen Bezugspersonen gegenüber gleichgültig. In leichteren Fällen erscheinen die Emotionen oberflächlich, wenig nachhaltig und nicht von der Person als Ganzes getragen. In vielen Fällen sind die

Affekte auch qualitativ eingeengt. So können Gefühle wie Ärger und Angst vorherrschen, während das Spektrum positiver emotionaler Reaktionen klein ist. Diese Affektstörung kann nach SÜLLWOLD aus den beschriebenen kognitiven Störungen (SÜLLWOLD, 1995) erklärt werden. Vergegenwärtigt man sich, dass der schizophrene Patient ständig Schwierigkeiten hat, einen Aufmerksamkeitsfokus zu bilden und irrelevante externe Reize sowie assoziative Einsprengsel abzuwehren, kann man davon ausgehen, dass emotionale Reaktionen ständig unterbrochen werden. Diese fallen dann dementsprechend flüchtig und unkonzentriert aus, denn es fehlt die notwendige Aufmerksamkeit für eine Person oder einen Vorstellungsinhalt, ohne die eine intensivere Emotion nicht entstehen kann. Reagiert also der Kranke nicht in der erwarteten Weise, kann dies als Teil der defizitären Informationsverarbeitung gewertet werden. Fällt die mimische Reaktion aus, die auf Emotionen schließen ließe, kann dies an einer gestörten motorischen Komponente liegen.

Ein weiteres Merkmal der Gefühlsveränderung Schizophrener ist die *Zerrissenheit* und *Uneinheitlichkeit der emotionalen Reaktionen.* Diese Störung kommt nach SÜLLWOLD (1995) sehr wahrscheinlich auf dem gleichen Weg zustande wie die Störung des Denkens. Intervenierende Einflüsse, gespeicherte Erfahrungen oder externe Reize unterbrechen in gewisser Weise jedes laufende Programm (CALLAWAY, 1970). Es kann keine übergeordnete Einstellung, z. B. gegenüber einer Person, aufrechterhalten werden. Der schizophrene Patient ist damit den momentan ausgelösten, oft widersprüchlichen Emotionen ausgesetzt. Das unverbundene Nebeneinander positiver und negativer Emotionen erleben viele Schizophrene als so belastend, dass sie eine Beziehung vermeiden.

Die *schizophrene Ambivalenz*, ein weiteres Grundsymptom nach BLEULER, findet ihre Grundlage in der fehlenden determinierenden Tendenz, die bei Gesunden eine relative Konstanz bzw. ein Aufrechterhalten von Einstellungen zu Beziehungspersonen ermöglicht. Auch die „normale" mitmenschliche Umwelt bietet eine gewisse Inkonsistenz, menschliche Beziehungen sind daher mit einer wechselseitigen ambivalenten Stimulierung verbunden. Überwiegen jedoch in einer Interaktion die positiven Bekräftigungen, bilden sich übergreifende Einstellungen aus, die die Informationsaufnahme und eigene Reaktionen selektiv steuern. Dies vermag der Schizophrene nicht, er reagiert auf jedes einzelne Signal und kann auch seine Reaktionen nicht auswählen. Weil der Kontext zu wenig Einfluss ausübt, reagiert er auf aus dem Kontext herausgelöste Worte oder averbale Signale hypersensitiv: Nebensächliches wird als bedeutsam verkannt (SÜLLWOLD, 1995). Gleichzeitig zu den für den Betrachter als unberechenbar und zerfahren erscheinenden Emotionen kommt es häufig zu einem übermäßigen Haften an einmal angestoßenen Affekten. Dies entspricht den Perseverationen bei denkzerfahrenen Patienten und hat die gleiche Erklärungsgrundlage.

Auch die *Parathymie*, ein weiteres klinisch bedeutsames Symptom aus dem Bereich der Gefühlsstörungen Schizophrener, kann auf kognitive Defizite zurückgeführt werden. Der damit gemeinte inadäquate Affekt kommt zustande, wenn der Kranke auf irrelevante Elemente der Situation reagiert oder von internen Prozessen abgelenkt wird. Nur unvollständig ablaufende kognitive Prozesse führen dazu, dass die Feinanpassung im sozialen Kontakt verloren geht. Diese Einbuße an „Modulationsfähigkeit" (HUBER, 1994) verursacht unangemessene Ehrlichkeit, Taktlosigkeit oder Distanzlosigkeit.

Die Einbuße an „kognitiver Feinregulation" (PLAUM, 1978) betrifft auch die *Motorik*, die über rückgemeldete propriozeptive Reize steuerbar ist. Unmodulierte, steife oder gekünstelt wirkende Bewegungen können die Mimik oder Gestik eines Erkrankten verändern.

4.3 Beziehung kognitiver Störungen zu Negativ- und Positivsymptomatik

Von den auch zum größten Teil in der neuen Schizophrenieliteratur aufgegriffenen Konzeptionen KRAEPELINS und BLEULERS ausgehend, sind die kognitiven Störungen als die Basis anzusehen, auf der sich die anderen, klinisch im Vordergrund stehenden Symptome der Schizophrenie entwickeln (KLOSTERKÖTTER, 1988). Dabei wird der Negativsymptomatik eine größere zeitliche Stabilität zugeschrieben, während sich die Positiv- oder Produktivsymptomatik eher als ein nur zeitweise auftretendes Phänomen zeigt. Insgesamt wird die Negativsymptomatik konzeptuell stärker mit kognitiven Störungen verbunden und somit der Basisstörung der Schizophrenie näher stehend angesehen (CAPLETON, 1996; VORUGANTI et al., 1997). Konkrete Beispiele für den inneren Zusammenhang zwischen kognitiven Störungen und formalen Denkstörungen und Gefühlsstörungen Schizophrener wurden in den vorhergehenden Kapiteln beschrieben.

Die Dichotomie in Positiv- und Negativsymptomatik ist insbesondere von der neueren angloamerikanischen Schizophrenieforschung eingebracht worden, um die bunte Fülle schizophrener Symptomatik in einer einfacheren und abstrakten Weise zusammenfassend zu gliedern. WING und BROWN (1970) und STRAUSS et al. (1974) waren wohl die ersten, die die von KRAEPELIN eingeführte und durch E. BLEULER dann weiter ausgearbeitete Trennung zwischen der in der Regel reversiblen und akuten produktiven Symptomatik auf der einen Seite und der chronisch defizitären Grundsymptomatik auf der anderen Seite in die Terminologie von Positiv- und Negativsymptomatik wieder aufgenommen haben. Sowohl CROW (1985) mit seinem Zwei-Syndrom-Konzept der Schizophrenie als auch ANDREASEN (1982) und KAY et al. (1989) mit ihrer über die von ihnen entwickelten Fragenbeurteilungsskalen operationalisierten Bestimmung von Negativ- und Positivsymptomatik knüpfen an diese Tradition an. Auch wenn die jeweiligen definitorischen Festlegungen von Positivsymptomatik und Negativsymptomatik nicht identisch sind, sondern sich hinsichtlich Art und Menge der Merkmale unterscheiden, so lässt sich doch der gemeinsame Hintergrund unschwer erkennen (Tab. 5). Auch werden die Bezüge zwischen Negativsymptomatik und dem, was BLEULER als Grundsymptome verstanden hat, deutlich (Tab. 6). Zu den zentralen Symptomen der Negativsymptomatik gehören Affektverflachung, Interessen- und Initiativverlust, Inaktivität und sozialer Rückzug sowie insbesondere bei den angloamerikanischen Autoren auch noch die Sprech-/Denkverarmung. Trotz dieser konzeptuellen Gemeinsamkeiten dürfen einige Unterschiede nicht vernachlässigt werden, z. B. sehen KRAEPELIN und EUGEN BLEULER die formalen Denkstörungen noch in fester Verbindung mit den auf Defizite im Affekt- und Interessenbereich hinweisenden Grundsymptomen, während sie bei der angloamerikanischen Dichotomie in sich selbst aufgeteilt werden. Auf der Seite der Negativsymptomatik bleiben danach beispielsweise in ANDREASENS Definition von der alten Denkzerfahrenheit nur das Gedankenabreißen und der paralogische Verlust der Zielvorstellungen übrig. Hinzu kommen sonst lediglich noch die aus dem Sprechverhalten erschlossene Denkverarmung und eine allerdings sehr global gefasste Auf-

Tab. 5: Grundsymptom- und Negativsymptom-Konzeptionen
(KLOSTERKÖTTER 1990)

	KRAEPELIN (1904)	BLEULER (1911)	WING u. BROWN (1970)	STRAUSS et al. (1974)	CROW (1985)	ANDREASEN (1982)	KAY et al. (1989)
Formale Denkstörung	+	+	+	−	−	−	−
Gedankenblockierung	−	+	−	+	−	+	−
Abstraktions-, Zielvorstellungsverlust	−	+	−	−	−	+	+
Aufmerksamkeitsstörung	+	+	−	−	−	+	−
Sprechverarmung	−	−	+	−	+	+	−
Anhedonie	−	+	−	−	−	+	−
Affektverflachung	+	+	+	+	+	+	+
Interessen-, Initiativverlust	+	+	+	+	−	+	+
Inaktivität	+	+	+	+	−	+	+
Soziale Rückzugshaltung	+	+	+	+	−	+	+

⊏ ⎓ ⎓ ⊐ Von den meisten Konzeptionen berücksichtigtes Störungsmuster

Tab. 6: Grundsymptom- und Negativsymptom-Bestimmungen
(KLOSTERKÖTTER 1990)

KRAEPELIN (1904)	BLEULER (1911)	WING u. BROWN (1970)	STRAUSS et al. (1974)
Verstandesabnahme („Verblödung", „Demenz")	Assoziationsstörung	Schizophrene Denkstörungen	Bestimmte formale Denkstörungen, z.B. Blockaden
		Denkverlangsamung Sprachverarmung	
Gemütsabstumpfung	Affektivitätsstörung Autismus	Affektverflachung Soz. Rückzug	Affektabstumpfung
Einbuße an Willensfestigkeit	Ambivalenz Abulie	Motivationsmangel	
Einbuße an Tatkraft	Mangel an Initiative Interessenlosigkeit	Mangel an Initiative Aktivitätsmangel	Apathie

merksamkeitsstörung mit Konzentrationsschwäche als neben den Klagen über Denkerschwernis einzige mitberücksichtigte subjektive Erfahrung kognitiver Defizienz, während formale Denkstörungen im engeren Sinne, d. h. die Denkzerfahrenheit, der Positivsymptomatik zugeordnet werden. Abgesehen von diesen Überlappungsbereichen von Positiv- und Negativsymptomatik, wo die Zuordnung in den jeweilig unterschiedlichen Definitionssystemen unterschiedlich gehandhabt wird, zählen zu den Kernbereichen der Positivsymptomatik natürlich Wahn und Halluzinationen.

Um den konzeptuellen Zusammenhang zwischen kognitiven Störungen und der Negativsymptomatik besser verstehen zu können, ist es sinnvoll, das Konzept der kognitiven Basissymptome zu erwähnen. Dieses knüpft letztlich an das Konzept der latenten Schizophrenie an, wie es von EUGEN BLEULER entwickelt wurde und wie man es aus heutiger Sicht als Vorwegnahme des Konzepts der Vulnerabilität für Schizophrenie sehen kann (NUECHTERLEIN, 1987). Indikatoren für die latente Störanfälligkeit sollten nach der Konzeption BLEULERS die „Grundsymptome" – hier aber in viel schwächerer Ausprägung – sein und als klinischer Ausdruck für diesen Gradunterschied

wurde u. a. die Nachweisbarkeit allein in der Selbstwahrnehmung und nicht auch im offenen Verhalten angesehen (KLOSTERKÖTTER, 1985). In den 60er Jahren brachte dieses Konzept der kognitiven Basissymptome eine Reihe fruchtbarer, klinisch orientierter Untersuchungen hervor. So beschrieb CHAPMAN (1966) beispielsweise Blockierungsphänomene des Denkens, die für die Betroffenen schon lange vor der psychischen Erstmanifestation subjektiv bemerkbar waren und viel später erst als Negativsymptom des Gedankenabreißens im Sprechverhalten zum Ausdruck kamen. Diese der eigentlichen klinischen Schizophreniesymptomatik vorausgehenden subjektiven Defizienzerfahrungen wurden ähnlich auch von CUTTING und DUNNE (1989) unter der Bezeichnung „early symptoms" dargestellt. Demgegenüber ging die deutsche Beschreibung der Basissymptome durch HUBER (1957, 1976) von der differenzierten Beschreibung schizophrenietypischer Residualzustände aus, wobei zu einem späteren Zeitpunkt die gleichen Beschwerden auch in präpsychotischen Basisstadien im Sinne vorausgehender Defizienzen festgestellt wurden (GROSS, 1969; SÜLLWOLD, 1977).

Um zu verhindern, dass die dem subjektiven Erleben der Patienten direkt zugänglichen Basisstörungen mit den als zugrunde liegend angenommenen Störungen der Informationsaufnahme und -verarbeitung verwechselt werden, wurde terminologisch unterschieden zwischen kognitiven Basisstörungen, also den zugrunde liegenden Störungen der Informationsaufnahme und -verarbeitung, die testpsychologisch bzw. experimentellpsychologisch zu erfassen sind, und den kognitiven Basissymptomen, die subjektiv vom Patienten berichtet werden und als Indikatoren für die Basisstörung der Schizophrenie anzusehen sind (KLOSTERKÖTTER, 1992). Eine Reihe von Fremd- und Selbstbeurteilungsinstrumenten wurden entwickelt, um diese Basissymptome zu erfassen, u. a. der Frankfurter Beschwerdefragebogen (FBF) und das Bonner Schema zur standardisierten Beurteilung von Basissymptomen (BSABS). Um das Spektrum dieser Basissymptome zu verdeutlichen, wird die Kerngruppe kognitiver Basissymptome, wie sie im BSABS dokumentiert wird, als Tabelle beigefügt (Tab. 7). Verlaufsbezogen betrachtet sind Basissymptome und Basisstörungen eher frühe Phänomene und kommen u. a. auch bei Hochrisiko-Kindern, aber auch bei Störungen des so genannten schizophrenen Spektrums, z. B. bei schizotypen Störungen (PARNAS et al., 1982), vor. Auch Negativsymptome können sich in ähnlicher Weise schon früh manifestieren, allerdings wird hier eher von einer Zunahme der Symptomatik im zeitlichen Verlauf der Erkrankung ausgegangen (WALKER, 1985; KLOSTERKÖTTER, 1990).

Mehrere Autoren fassen die Basissymptome als leichtere und früher auftretende Ausprägungsgrade der Negativsymptomatik auf (CHAPMAN, 1966; SÜLLWOLD und HUBER, 1986). Es gibt eine weitere Hypothese für die Beziehung zwischen den beiden Symptomgruppen, die viel diskutiert wird. Danach interpretiert man die dynamische Verarmung, wie sie im Rahmen der Negativsymptomatik zutage tritt, eher als sekundäre dysfunktionale Folge von Bewältigungsreaktionen auf die primären kognitiven Defizienzen (HEMSLEY, 1987). Diese Hypothese wurde dahin gehend ergänzt, dass bestimmte kognitive Basissymptome die Bildung einer Positivsymptomatik verursachen können, wenn die zur Negativsymptomatik führende „Schutzhaltung" versagt (MAHER, 1988; KLOSTERKÖTTER, 1988).

Eine Reihe neuerer Untersuchungen aus dem Bereich der Zwillingsforschung und der „Hochrisiko"-For-

Tab. 7: Kerngruppe kognitiver Basissymptome (KLOSTERKÖTTER 1990)

1. Denkstörungskomplex	(C.1)
- Gedankeninterferenz	(C.1.1)
- Zwangähnliches Perseverieren	(C.1.2)
- Gedankendrängen	(C.1.3)
- Gedankenblockierung	(C.1.4)
- Störung der rezeptiven Sprache	(C.1.6)
- Störungen der Diskriminierung von Vorstellungen und Wahrnehmungen	(C.1.15)
Erlebnisfolge:	
Autopsychische Depersonalisation bzw. Gedankenlautwerden	(B.3.4)
2. Wahrnehmungsstörungskomplex	(C.2)
Insgesamt 25 Einzeltypen von kognitiven Wahrnehmungsstörungen auf optischem, akustischem, olfaktorischem, gustatorischem und taktilem Gebiet (z.B. Makropsien, Mikropsien, Metamorphopsien)	
Erlebnisfolge:	
Allopsychische Depersonalisation (Derealisation)	(C.2.11)
3. Handlungsstörungskomplex	(C.3)
- Motorische Interferenz	(C3.1)
- Automatosesyndrom	(C3.1)
- Motorische Blockierung	(C3.2)
- Bannungszustände	(C3.2)
Erlebnisfolge:	
Autopsychische Depersonalisation	(B.3.4)
4. Leibgefühlsstörungskomplex	(D)
Insgesamt 11 Einzeltypen von Störungen der Propriozeption (z.B. Bewegungs-, Zug- und Druckempfindungen im Körperinneren, Sensationen der Schrumpfung oder Vergrößerung)	
Erlebnisfolge:	
Somatopsychische Depersonalisation	(D.1.1)

Einteilung nach BSABS (GROSS G, HUBER G, KLOSTERKÖTTER J, LINZ M. Bonner Skala für die Beurteilung von Basissymptomen. BSABS: Bonn-Scale for the Assessment of Basic Symptoms. Springer: Berlin, Heidelberg, New York 1987)

schung bestätigen die dargestellten traditionellen Konzeptionen zur Bedeutung der kognitiven Störung als Basis- bzw. Kernsymptomatik der schizophrenen Erkrankungen. Diese Untersuchungen können hier nur auszugsweise referiert werden. Die Untersuchungen von GOLDBERG und Mitarbeitern (1995) an eineiigen und zweieiigen Zwillingspaaren zeigen, dass bei monozygoten Zwillingen, die diskordant für das Auftreten einer Schizophrenie sind, die kognitiven Funktionen bei dem erkrankten Zwilling schlechter ausfallen als bei dem gesunden Zwilling. Die besten kognitiven Diskriminationsmerkmale bei eineiigen Zwillingen, die diskordant für Schizophrenie waren, bezogen sich auf den Gesamt-IQ, gemessen mit dem Hamburg-Wechsler-Intelligenztest (HAWIE), und die Ergebnisse des Stroop-Tests. Die besten Prädiktoren im Hinblick auf das globale Funktionsniveau waren ein aus dem HAWIE abgeleiteter Gedächtnisquotient sowie der Gesamt-IQ, die Ergebnisse des Wisconsin-Card-Sorting-Tests und die Leistung im Pfadfinder-Test. Vergleichsuntersuchungen zwischen kranken eineiigen und zweieiigen Zwillingen erbrachten keine wesentlichen Leistungsunterschiede, was darauf schließen lässt, dass zwischen genetischen und sporadischen Formen der Schizophrenie keine Leistungsunterschiede in kognitiven Tests zu finden sind.

An der „Hochrisiko"-Forschung sind u. a. die folgenden Befunde in diesem Kontext bemerkenswert:

• Auch bei nicht erkrankten erwachsenen Verwandten ersten Grades von schizophrenen Patienten finden sich Aufmerksamkeitsdefizite im Vergleich zu Kontrollprobanden (NUECHTERLEIN et al., 1994).
• Patienten mit hohem Erkrankungsrisiko zeigen Aufmerksamkeitsdefizite bereits viele Jahre vor den klinischen Symptomen (z. B. CORNBLATT und ERLENMEYER-KIMLING, 1985, NUECHTERLEIN, 1983).
• Das umfangreiche New York „Hochrisiko"-Projekt (ERLENMEYER-KIMLING et al., 1993), in dem insgesamt 164 Kinder im Alter von 7 bis 12 Jahren untersucht wurden, schloss 39 Kinder mit einem Schizophrenierisiko, 39 Kinder mit dem Risiko einer schwerwiegenden affektiven Störung und 86 normale Kontrollpersonen ein. Die erstgenannte Gruppe hatte signifikant höhere Aufmerksamkeitsdefizite als die beiden anderen Gruppen.
• Weitere Befunde sprechen dafür,

dass die kognitiven Auffälligkeiten den sozialen und affektiven Defiziten vorausgehen, die wiederum die Heranwachsenden mit einem Schizophrenierisiko von den anderen unterscheiden (DWORKIN et al., 1993).

Insgesamt kann man sagen, dass kognitive Funktionen bei mehr als 85 % der schizophrenen Patienten im Vergleich zu demographisch gemischten Personen auffällig sind und dass das Defizit in der Regel bereits in der Kindheit besteht (ERLENMEYER-KIMLING und CORNBLATT, 1987). Weitgehend übereinstimmend zeigt sich auch, dass bereits bei der Erstmanifestation erhebliche kognitive Defizite zu finden sind. Mit Neuroleptika behandelte Patienten hatten bei der Erstmanifestation der Krankheit etwa gleich stark ausgeprägte Defizite im verbalen Gedächtnis und Lernen, in der Aufmerksamkeit/ Vigilanz und bei geschwindigkeitsabhängigen visuomotorischen und Aufmerksamkeitsprozessen wie eine Vergleichsgruppe von Patienten mit längerem Krankheitsverlauf oder einer Neuroleptika-Therapie in der Vorgeschichte (SAYKIN et al., 1994). Vergleichbare Ergebnisse erbrachten andere Untersuchungen an ersterkrankten Patienten mit einer schizophrenieformen Störung: Die Gruppe von Ersterkrankten zeigte ähnliche Defizite im Bereich exekutiver Funktionen, beim verbalen und räumlichen Gedächtnis, bei Konzentrations- und Geschwindigkeitsaufgaben sowie bei globalen kognitiven Funktionen wie chronisch Kranke im Vergleich zu gesunden Kontrollen (HOFF et al., 1992; ALBUS et al., 1996). Diese Ergebnisse zeigen insgesamt, dass bereits bei Beginn der schizophrenen Erkrankung ausgeprägte kognitive Defizite vorhanden sind, die sich nach Auffassung der meisten Autoren im weiteren Verlauf nicht wesentlich verschlechtern (siehe auch HOFF et al., 1992; GOLDBERG et al., 1993; HYDE et al., 1994; SAYKIN et al., 1994; ALBUS et al., 1996; WADDINGTON und YOUSSEF, 1996; MOCKLER et al., 1997; CUESTA et al., 1998; RUND, 1998; HARVEY et al., 1999; HOFF et al., 1999).

Eine Reihe neuer empirischer Untersuchungen ist dem speziellen Zusammenhang von kognitiven Störungen mit Positivsymptomatik, Negativsymptomatik und anderen schizophrenen Syndromen nachgegangen. Die Ergebnisse sind außerordentlich komplex und vielgestaltig, unter anderem bedingt durch die Vielzahl verwendeter neuropsychologischer Tests. Die Ergebnisse lassen sich global nur schwierig zusammenfassen. Insgesamt ergeben

159

sich Zusammenhänge sowohl zur Negativsymptomatik wie auch zur Positivsymptomatik, wobei die betroffenen neuropsychologischen Störungen zum Teil in unterschiedlicher Weise mit Positiv- und Negativsymptomatik und ggf. anderen schizophrenen Subsyndromen assoziiert sind. Insgesamt scheinen die Assoziationen von kognitiven Störungen mit Negativsymptomatik ausgeprägter als mit der Positivsymptomatik (ADDINGTON et al., 1991; CUESTA und PERALTA, 1995; BERMAN et al., 1997; BASSO et al., 1998). Bei den Vergleichsuntersu-chungen mit Patienten anderer funktioneller Psychosen wurde die stärkere Ausprägung kognitiver Störungen bei den Schizophrenen im Vergleich zu anderen funktionellen Psychosen deutlich, z.B. in der Studie von HAWKINS et al. (1997) beim Vergleich mit bipolaren affektiven Erkrankungen (Abb. 45). In dieser Arbeit wurde auch die starke Ausprägung von kognitiven Störungen bei der Subgruppe von schizophrenen Patienten mit Negativsymptomatik im Vergleich zu Patienten ohne Negativsymptomatik dargestellt (Abb. 46).

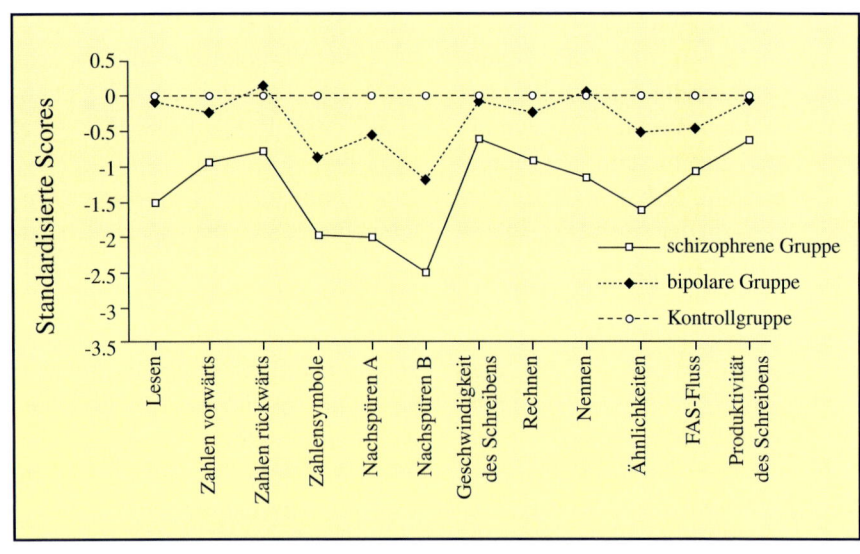

Abb. 45: Kognitive Profile von schizophrenen Patienten, Patienten mit bipolaren Störungen und Kontrollgruppen (HAWKINS et al., 1997)

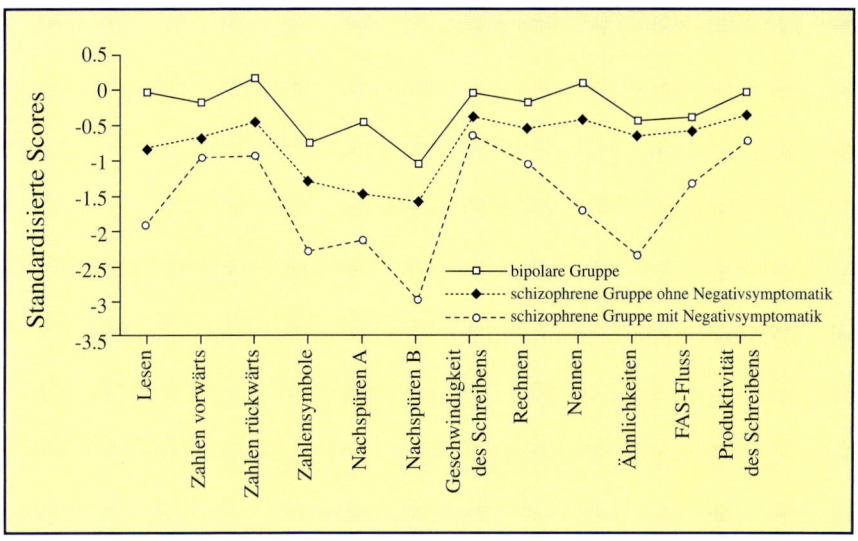

Abb. 46: Kognitive Profile von Patienten mit bipolaren Störungen, schizophrenen Patienten ohne negative Symptome und schizophrenen
Patienten mit negativen Symptomen (HAWKINS et al., 1997)

Zum besseren Verständnis wird nachfolgend noch auf einige inhaltliche Ergebnisse zur Positiv- und Negativsymptomatik näher eingegangen, bezüglich der Positivsymptomatik vor allem auf Befunde zu akustischen Halluzinationen und Wahnphänomenen.

Akustische Halluzinationen

Es wurde die Hypothese aufgestellt, dass akustische Halluzinationen in irgendeiner Weise mit dem Mechanismus der inneren Gespräche assoziiert sind und dass das innere Gespräch ein integraler Teil des Arbeitsgedächtnisses ist (BADDELEY et al., 1984; BADDELEY, 1986). Eine Studie zur verzerrten auditiven Rückkopplung bei Schizophrenie von GOLDBERG et al. (1997) hat allerdings nur eine schwache Beziehung mit Halluzinationen gezeigt. Patienten mit kontinuierlichen akustisch-verbalen Halluzinationen zeigten dieselbe Effektivität wie Kontrollpersonen bei der Leistung des Arbeitsgedächtnisses (DAVID und LUCAS 1993).

Neuropsychologische Experimente belegen, dass die phonologische Verarbeitung bei gesunden Probanden mehr mit den Funktionen der linken als mit den Funktionen der rechten Hemisphäre assoziiert ist. GREEN et al. (1994) benutzten den dichotomischen Hörtest, um zu zeigen, dass Patienten mit akustischen Halluzinationen diesbezüglich keine Unterschiede zwischen den Hemisphären aufweisen. Diese Ergebnisse deuten darauf hin, dass sowohl die oben beschriebenen typischen kognitiven Störungen sowie Defizite in Exekutivfunktionen als auch Gedächtnis und Vigilanz nur unwesentlich an die spezifische Erfahrung von Halluzinationen gebunden sind. Ganz im Gegenteil, spezifische Defizite in der akustischen Verarbeitung können sich auf die Halluzinationen beziehen.

Wahn

Mehrere Studien haben gezeigt, dass kognitive Prozesse mit Wahnvorstellungen assoziiert sind. Probabilistische Tests zum logischen Denkvermögen beweisen, dass die an Wahn leidenden Patienten ihre Schlüsse auf der Basis von weniger Angaben ziehen als gesunde Probanden, mit anderen Worten, sie „springen" leichter, um zu Schlussfolgerungen zu gelangen (GARETY und HEMSLEY, 1994; GARETY et al., 1991; JOHN und DODGSON, 1994).
Studien zum Attributionsstil (attributional style studies) haben untersucht, ob Patienten positive und negative Ereignisse inneren (Selbstbeschuldigung) oder äußeren (Beschuldigung anderer) Ursachen zuschreiben. Gesunde Probanden tendieren dazu, an den Erfolg zu glauben und die Verantwortung für ihr Versagen abzulehnen. Bei Patienten, die an Wahnvorstellungen leiden, sind diese Einstellungen mehrfach übersteigert, sodass negative Ereignisse allein den äußeren, oft feindseligen Umständen attribuiert, positive Ereignisse dagegen gänzlich den inneren Ursachen zugeordnet werden (KANEY und BENTALL, 1989; LYON et al., 1994). Beispielsweise wird ein Spielgewinn den eigenen Verdiensten zugeschrieben, während bei einem Verlust das Schicksal beschuldigt wird. Nichtsdestoweniger scheinen die Patienten mit Wahnsymptomen eine betont negative Selbsteinschätzung zu haben, wie dies einige sensiblere Tests demonstrieren (LYON et al., 1994).
In einer Studie an Patienten mit blühenden Wahnvorstellungen zeigten KEMP et al. (1997), dass die Leistungen solcher Patienten bei der Lösung komplizierter logischer Aufgaben nur unwesentlich unter den Leistungen von gesunden Kontrollpersonen liegen. Obwohl alle Testpersonen die Tendenz hatten, sich früheren

Vorstellungen hinzugeben statt über das Problem nachzudenken, unterlagen die Patienten mit Wahnvorstellungen im Gegensatz zu den gesunden Probanden öfter Trugschlüssen bei den Aufgaben, die eine sichere Beurteilung erforderten.

Eine neuere Studie von PHILLIPS et al. (1997) weist darauf hin, dass Patienten mit Wahnvorstellungen subtile Anomalien in der visuellen Wahrnehmung und den daraus folgenden Urteilen aufzeigen, wenn sie sich in der Phase von blühenden Wahnvorstellungen befinden. Dies kann durch „Top-down"-Prozesse gesteuert werden, d. h., der vorhandene Glauben an etwas führt zu dessen Wahrnehmung. Offensichtlich können Wahnvorstellungen mit einigen Aspekten der kognitiven Störungen indirekt in Verbindung gebracht werden, aber es sind weitere Studien notwendig, um den spezifischen kognitiven Mechanismus hinter den Wahnvorstellungen eindeutig identifizieren zu können.

Negativsymptomatik

Die meisten kognitiven neuropsychologischen Parameter korrelieren mit der Negativsymptomatik der schizophrenen Erkrankung. Am deutlichsten zeigt sich diese Wechselwirkung bei den Aufgaben, die mehr Anstrengung vom Probanden erfordern als automatische. Dies könnte mit Defiziten in der Aufmerksamkeit und der Denkfähigkeit zusammenhängen (ADDINGTON et al., 1991; DAVID und CUTTING, 1994; LEES ROITMAN et al., 1997). Es wurde die Ansicht vertreten, dass Beeinträchtigungen in der Aufmerksamkeit einen Teil des globalen prämorbiden Defizits ausmachen. Solche Aufmerksamkeitsdefizite können möglicherweise mit einer bestimmten Vulnerabilität für Schizophrenie interagieren und dabei Probleme bei der Verarbeitung von komplexen sozialen Inhalten verursachen, was letztendlich die Negativsymptomatik verfestigt (CORNBLATT und KEILP, 1994; NUECHTERLEIN und DAWSON, 1984). Zum heutigen Zeitpunkt ist es noch unklar, ob die kognitive Dysfunktion mit den negativen Symptomen in einer direkten oder indirekten Verbindung steht. Noch konfuser wird diese Assoziation bei prämorbiden Defiziten mit der Schwere und Chronizität der Krankheit sowie bei Patienten, die mit Neuroleptika behandelt werden aufgrund der sedierenden oder anticholinergen Wirkung dieser Medikamente (siehe auch ADDINGTON et al., 1991; DAVID und CUTTING, 1994; LEES ROITMAN et al., 1997).

Formale Denkstörungen

Experimente zur semantischen assoziativen Aktivierung weisen auf Kommunikationsstörungen bei schizophrenen Patienten hin (SPITZER et al., 1994). Diese Patienten haben – mehr als die Kontrollpersonen – bei der Vorbereitung eines Satzes ungewöhnliche verbale Assoziationen, die über den normalen Sprachgebrauch hinausgehen, was sich dem Zuhörer als formale Denkstörung darstellt. Studien an Patienten mit formalen Denkstörungen belegen, dass diese durch eine geringere selektive Aufmerksamkeit (HARVEY et al., 1988), eine verarmte Realitätskontrolle (HARVEY et al., 1990) und anormalen Redefluss gekennzeichnet sind. Bei psycholinguistischen Aufgaben zeigen Patienten mit formalen Denkstörungen im Vergleich zu Patienten ohne diese Störungen Defizite in der direkten Redekontrolle.

4.4 Auswirkungen kognitiver Störungen auf das Alltagsleben schizophrener Patienten und die Prognose der Erkrankung

Die kognitiven Störungen bzw. die Störungen der Informationsverarbeitung wirken sich nachhaltig auf das Alltagsleben schizophrener Patienten aus. Sie erklären auch, warum schizophren Erkrankte Neues, Unvertrautes scheuen und leicht überfordert sind, wenn Leistungsanforderungen zu rasch wechseln oder mehrere Sinne gleichzeitig beansprucht werden. So sind z. B. bei Arbeitsabläufen sehr viele Wiederholungen notwendig, bevor Schnelligkeit und Sicherheit zunehmen. Erschwert werden zielgerichtete Tätigkeiten zusätzlich durch extreme Ablenkbarkeit, durch irrelevante Assoziationen oder externe Stimuli. Die Störung der Automatisierung von Handlungsabläufen erfordert vermehrt willentliche Aufmerksamkeit. Geordnetes Denken und Handeln sind deshalb für einen schizophren Erkrankten mit sehr viel mehr Anstrengung verbunden als für den Gesunden. Die Instabilität des so genannten Arbeitsgedächtnisses stellt ein weiteres Problem dar.

Wenn z. B. Umstellungen erforderlich sind, gelingt es offenbar nur schwer, einen Inhalt gegen Interferenzen abzuschirmen. Da dies aber den normalen Anforderungen an das Gedächtnis entspricht, ist davon auszugehen, dass schizophren Erkrankte sehr vergesslich sind. Beeinträchtigte Abrufprozesse, die nicht gezielt genug erfolgen, werden als Ursache dafür angesehen, dass gespeichertes

Wissen nicht ausreichend verfügbar ist. Die erschwerte Nutzung der gespeicherten Erfahrung ist auch eine Folge der auf einer höheren Stufe gestörten Informationsaufnahme. Wenn die kategoriale Einordnung beeinträchtigt ist und das Bewertungssystem nivelliert, wird die Speicherung unstrukturiert. Damit ist die Wiederverfügbarkeit eingeschränkt (BRENNER, 1983).

Die Betroffenen haben aufgrund dieser hier nur beispielhaft aufgeführten kognitiven Defizite auch bei einfachen Verrichtungen Schwierigkeiten. Sie fühlen sich deshalb auch nach Abklingen der charakteristischen Symptome der Schizophrenie von der Umwelt häufig überfordert. Die kognitiven Störungen machen sich insbesondere auch in einer Einschränkung der Kommunikationsfähigkeit bemerkbar. Sequenzielle Reize lösen bei Schizophrenen einen besonderen Stress aus und können von ihnen nur teilweise verarbeitet werden. Hier stellt die soziale Kommunikationssituation eine extreme Belastung für den Schizophrenen dar. Die zusätzliche Aufgabe, das jeweils Relevante aus einem Informationsfeld herauszufiltern, fällt schwer. Dies wirkt sich z. B. so aus, dass die Stimme des Gesprächspartners nicht herausgehört werden kann, wenn mehrere Sprecher im Raum sind oder andere Nebengeräusche auftreten. Interpersonelle Hinweisreize müssen fortlaufend verarbeitet werden. Nicht nur verbale Stimuli sind sequenziell zu entschlüsseln, für die Bedeutungsanalyse kommen oft noch Ausdrucksmerkmale, begleitende mimische Reaktionen, psychomotorische Reaktionen etc. hinzu. All dies ist für den Schizophrenen aufgrund seiner kognitiven Störungen sehr problematisch. Was die Situation für den Schizophrenen noch komplizierter macht, ist die Tatsache, dass meistens verschiedene Sinnesmodalitäten angesprochen werden, d. h., akustische und visuelle Informationen müssen integrativ verarbeitet werden. Treten Lücken in der kontinuierlichen Verarbeitung von interpersonellen Reizen auf, kann der schizophrene Patient – indifferent – gleichgültig erscheinen. Verwirren ihn irrelevante Reize, kommt es zu Missverständnissen. Ist der Schizophrene besonders unsicher bei der Verarbeitung akustischer Reize, sind Fehlinterpretationen in Gesprächen an der Tagesordnung. Der bei vielen Patienten erkennbare Rückzug ist oft eine Folge dieser für sie verwirrenden Stimuli (SÜLLWOLD, 1995).

Eine Reihe neuerer Untersuchungen hat sich der Frage der Assoziation zwischen kognitiver Störung und globalem Funktionsniveau schizophrener Patienten im Alltagsleben gewidmet. In derartigen Querschnittsuntersuchungen wurde ein mehr oder weniger enger Zusammenhang zwischen neuropsychologischen Störungen und Schwierigkeiten bei der Alltagsbewältigung gefunden (ADDINGTON et al., 1998; NORMAN et al., 1999; SMITH et al., 1999). HOLTHAUSEN et al. (1999) wiesen auf eine Interaktion zwischen depressiven und kognitiven Störungen hin. Andere Arbeiten untersuchten die prognostische Bedeutung von kognitiven Störungen für das globale Funktionsniveau nach mittelfristi-

gem Krankheitsverlauf Schizophrener (Abb. 47). Dabei ergaben sich deutliche Zusammenhänge zwischen den kognitiven Störungen zum Zeitpunkt der Erstuntersuchung und einer Einschränkung der psychosozialen Fähigkeiten bei der Katamnese (GREEN, 1996; SILVERSTEIN et al., 1998; DICKERSON, 1999; NORMAN et al., 1999). Nach GREEN (1996) ergeben sich sogar Hinweise für eine gewisse Spezifität der prognostischen Zusammenhänge. Ein gutes Ergebnis bei der Testung verbaler Fähigkeiten ist z. B. prädiktiv für ein besseres globales Funktionsniveau bei der Katamnese. Bessere Vigilanz

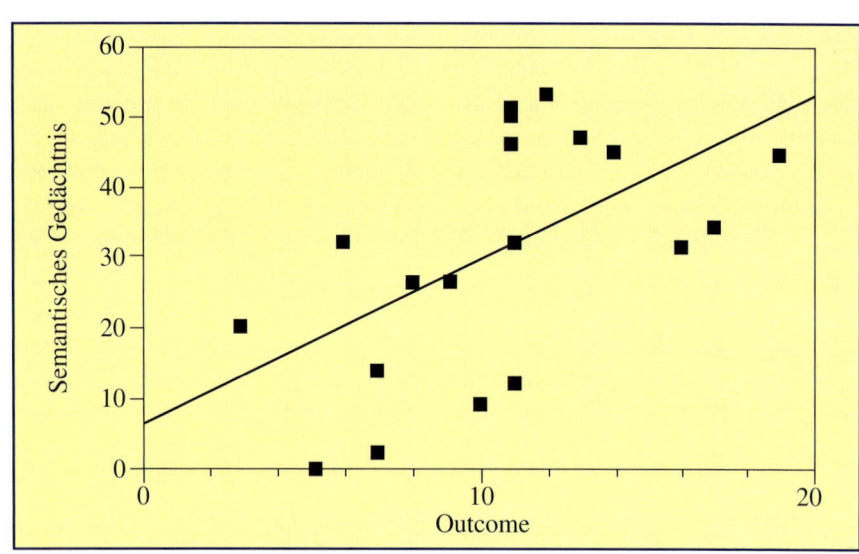

Abb. 47: Verhältnis zwischen semantischem Gedächtnis und Therapieergebnis (r = 0,56; n = 19; p< 0,01) (GOLDMAN et al., 1993)

zum Untersuchungszeitpunkt lässt auf soziale Problemlösung und Lernfähigkeit zum Zeitpunkt der Katamnese schließen. Die Ergebnisse des Wisconsin-Card-Sorting-Tests stellen ebenfalls einen Prädiktor für die sozialen Fähigkeiten dar. Interessant ist in diesem Kontext auch die Untersuchung von SPAULDING et al. (1999), die einen deutlichen Zusammenhang zwischen dem Ausmaß kognitiver Störungen von Patienten bei stationärer Aufnahme und dem Zeitpunkt ihrer Entlassung aus der stationären Behandlung fand.

Derzeit wird diskutiert, inwiefern kognitive Störungen das Ansprechen auf psychosoziale Interventionen einschränken (SCHAUB et al., 1998). Therapiestudien belegen, dass schizophrene Patienten mit ausgeprägten Gedächtnisstörungen von kurzfristigen psychosozialen Interventionen (z. B. Training sozialer Fertigkeiten) weniger profitieren (MUESER et al., 1991; KERN et al., 1992). Die entsprechenden Interventionen sind dahin gehend zu modifizieren, dass man die Beeinträchtigungen der Patienten stärker berücksichtigt, z. B. durch häufiges Wiederholen, Veranschaulichung der Inhalte etc. Ähnliche Probleme werden bei psychoedukativen bzw. bewältigungsorientierten Interventionen vermutet (SCHAUB et al., 1996; SCHAUB, 1998).

Literatur

ADDINGTON J, MCCLEARY L, MUNROE-BLUM H. Relationship between cognitive and social dysfuncion in schizophrenia. Schizophrenia Research 1998; 34: 59-66.

ADDINGTON J, ADDINGTON D. Neurocognitive and Social Functioning in Schizophrenia. Schizophrenia Bulletin 1999; 25(1): 173-182.

ADDINGTON J, ADDINGTON D, MATICKA-TYNDALE E. Cognitive functioning and positive and negative symptoms in schizophrenia. Schizophrenia Research 1991; 5: 123-134.

ALBUS M, HUBMANN W, EHRENBERG C, FORCHT U, MOHR F, SOBIZACK N, WAHLHEIM C, HECHT S. Neuropsychological impairment in first-episode and chronic schizophrenic patients. European Archives of Psychiatry and Clinical Neuroscience 1996; 246: 249-255.

ANDREASEN NC. Negative symptoms in schizophrenia. Archives of General Psychiatry 1982; 39: 784-788.

BADDELEY AD. Working memory. Oxford University Press: Oxford 1986.

BADDELEY A, LEWIS V, VALLAR G. Exploring the articulatory loop. Quarterly Journal of Experimental Psychology 1984; 36A: 233-252.

BASSO MR, NASRALLAH HA, OLSON SC, BORNSTEIN RA. Neuropsychological correlates of negative, disorganized and psychotic symptoms in schizophrenia. Schizophrenia Research 1998; 31: 99-111.

BERMAN I, VIEGNER B, MERSON A, ALLAN E, PAPPAS D, GREEN AI. Differential relationships between positive and negative symptoms and neuropsychological deficits in schizophrenia. Schizophrenia Research 1997; 25: 1-10.

BERNER P. Achsensyndrome endogener Psychosen. In: HUBER G. (Hrsg.). Endogene Psychosen: Diagnostik, Basissymptome und biologische Parameter. Schattauer: Stuttgart 1982; 77-81.

BIRBAUMER N. Physiologische Psychologie. Springer: Heidelberg, Berlin, New York 1975.

BLEULER E. Dementia Praecox oder Gruppe der Schizophrenien. In: ASCHAFFENBURG G. (Hrsg.). Handbuch der Psychiatrie. Deuticke: Leipzig, Wien 1911.

BLEULER E., BLEULER M. Lehrbuch der Psychiatrie. Springer: Berlin, Heidelberg, New York 1966.

BRENNER HD. Störungen der Selektion und Analyse von akustischem Reizmaterial bei Schizophrenen: Eine experimentelle Untersuchung zur Informationsverarbeitung. In: BRENNER HD, REY ER, STRAMKE WH (Hrsg.). Empirische Schizophrenieforschung. Huber: Bern 1983; 97-116.

CALLAWAY W. Schizophrenia and interference. Archives of General Psychiatry 1970; 2: 193-208.

CAPLETON RA. Cognitive function in schizophrenia: association with negative and positive symptoms. Psychological Reports 1996; 78: 123-128.

CHAPMAN LJ, CHAPMAN JP, MILLER GA. A theory of verbal behavior in schizophrenia. In: MAHER BA (Hrsg.). Progress in experimental personality research. Vol. 1. Academic Press: New York, London 1964.

CHAPMAN J. Early symptoms of schizophrenia. British Journal of Psychiatry 1966; 112: 225-251.

COHEN R, BORST U. Psychological Models of Schizophrenic Impairments. In: HÄFNER H, GATTAZ WF, JANZARIK W (Hrsg.). Search for the Causes of Schizophrenia. Springer: Berlin, Heidelberg, New York 1987; 189-202.

CORNBLATT BA, ERLENMEYER-KIMLING L. Global attentional deviance as a marker of risk for schizophrenia: Specifity and predictive validity. Journal of Abnormal Psychology 1985; 94: 470-486.

CORNBLATT BA, KEILP JG. Impaired attention, genetics, and the pathophysiology of schizophrenia. Schizophrenia Bulletin 1994; 20(1): 31-46.

CROW TJ. The two-syndrome concept: Origins and current status. Schizophrenia Bulletin 1985; 11: 471-485.

CUESTA MJ, PERALTA V. Cognitive disorders in the positive, negative, and disorganization syndroms of schizophrenia. Psychiatry Research 1995; 58: 227-235.

CUESTA MJ, PERALTA V, ZARZUELA A. Illness duration and neuropsychological impairments in schizophrenia. Schizophrenia Research 1998; 33: 141-150.

CUTTING J, DUNNE F. Subjective experience of schizophrenia. Schizophrenia Bulletin 1989; 15(2): 217-231.

DAVID AS, LUCAS PA. Auditory-verbal hallucinations and the phonological loop: a cognitive neuropsychological study. British Journal of Clinical Psychology 1993; 32: 431-441.

DAVID AS, CUTTING JC. The neuropsychology of schizophrenia. Hove: Lawrence Earlbaum Associates 1994.

DICKERSON F, BORONOW JJ, RINGEL N, PARENTE F. Social functioning and neurocognitive deficits in outpatients with schizophrenia: a 2-year follow-up. Schizophrenia Research 1999; 37: 13-20.

DWORKIN EH, CORNBLATT BA, FRIEDMAN R, KAPLANSKY LM, LEWIS JA, RINALDI A, SHILLIDAY C, ERLENMEYER L. Childhood precursors of affective vs. social deficits in adolescents at risk for schizophrenia. Schizophrenia Bulletin 1993; 19: 563-577.

EIBL-EIBESFELDT I. Die Biologie des menschlichen Verhaltens – Grundriß der Humanethologie. 2. Aufl. Piper: München 1986.

ERLENMEYER-KIMLING L, CORNBLATT BA, ROCK D, ROBERTS S, BELL M, WEST A. The New York High-Risk Project: anhedonia, attentional deviance, and psychopathology. Schizophrenia Bulletin 1993; 19: 141-153.

ERLENMEYER-KIMLING L, CORNBLATT BA. The New York High-Risk Report: A follow-up report. Schizophrenia Bulletin 1987; 13: 451-463.

GARETY P, HEMSLEY DR. Delusion: investigations into the psychology of delusional reasoning. Oxford University Press: Oxford 1994.

GARETY P, HEMSLEY DR, WESSELY S. Reasoning in deluded schizophrenic and paranoid patients: biases in performance on a probabilistic inference task. Journal of Nervous and Mental Disease 1991; 179(4): 194-201.

GIESSEN TH. Beziehungen zwischen Basis-Störungen und charakteristischen Schizophrenie-Symptomen. Inaugural-Dissertation. FB Humanmedizin. Joh. Wolfg. Goethe-Universität: Frankfurt am Main 1981.

GOLDBERG TE, HYDE TM, KLEINMAN JE, WEINBERGER DR. Course of Schizophrenia: Neuropsychological Evidence for a Static Encephalopathy. Schizophrenia Bulletin 1993; 19: 4: 797-804.

GOLDBERG TE, TORREY EF, GOLD JM, BIGELOW LB, RAGLAND RD, TAYLOR E, WEINBERGER DR. Genetic risk of neuropsychological impairment in schizophrenia: a study of monozygotic twins discordant and concordant for the disorder. Schizophrenia Research 1995; 17: 77-84.

GOLDBERG TE, GOLD JM, COPPOLA R, WEINBERGER DR. Unnatural practices, unspeakable actions: a study of delayed auditory feedback in schizophrenia. American Journal of Psychiatry 1997; 154(6): 858-860.

GOLDMAN RS, AXELROD BN, TANDON R, RIBEIRO SC, CRAIG K, BERENT S. Neuropsychological prediction of treatment efficacy and one-year outcome in schizophrenia. Psychopathologie 1993; 26: 122-126

GREEN MF. What are the functional consequences of neurocognitive deficits in schizophrenia? American Journal of Psychiatry 1996; 153: 321-330.

GREEN MF, HUGDAHL K, MITCHELL S. Dichotic listening during auditory hallucinations in patients with schizophrenia. American Journal of Psychiatry 1994; 151: 357-362.

GROSS G. Prodrome und Vorpostensyndrome schizophrener Erkrankungen. In: HUBER G (Hrsg.). Schizophrenie und Zyklothymie. Thieme: Stuttgart 1969; 177-187.

HARVEY PD, EARLE-BOYER EA, LEVINSON JC. Cognitive deficits and thought disorder: a retest study. Schizophrenia Bulletin 1988; 14: 57-66.

HARVEY PD, DOCHERTY NM, SERPER MR, RASMUSSEN M. Cognitive deficits and thought disorder: II. An 8-month follow-up study. Schizophrenia Bulletin 1990; 16(1): 147-156.

HARVEY PD, PARRELLA M, WHITE L, MOHS RC, DAVIDSON M, DAVIS KL. Convergence of cognitive and adaptive decline in late-life schizophrenia. Schizophrenia Research 1999; 35: 77-84.

HAUTZINGER M, GREIF S (Hrsg.). Kognitionspsychologie der Depression. Kohlhammer: Stuttgart 1981.

HAWKINS KA, HOFFMAN RE, QUINLAN DM, RAKFELDT J, DOCHERTY NM, SLEDGE W.

169

Cognition, Negative Symptoms, and Diagnosis: A Comparison of Schizophrenic, Bipolar, and Control Samples. Journal of Neuropsychiatry and Clinical Neuroscience 1997; 9: 81-89.

HEMSLEY DR. An Experimental Psychological Model for Schizophrenia. In: HÄFNER H, GATTAZ WF, JANZARIK W (Hrsg.). Search for the Causes of Schizophrenia. Springer: Berlin, Heidelberg, New York 1987; 179-188.

HEMSLEY DR. What have cognitive deficits to do with schizophrenia? In: HUBER G (Hrsg.). Idiopathische Psychosen. Schattauer: Stuttgart 1991; 111-125.

HOFF AL, RIORDAN H, O'DONNELL DW, MORRIS L, DeLISI LE. Neuropsychological functioning of first-episode schizophreniform patients. American Journal of Psychiatry 1992; 149: 898-903.

HOFF AL, SAKUMA M, WIENEKE M, HORON R, KUSHNER M, DeLISI LE. Longitudinal Neuropsychological Follow-Up Study of Patients With First-Episode Schizophrenia. American Journal of Psychiatry 1999; 156: 1336-1341.

HOLTHAUSEN EAE, WIERSMA D, KNEGTERING RH, BOSCH RJVD. Psychopathology and cognition in schizophrenia spectrum disorders: the role of depressive symptoms. Schizophrenia Research 1999; 39: 65-71.

HUBER G. Die coenästhetische Schizophrenie. Fortschritte der Neurologie und Psychiatrie 1957; 25: 491-520.

HUBER G. Indizien für die Somatohypothese bei den Schizophrenien. Fortschritte der Neurologie und Psychiatrie 1976; 40: 77-94.

HUBER G. Psychiatrie. 5. Aufl. Schattauer: Stuttgart, New York 1994.

HYDE TM, NAWROZ S, GOLDBERG TE, BIGELOW LB, STRONG D, OSTREM JL, WEINBERGER DR, KLEINMAN JE. Is there Cognitive Decline in Schizophrenia? A Cross-sectional Study. British Journal of Psychiatry 1994; 164: 494-500.

JOHN C, DODGSON G. Inductive reasoning in delusional thought. Journal of Mental Health 1994: 3: 31-49.

KANEY S, BENTALL RP. Persecutory delusions and attributional style. British Journal of Medical Psychology 1989; 62: 191-198.

KAY SR, OPLER LA, LINDENBAYER JP. The Positive and Negative Syndrome Scale (PANSS): Rationale and standardization. British Journal of Psychiatry 1989; 155 (Suppl.7): 59-65.

KEMP R, CHUA S, McKENNA P, DAVID A. Reasoning and delusions. British Journal of Psychiatry 1997; 170: 398-405.

KERN RS, GREEN MF, SATZ P. Neuropsychological predictors of skills training for chronic psychiatric patients. Psychiatry Research 1992; 4: 223-230.

KLOSTERKÖTTER J. Formes frustes der Schizophrenien. In: HUBER G (Hrsg.). Basisstadien endogener Psychosen und das Borderline-Problem. Schattauer: Stuttgart 1985; 259-270.

KLOSTERKÖTTER J. Minussymptomatik und kognitive Basissymptome. In: MÖLLER HJ, PELZER E (Hrsg.). Neuere Ansätze zur Diagnostik und Therapie schizophrener Minussymptomatik. Springer: Berlin, Heidelberg, New York 1990; 15-24.

KLOSTERKÖTTER J. Basissymptome und Endphänomene der Schizophrenie. Springer: Heidelberg, Berlin, New York 1988.

KLOSTERKÖTTER J. Wie entsteht das schizophrene Kernsyndrom? Nervenarzt 1992; 63: 675-682.

KRAEPELIN E. Psychiatrie III. Band. Klinische Psychiatrie II. Teil. Leipzig: Barth 1913.

LEES ROITMAN SE, KEEFE RSE, HARVEY PD, SIEVER LJ, MOHS RC. Attentional and eye tracking deficits correlate with negative symptoms in schizophrenia. Schizophrenia Research 1997; 26: 139-146.

Lyon HM, Kaney S, Bentall RP. The defensive function of persecutory delusions: evidence from attribution tasks. British Journal of Psychiatry 1994; 164: 637-646.

Maher BA. Anomalous experience and delusional thinking: The logic of explanation. In: Oltmanns TF, Maher BA (Hrsg.). Delusional beliefs. Wiley: New York 1988.

Mockler D, Riordan J, Sharma T. Memory and intellectual deficits do not decline with age in schizophrenia. Schizophrenia Research 1997; 26: 1-7.

Mueser KT, Bellack AS, Douglas MS, Wade JH. Prediction of social skill acquisition in schizophrenic and major affective disorder patient from memory and symptomatology. Psychiatry Research 1991; 37: 281-296.

Norman RM, Malla AK, Cortese L, Cheng S, Diaz K, McInitosh E, McLean TS, Rickwood A, Voruganti LP. Symptoms and cognition as predictors of community functioning: a prospective analysis. American Journal of Psychiatry 1999; 156(3): 400-405.

Nuechterlein KH. Signal detection in vigilance tasks and behavioral attributes among offspring of schizophrenic mothers and among hyperactive children. Journal of Abnormal Psychology 1983; 92: 4-28.

Nuechterlein KH. Vulnerability models for schizophrenia. State of the art. In: Häfner H, Gattaz WF, Janzarik W (Hrsg.). Search for the causes of schizophrenia. Springer: Heidelberg, Berlin 1987; 297-316.

Nuechterlein KH, Dawson ME. Information processing and attentional functioning in the developmental course of schizophrenic disorders. Schizophrenia Bulletin 1984; 10(2): 160-202.

Nuechterlein KH, Dawson ME, Green M. Information-processing abnormalities as neuropsychological vulnerability indicators for schizophrenia. Acta Psychiatrica Scandinavica 1994; 90 (suppl. 384): 71-79.

Parnas J, Schulsinger F, Schulsinger H, Mednick SA, Teasdale TW. Behavioral precursors of schizophrenia spectrum. A prospective study. Archives of General Psychiatry 1982; 39; 658-664.

Phillips ML, Howard R, David AS. A cognitive neuropsychological approach to the study of delusions in late-onset schizophrenia. International Journal of Geriatry and Psychiatry 1997; 12: 892-901.

Plaum E. Hypothesen zu möglichen Basisstörungen der geistigen Leistungen Schizophrener. Psychiatrie, Neurologie und medizinische Psychologie: Leipzig 1978; 30: 74-84.

Rund BR. A Review of Longitudinal Studies of Cognitive Functions in Schizophrenia Patients. Schizophrenia Bulletin 1998; 24(3): 425-435.

Saykin AJ, Shtasel DL, Gur RE, Kester DB, Mozley LH, Stafiniak P, Gur RC. Neuropsychological deficits in neuroleptic naive patients with first-episode schizophrenia. Archives of General Psychiatry 1994; 51: 124-131.

Schaub A. Cognitive-behavioral coping-orientated therapy for schizophrenia: A new treatment model for clinical service and research. In: Perris C, McGorry PD (Hrsg.). Cognitive psychotherapy of psychotic and personality disorders: Handbook of theory and practice. Wiley: Chichester 1998; 91-109.

SCHAUB A, ANDRES K, SCHINDLER F. Psychoedukative und bewältigungsorientierte Gruppentherapien. Psycho 1996; 22: 713-721.

SCHAUB A, BEHRENDT B, BRENNER HD, MUESER KT, LIBERMANN RP. Training Schizophrenic Patients to Manage their Symptoms: Predictors of Treatment Response to the German Version of the Symptom Management Module. Schizophrenia Research 1998; 31: 121-130.

SILVERSTEIN SM, SCHENKEL LS, VALONE K, NUERNBERGER SW. Cognitive deficits and psychiatric rehabilitation outcomes in schizophrenia. Psychiatric Quarterly 1998; 69, 3: 169-191.

SINGER W. The formation of cooperative cell assembles in the visual cortex. Journal of experimental Biology 1990; 153: 177-197.

SMITH TE, HULL JW, GOODMAN M, HEDAYAT-HARRIS A, WILLSON DF, ISRAEL SM, MUNICH RL. The Relative Influences of Symptoms, Insight, and Neurocognition on Social Adjustment in Schizophrenia and Schizoaffective Disorder. Journal of nervous and mental disease 1999; 187: 102-108.

SPAULDING WD, FLEMING SK, REED D, SULLIVAN M, STORZBACH D, LAM M. Cognitive Functioning in Schizophrenia: Implications for Psychiatric Rehabilitation. Schizophrenia Bulletin 1999; 25(2): 275-289.

SPITZER M. Assoziative Netzwerke, formale Denkstörungen und Schizophrenie. Nervenarzt 1993; 64: 147-159.

SPITZER M, WEISKER I, WINTER M, MAIER S, HERMLE L, MAHER BA. Semantic and phonological priming in schizophrenia. Journal of Abnormal Psychology 1994; 103(3): 485-494.

STRAUSS JS, CARPLENTER WT JR, BARTKO JJ. An approach to the diagnosis and understanding of schizophrenia. Part III: Speculations on the processes that underlie schizophrenic symptoms and signs. Schizophrenia Bulletin 1974; 1 (Experimental Issue No. 11): 61-69.

SÜLLWOLD L. Symptome schizophrener Erkrankungen. Uncharakteristische Basisstörungen. Springer: Heidelberg, Berlin 1977.

SÜLLWOLD L. Schizophrenie. 3. Aufl. Kohlhammer: Stuttgart, Berlin, Köln 1995.

SÜLLWOLD L, HUBER G. Schizophrene Basisstörungen. Springer: Heidelberg 1986.

Venables PH. Cognitive and Attentional Disorders in the Development of Schizophrenia. In: HÄFNER H, GATTAZ WF, JANZARIK W (Hrsg.) Search for the Causes of Schizophrenia. Springer: Berlin, Heidelberg, New York 1987; 203-213.

VORUGANTI LNP, HESLEGRAVE RJ, AWAD AG. Neurocognitive Correlates of Positive and Negative Syndromes in Schizophrenia. Canadian Journal of Psychiatry 1997; 42: 1066-1071.

WADDINGTON JL, YOUSSEF HA. Cognitive dysfunction in chronic schizophrenia followed prospectively over 10 years and its longitudinal relationship to the emergence of tardive dyskinesia. Psychological Medicine 1996; 26: 681-688.

WALKER EF. Validating and conceptualizing positive and negative symptoms. In: HARVEY PD, WALKER EF (Hrsg.). Positive and negative symptoms of psychosis. Hillsdale: New York 1985.

WING JK, BROWN GW. Institutionalism and schizophrenia: a comparative study of three mental hospitals 1960-1968. Cambridge: At the University Press 1970.

5. Behandlungsstrategien von Kognitionsstörungen

5.1 Psychologische Behandlungsstrategien von kognitiven Funktionsstörungen bei schizophrenen Psychosen · G. Sachs ·

In Untersuchungen an schizophrenen Patienten wurde festgestellt, dass die kognitiven Funktionen Daueraufmerksamkeit und Gedächtnis sowie planmäßiges Handeln gestört sind. Diese Störungen zeigen sich stabil oder progredient, treten auch während der Remissionsphasen der Schizophrenie auf und beeinträchtigen sowohl die soziale Integration als auch die berufliche Leistungsfähigkeit. Desgleichen wirken sie sich auf den Erwerb von Fertigkeiten in psychoedukativen Trainingsprogrammen aus, da für den Erwerb von Wissen, Verhaltensänderung und Compliance gutes kognitives Funktionsvermögen Voraussetzung ist.

Durch neue Neuroleptika mit geringer sedierender Wirkung und geringem anticholinergem Potenzial kommt es zu einer Verbesserung der selektiven Aufmerksamkeit, des verbalen Lerngedächtnisses sowie des planmäßigen Handelns. Die kognitiven Leistungen können sowohl durch komplexe Therapieverfahren als auch durch spezielle Instruktionsbedingungen (kognitive Remediation) bei der Lösung von Testaufgaben weiter verbessert werden.

Die Erforschung schizophrener Psychosen gewinnt aus neurokognitiver Perspektive zunehmend an Bedeutung, da sowohl biologische Prozesse als auch psychosoziale Verhaltensaspekte berücksichtigt werden (GREEN, 1998). Frühere Studien zu kognitiven Defiziten führten zwar einerseits zur Entwicklung von Techniken zur kognitiven Rehabilitation, die die kognitiven Funktionen und Therapieergebnisse optimieren sollten (BRENNER et al., 1992), andererseits gab es aber Einwände, dass bisher noch zu wenig darüber bekannt wäre, welche Defizite in der Informationsverarbeitung welches soziale Verhalten und welche psychosozialen Behinderungen beeinträchtigen und daher primär diese

Zusammenhänge zu untersuchen wären (PENN und MUESER, 1996).

5.1.1 Konsequenzen der kognitiven Störungen

Kognitive Defizite sind für die psychosoziale Rehabilitation und den Krankheitsverlauf von großer Bedeutung, denn aufgrund dieser kognitiven Funktionsstörungen können beim Erlernen von sozialen Fertigkeiten Probleme auftreten. Dadurch wird die soziale Integration der Patienten beeinträchtigt, da sich die Informationsverarbeitungsdefizite auf die Erfüllung von sozialen und beruflichen Aufgaben auswirken (GREEN, 1996). Weiterhin führen verminderte kognitive Fähigkeiten zu Schwierigkeiten im zwischenmenschlichen Bereich und damit zu sozialen Behinderungen. Auch im Bereich der Sprache kommt es zu defizitärer Konzept- und Begriffsbildung. Aufmerksamkeits- und Gedächtnisstörungen behindern den Abschluss einer Ausbildung bzw. den Wiedereinstieg in das Arbeitsleben nach einer akuten Erkrankungsphase. Dass schizophrene Patienten mit kognitiven Defiziten bei beruflichen Aufgaben beeinträchtigt sind, konnte von LYSAKER et al. (1995) gezeigt werden.

Schizophrene Patienten mit speziellen Defiziten im verbalen Gedächtnis und der Vigilanz haben Schwierigkeiten im sozialen Problemlöseverhalten (MUESER et al., 1991; BELLAK et al., 1994; CORRIGAN et al., 1994a, b). BOWEN et al. (1994) kamen zu dem Ergebnis, dass Vigilanz sowohl mit interpersonellen Verhaltensmustern als auch mit Erlernen von sozialen Fertigkeiten korreliert und dass verbales Gedächtnis mit Erlernen von sozialen Fertigkeiten in Zusammenhang steht.

Kognitive Funktionen wie Gedächtnisleistung und planmäßiges Handeln bestimmen den Verlauf der Erkrankung mit und haben prognostische Bedeutung. So konnte von GOLDMAN et al. (1993) gezeigt werden, dass Aufmerksamkeits- und Gedächtnisdefizite zu Beginn einer Behandlung Prädiktoren für eine deutliche Verschlechterung sowohl der Negativsymptomatik als auch des psychosozialen Funktionsniveaus innerhalb eines Jahres sind.

Verbales Gedächtnis und Vigilanz haben prognostische Bedeutung für das Erlernen von sozialen Fähigkeiten (KERN et al., 1992; CORRIGAN et al., 1994a) oder interpersonellen Verhaltensmustern (BOWEN et al., 1994) und sind ausschlaggebend für den Erfolg von sozialen Trainingsprogrammen. Um ein Trainingsprogramm erfolgreich zu bewältigen, ist es notwendig, vorgegebenes Material zu entschlüsseln und zu wiederholen. Ein hohes Maß an sozialer Kompetenz hängt mit guter Informationsverarbeitungskapazität zusammen (PENN und MUESER, 1996). Wesentlich bei den angeführten Untersuchungen ist, dass sie auf den Zusammenhang zwischen kognitiven und sozialen Leistungen verweisen. Diese Untersuchungsergebnisse wurden in einer Meta-Analyse von GREEN (1998) anhand von insgesamt 16 Studien zusammenfassend dargestellt. So konnte gezeigt werden, dass verbales Gedächtnis am stärksten mit den Erfolgskriterien Alltagsaktivitäten, soziales Problemlöseverhalten und Erlernen von sozialen Fähigkeiten korreliert, während Kurzzeitgedächtnis und Vigilanz auf das Erlernen von sozialen Fähigkeiten und Exekutivfunktionen auf die Alltagsaktivitäten Einfluss haben (Abb. 48).

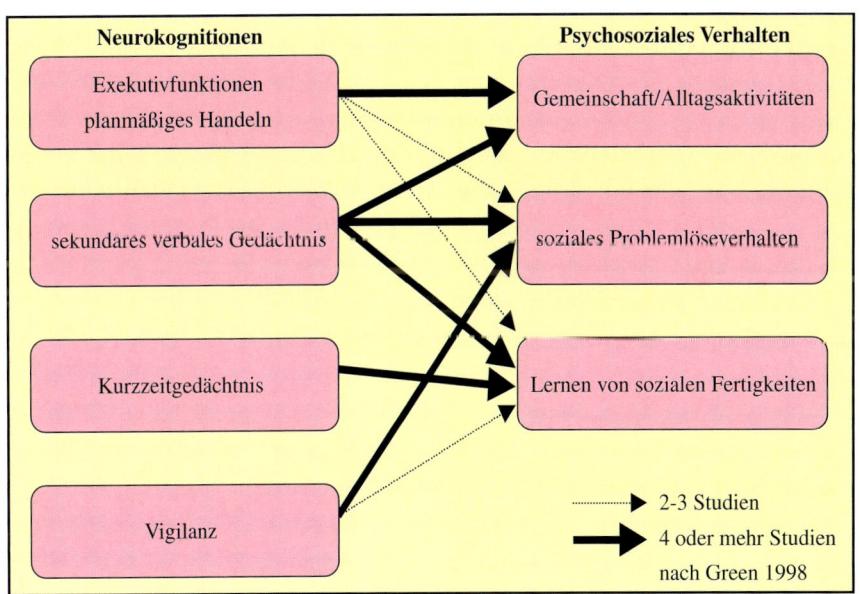

Abb. 48: Neurokognitive Prädiktoren für psychosoziales Verhalten (nach GREEN, 1998)

5.1.2 Nicht pharmakologische Therapieansätze bei der Behandlung kognitiver Defizite

Bei der Behandlung von kognitiven Defiziten und deren negativer Auswirkung auf den Krankheitsverlauf kamen bisher sowohl komplexe als auch elementare neuropsychologische Therapieansätze zum Einsatz. Erste Interventionen zur Reduktion von Informationsverarbeitungsstörungen umfassten das Erlernen von sozialen Fertigkeiten und von Problemlösungsaufgaben (LIBERMAN et al., 1989; BELLAK und MUESER, 1993), wobei nicht nur motorische und soziale Fertigkeiten zu trainieren sind, sondern auch soziale Kognitionen wie soziale Wahrnehmung. Durch Prinzipien des Wiederholens und Überlernens wie mehrmaliges Wiederholen eines Therapieschrittes oder des Modellverhaltens werden dabei sekundäre Wirkungen auf kognitive Funktionsstörungen erwartet.

5.1.2.1 Das Integrierte Psychologische Therapieprogramm (IPT)

Ein weiterer Ansatzpunkt zur Behandlung von kognitiven Defiziten sowie von sozialen und Problemlösedefiziten stellt vor allem das Integrierte Psychologische Therapieprogramm (IPT) für schizophrene Patienten (Brenner et al., 1980; Roder et al., 1995a) dar (Abb. 49). Es basiert auf der Annahme, dass Störungen der elementaren kognitiven Funktionen auf komplexere kognitive Funktionen einwirken und dadurch den Erwerb von sozialen Fertigkeiten negativ beeinflussen. In den ersten beiden Therapiestufen steht die Therapie perzeptiver und kognitiver Störungen im Vordergrund (kognitive Differenzierung und soziale Wahrnehmung), anschließend liegt der Schwerpunkt der Therapie auf verbaler Kommunikation, sozialen Fertigkeiten und interpersonellem Problemlösen.

Das IPT „kognitive Differenzierung" besteht aus Aufgaben, die der Förderung von Aufmerksamkeitsfunktionen, der Verbesserung des Abstraktionsvermögens, der Korrektur defizienter Konzeptbildung sowie der Entwicklung eines adäquaten Assoziationsganges dienen. Die zu bearbeitenden Aufgabenstellungen umfassen nonverbale Sortieraufträge, Aufgaben zur Differenzierung verbaler Konzepte, Bearbeitung von Redewendungen und Sprichwörtern zur Förderung des Abstraktionsvermögens sowie Übungen zur Überprüfung assoziativer Prozesse.

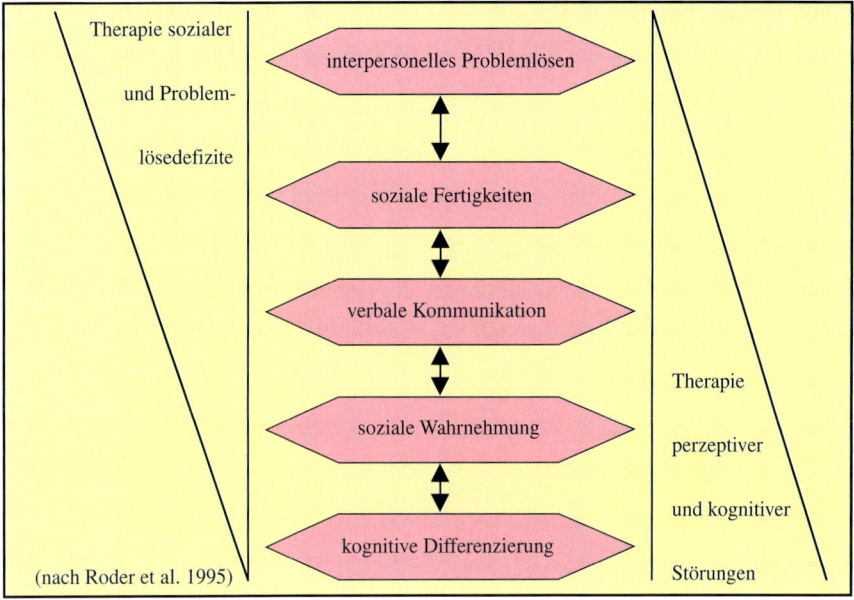

Abb. 49: Integriertes Psychologisches Therapieprogramm (IPT)

Diese übenden Vorgehensweisen sind primär für die Arbeit in der Gruppe konzipiert. Das Therapeutenverhalten ist von aktiven Hilfestellungen bei der Aufrechterhaltung des Aufmerksamkeitsfokus, häufigem Wiederholen und Zusammenfassen, der Ermöglichung von Erfolgserlebnissen sowie verstärkenden Rückmeldungen geprägt. Kommen zu Beginn der therapeutischen Arbeit primär sachliche, in affektiver Hinsicht neutrale Therapiematerialien zum Einsatz, sollen die kognitiven Leistungen im weiteren Verlauf zunehmend in der Beschäftigung mit „affektiven" Begriffen (v.a. Affektbezeichnungen) erbracht werden. Ähnliche Interventionen verfolgen mittlerweile verschiedene computergestützte Trainingsprogramme. Kontrollierte Studien zur Beeinflussung von Informationsverarbeitungsstörungen mit IPT konnten eine Verbesserung kognitiver Funktionen zeigen, wobei einige Studien speziell die beiden Therapieschritte „kognitive Differenzierung" und „soziale Wahrnehmung" in die Untersuchung einbezogen (KRAEMER et al.,

1987; FUNKE et al., 1989; HEIM et al., 1989; OLBRICH und MUSSGAY, 1990).

5.1.2.2   Remediation von kognitiven Defiziten

Interventionen zur Behandlung von kognitiven Störungen beinhalten auch das Funktionstraining elementarer kognitiver Kompetenzen wie Aufmerksamkeit und Gedächtnisleistungen. Basierend auf repetitivem Training verwendet die „kognitive Remediation" (GREEN, 1993) häufig Lernprinzipien der Verhaltenstherapie wie z.B. Verstärkung oder Modelllernen zur Verbesserung der gestörten Informationsverarbeitung.

Bisherige Studien zur Wirkung von kognitiver Remediation zeigen, dass vor allem eine Kombination von Verstärkerbedingungen mit genauen Instruktionen zur Testdurchführung zu Verbesserungen sowohl in den Aufmerksamkeitsdefiziten als auch bei Defiziten in den Exekutivfunktionen führen (Tab. 8).

Remediation von Aufmerksamkeitsdefiziten

In der Studie von BENEDICT et al. (1994) wurden schizophrene Patienten mit dem Continuous-Performance-Test (CPT) und einer Wortliste unter Anleitung trainiert. Bei dieser Studie blieben jedoch die Aufmerksamkeitsfunktionen durch kognitive Remediation relativ unbeeinflussbar. KERN et al. (1995) verglichen vier Gruppen von schizophrenen Patienten, die den Span-of-Apprehension-Test durchführten. Die den Versuchspersonen gegebenen Bedingungen bestanden aus Wiederholung der Testinstruktion (nur Anweisung), aus finanzieller Belohnung nach erfolgreicher Bewältigung der Testaufgabe, aus reinen Bearbeitungshinweisen (Instruktion) oder aus Instruktion und finanzieller Belohnung. Der höchste Leistungsanstieg fand sich unter der Kombination von Instruktion und finanzieller Belohnung, wobei die Verbesserung im Span auch eine Woche später (Follow-up) bei nochmaliger Testdurchführung erhalten blieb (Abb. 50). In einer kontrollierten Studie von MEDALIA et al. (1998) wurde bei 54 chronisch schizophrenen Patienten mit Hilfe eines computerisierten Übungsprogrammes die Aufmerksamkeitsleistung (CPT) verstärkt. Es kam zu Verbesserungen in der Reaktionszeit und Vigilanz, die über sechs Wochen anhielten.

Tab. 8:   Bisherige Studien zur Verbesserung der Aufmerksamkeit und der Exekutivfunktionen durch kognitive Remediation bei schizophrenen Patienten

Remediation von Aufmerksamkeitsdefiziten

Autoren	Kognitive Remediation	N/gesamt	Testverfahren
KERN et al., 1995	Standardinstruktion vs. pekunäre Verstärkung vs. ausführliche Instruktion vs. Instruktion und Verstärkung *	40 chronisch	SPAN
MEDALIA et al., 1998	Verstärkung* vs. Videofilm betrachten	54 chronisch	CPT

Remediation von Defiziten in Exekutivfunktionen

Autoren	Kognitive Remediation	N/gesamt	Testverfahren
BELLAK et al., 1990	Standardinstruktion vs. kontingente Verstärkung vs. Instruktion und Verstärkung*	28	WCST
GOLDMAN et al., 1991	Standardinstruktion vs. Lösungsangaben *	48	WCST
GREEN et al., 1992	Standardinstruktion vs. pekunäre Verstärkung vs. Verstärkung und Instruktion *	46/20*	WCST
STRATTA et al., 1997	Standardinstruktion vs. Formulierung der Sortierregeln*	52	WCST

* statistisch signifikante Verbesserung

SPAN = Span of Apprehension
CPT = Continuous Performance Test
WCST = Wisconsin Card Sorting Test

Remediation von Defiziten in Exekutivfunktionen

Mit Hilfe des Wisconsin-Card-Sorting-Tests (WCST) werden Exekutivfunktionen, die Planung und Konzeptbildung einschließen, trainiert. GOLDBERG et al. (1987) zeigten, dass Patienten mit schizophrenen Psychosen Aufgaben nur unter spezieller Anleitung (detaillierte Lösungsangaben) durchführen können. Unter Standardbedingungen, nach Ausbleiben der Instruktionen, zeigten sich bei chronisch schizophrenen Patienten weiterhin ausgeprägte kognitive Defizite. Da in dieser Studie schwer beeinträchtigte chronisch schizophrene Patienten trainiert wurden, besteht eine methodische Selektion.

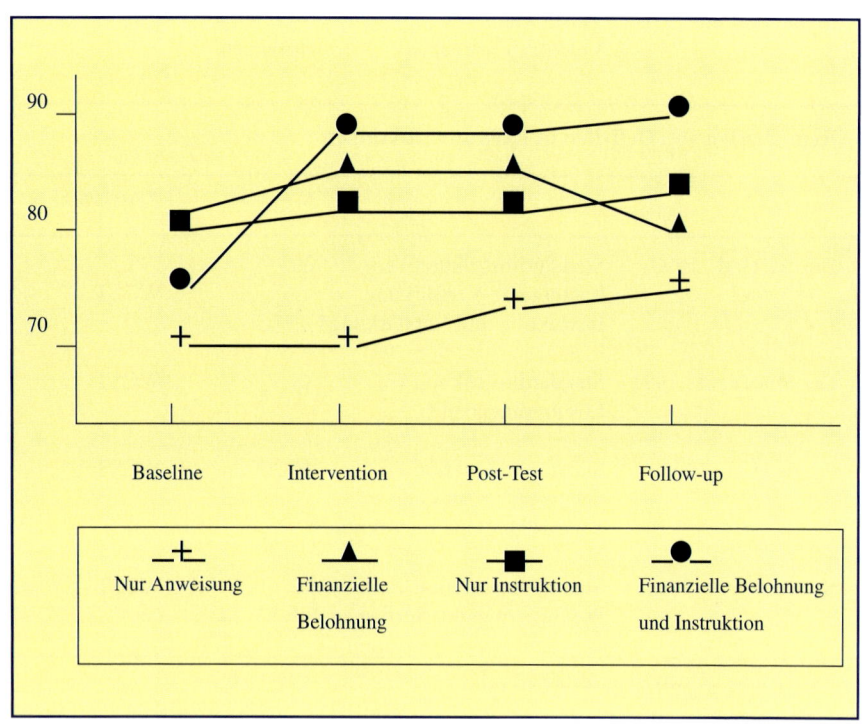

Abb. 50: Leistung im Span-of-Apprehension-Test unter den in der Legende erwähnten unterschiedlichen Bedingungen (modifiziert nach KERN et al., 1995)

180

Eine Generalisierbarkeit auf eine Gesamtgruppe von Patienten erscheint schwer möglich. BELLACK et al. (1990) konnten eine Verbesserung der Testergebnisse bei einer Gruppe von weniger chronisch schizophrenen Patienten unter Verstärkerbedingungen (kontingente Verstärkung mit Hilfe von Geld für jede richtige Lösung) und speziellem Training erreichen. Das spezielle Training bestand aus Instruktionsanleitungen und beinhaltete eine Überprüfung des Verstehens. Verstärkung mit Geld alleine führte zu keinem Erfolg, sondern die Kombination von Verstärkung und detaillierter Instruktion zeigte Verbesserungen. Ebenso konnten GREEN et al. (1992) bei 46 chronisch schizophrenen Patienten mit Hilfe einer computerisierten Version des Wisconsin-Card-Sorting-Tests (20 Kontrollpatienten mit anderer psychiatrischer Erkrankung) durch Kombination von Verstärkung und genauer Instruktion eine Verbesserung in der Durchführung des Tests nachweisen. GOLDMAN et al. (1991) fanden ebenso bei 24 schizophrenen Patienten eine signifikante Verbesserung im WCST unter Instruktionsbedingungen.

Im Hinblick auf Rehabilitationsprogramme ist es wesentlich, dass zusätzlich zu speziellen Instruktionsbedingungen motivationale Aspekte bei Problemlöseprogrammen berücksichtigt werden. In einer weiteren kontrollierten Studie (STRATTA et al., 1997) wurde eine Modifikation des WCST angewandt. Schizophrene Patienten mussten während der Untersuchung die Sortierregeln des WCST laut verbalisieren, wobei 63,2 % derjenigen Patienten, die den WCST vorher schlecht durchführten, ihre Ergebnisse verbessern konnten. Durch die Verbalisation kommt es zur Bewusstmachung des beabsichtigten Handlungsplanes. Die Information wird kurzfristig im Gedächtnisspeicher gehalten, um für Handlungen zur Verfügung zu stehen (ROSELL und DAVID, 1997). Das Erklären der notwendigen Handlungskompetenzen und das repetitive Training der einzelnen Leistungskomponenten scheinen eine Verbesserung der Handlungsplanung, der Konzeptbildung und des Problemlösens mit geringem therapeutischem Aufwand zu ermöglichen. Positive Ergebnisse zur kognitiven Remediation mit Hilfe des WCST berichten auch VOLLEMA et al. (1995), DELAHUNTY et al. (1993), YOUNG and FREYSLINGER (1995) und METZ et al. (1994).

Aufgrund des Leistungsverlaufs der kognitiven Remediation mit Hilfe des WCST konnten „Lerner" von „Nichtlernern" unterschieden werden (WIEDL und WIENÖBST, 1999). Die Unterschiedlichkeit der vermuteten Lerntypen zeigte sich auch in einer Untersuchung zum verbalen Reproduktionsgedächtnis. Diese Ergebnisse weisen darauf hin, dass kognitive Defizite bei 38 % der Patienten durch intensive Instruktion und kontinuierliche Rückmeldung behebbar sind, 23 % der Patienten weisen jedoch hartnäckige Defizite auf. Diesem Ergebnis könnte nach weiterer wissenschaftlicher Abklärung als diagnostische Information zur Abschätzung von Aspekten des Rehabilitationspotenzials von schizophrenen Patienten Bedeutung zukommen. Ob es sich hier um eine Subgruppe von Patienten handelt, die auch strukturelle oder funktionelle Hirnveränderungen zeigen, müsste in weiteren Arbeiten geklärt werden.

5.1.2.3 „Fehlerfreies Lernen" bei schizophrenen Patienten

Ein weiterer Erfolg versprechender Ansatz zur Beeinflussung von kognitiven Defiziten ist das Prinzip des fehlerfreien Lernens. Ziel dieses Trainings ist das Vermeiden von Fehler-Irrtum-Lernen. Die Patienten beginnen dabei mit besonders leich-ten Aufgaben, um Misserfolgen aus dem Weg zu gehen, und nur ganz allmählich wird der Schweregrad der Anforderung an die Testleistung erhöht. In einer Studie von KERN et al. (1996) wird eine Hierarchie von zu lernenden Fertigkeiten erstellt, die zu besseren Therapieergebnissen führten.

O'CARROLL et al. (1999) verglichen schizophrene Patienten mit Gedächtnisdefiziten (N=20) und Schizophrene ohne Gedächtnisdefizite (21) mit 21 Gesunden. Der Ansatz des „fehlerfreien Lernens" erwies sich für die Subgruppe der Schizophrenen mit Gedächtnisbeeinträchtigungen am hilfreichsten, da Patienten mit Gedächtnisdefiziten nicht zwischen richtigen und unrichtigen Testversuchen unterscheiden konnten.

5.1.2.4 Computergestütztes Training bei schizophrenen Patienten

Kognitive computergestützte Trainingsverfahren konnten in mehreren Therapiestudien positive Veränderungen von kognitiven Defiziten nachweisen (OLBRICH und MUSSGAY, 1990; HERMANUTZ und GESTRICH, 1991). Entsprechend dem IPT (RODER et al., 1995) werden unterschiedliche kognitive Funktionsbereiche der Patienten trainiert, wie Konzentration, Reaktion, Strategiebildung und Gedächtnisleistungen. Vorteile computergestützter Trainingsverfahren im Vergleich zu älteren Verfahren sind die größere Flexibilität der Programme durch den unmittelbaren und leichten Zugang zu den Übungsprogrammen sowie die Veränderungsmöglichkeiten der Trainingsaufgaben. Dadurch ist eine adaptive Leistungsanpassung an die Leistungsmöglichkeit des Patienten gegeben. Durch die Patient-Computer-Interaktion kann eine Hilfestellung und Leistungsrückmeldung durch den Computer erfolgen. Vorteile des computergestützten Trainings stellen auch die Effekte von Video-Spiel-Elementen dar, womit die Motivation und Kooperation gefördert werden kann (OLBRICH, 1999). Eine individuelle Leistungsanpassung ist vor allem mit dem computergestützten Trainingsprogramm COGPACK (Marker) möglich, das 52 Einzelaufgaben umfasst, die nach drei, im Schwierigkeitsgrad ansteigenden Stufen angeordnet sind. Zu jeder Stufe gehören sechs Serien mit jeweils vier bis sechs Übungen, wobei jeden Tag nur zwei der Funktionsbereiche Konzentration, Reaktion, Verarbeitung komplexen Materials, Strategiebildung, Gedächtnis-

aufgaben, Rechnen und Logik trainiert werden. Unmittelbar nach dem Training werden die Reaktionszeit und die korrekten Lösungen ermittelt. Bei erfolgreicher Bewältigung scheidet die Aufgabe aus dem Tagespensum aus und wird durch die nachfolgende Aufgabe ersetzt (Abb. 51). Die Trainingsfrequenz liegt bei vier Sitzungen pro Woche und ist auf die Dauer einer Stunde festgelegt. Die Evaluation des individualisierten Trainingsansatzes zeigte, dass es bei 68 % der Übungsaufgaben zu Trainingsfortschritten kam, damit konnte die Effektivität eines Trainingskonzeptes (COGPACK, Marker) erhöht werden (GEIBEL-JAKOBS und OLBRICH, 1998).

5.1.3 Zusammenfassung

Vorliegende Untersuchungen zu kognitiven Funktionen bei schizophrenen Patienten zeigen kognitive Defizite vor allem in der Daueraufmerksamkeit, in den Gedächtnisfunktionen sowie beim Planen und Problemlösen. Bisherige Interventionsstudien deuten auf eine zumindest teilweise Behebbarkeit kognitiver Defizite bei schizophrenen Patienten durch spezielle kognitive Trainingsprogramme hin. Obwohl die Ergebnisse teilweise noch als vorläufig be-

183

trachtet werden müssen, stellt der Grad der Beeinträchtigung kognitiver Funktionen bereits ein wichtiges Kriterium zur Messung von Therapieerfolgen dar. Kognitive Funktionen können als wichtige Parameter zur Beurteilung des Schweregrades der psychosozialen Behinderung dienen und besitzen prognostische Bedeutung für den Verlauf der Erkrankung.

Unter Beachtung aller Therapieergebnisse kann angenommen werden, dass sowohl atypische Neuroleptika als auch kognitive Trainingsverfah-

ren kognitive Leistungen beeinflussen. „Kognitive Remediation" in Ergänzung zu spezifischer Motivierung oder Aktivierung der sprachlichen Steuerung scheinen eine Verbesserung der Handlungsplanung und Konzeptbildung zu bewirken, spezielle Instruktionsbedingungen in Kombination mit finanzieller Verstärkung steigern die Aufmerksamkeitsfunktionen. Ein weiterer Erfolg versprechender Ansatz zur Beeinflussung von kognitiven Defiziten ist das „fehlerfreie Lernen", das sich beim Training von Gedächtnisdefi-

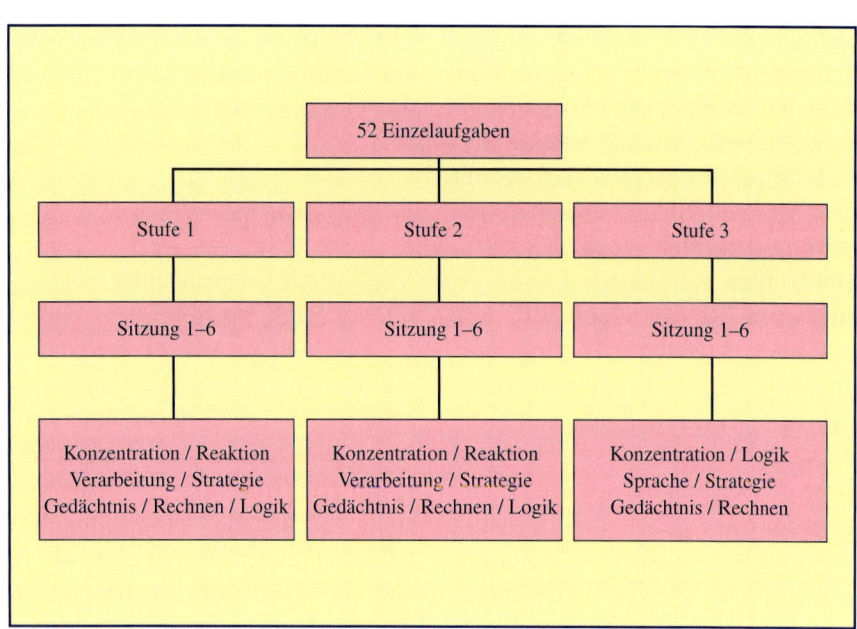

Abb. 51: Programmstruktur des computergestützten Trainingsverfahrens „COGPACK" (nach OLBRICH 1999)

ziten als hilfreich erweisen könnte. Mittels computergestützter Trainingsprogramme zur Reduktion von kognitiven Defiziten bei schizophrenen Patienten können vor allem Gedächtnis, Aufmerksamkeit, logisches Denken, Rechnen und Problemlösung positiv beeinflusst werden. Spezielle computergestützte Trainingsprogramme haben den Vorteil, dass sich die Programmgestaltung an der Leistungsfähigkeit des Patienten orientiert und so eine Anpassung des Trainings an die speziellen Schwierigkeiten und Leistungsmöglichkeiten des Patienten erfolgen kann.

Die angeführten angloamerikanischen Studien verweisen in besonderer Weise auf den Zusammenhang von kognitiven und sozialen Leistungen, wobei wesentlich erscheint, dass erhöhte kognitive Fähigkeiten den Therapiefortschritt beim sozialen Fertigkeitstraining fördern. Beim differenziellen Einsatz von kognitiven Trainingsverfahren sollte auch die spezielle Erkrankungsphase des Patienten berücksichtigt werden. Kognitive Defizite, die zu Beginn der Erkrankung vorhanden sind, können sich von Defiziten unterscheiden, die mit sozialen und beruflichen Beeinträchtigungen zusammenhängen (GREEN, 1996). Demnach wäre der Schwerpunkt zu Therapiebeginn

auf die Verbesserung der kognitiven Leistungen bei Schizophrenen zu legen, später zunehmend auf soziale Interventionen. Zu berücksichtigen sind ferner die Befunde, wonach Aufmerksamkeitsdefizite durch Verstärkung zu trainieren sind (MEDALIA et al., 1998) und mit Erlernen von sozialen Fähigkeiten und Problemlöseverhalten in Zusammenhang stehen. Verbale Gedächtnisfunktionen sind durch „fehlerfreies Lernen", Exekutivfunktionen durch Verstärkung und „fehlerfreies Lernen" beeinflussbar und korrelieren mit Alltagsaktivitäten (GREEN, 1996).

Ob elementare oder komplexere Fähigkeiten zu trainieren sind, bleibt vorerst unbeantwortet, da die Frage der Generalisierung von verbesserten elementaren zu komplexen Informationsverarbeitungen bisher noch nicht geklärt ist. Relativiert werden die Ergebnisse der kognitiven Remediation durch Ergebnisse von BELLACK et al. (1996), die wenig Generalisierungstendenzen von Trainingsprogrammen zu anderen Aufgaben fanden. Die Autoren kamen zu dem Schluss, dass für den Therapieerfolg nicht nur das Erlernen der Handlungskompetenz, sondern auch das von Generalisierungsstrategien notwendig ist. BOWEN et al. (1994) empfehlen zu Beginn eines kognitiven Trainings zunächst auf die Verbesserung elementarer Informationsverarbeitungen (z.B. CPT) und dann auf die Stabilisierung der Informationsverarbeitungsprozesse abzuzielen. Demgegenüber steht die Meinung, dass schizophren Erkrankte aufgrund zwar möglicher, aber unzureichender Generalisierungen auf der Ebene komplexer Informationsverarbeitungsprozesse zu trainieren sind (HOGARTY und FLESHER, 1992; LIBERMAN und GREEN, 1992). SUSLOW und AROLT (1998) empfehlen ein kognitives Training höherer kognitiver Fertigkeiten, nachdem ein computergestütztes Aufmerksamkeitstraining nicht zu einer Erhöhung der Aufmerksamkeitskapazität führte. Die Fragestellung, inwieweit sich die Trainingserfolge auf Bereiche des täglichen Lebens auswirken, wird in einer Untersuchung zum Effekttransfer kognitiver Trainingsprogramme auf das Berufsfeld untersucht (OLBRICH, 1999). Um einen anhaltenden Effekt mit kognitiven Trainingsprogrammen zu erzielen, scheinen auch längere Trainingszeiträume notwendig.

Für die Entwicklung differenzierter Trainingsprogramme sind noch weitere Zusammenhänge zwischen Wahrnehmung, Aufmerksamkeit, Gedächtnis und Denken mit psychopathologischen Befunden und Bewältigungsmechanismen zu untersuchen. Des Weiteren fehlen Prädiktoren, die zeigen, welche kognitiven Defizite in welchem Krankheitsstadium den Lernerfolg im sozialen und Arbeitsbereich bestimmen.

In Zukunft sollten gezielte Interventionsstudien zur Wirkungsweise von neuen Neuroleptika mit geringem Nebenwirkungsprofil und spezifischen kognitiven Maßnahmen prüfen, in welcher Weise eine Kombinationstherapie den Therapieerfolg nicht nur im Hinblick auf die Symptomatik, sondern auch in Bezug auf psychosoziale Behinderungen optimieren kann. Bisherige Ergebnisse zur Wirkung von atypischen Neuroleptika auf kognitive Funktionen deuten auf eine Verbesserung von verbalem Lernen und Gedächtnis hin, beide kognitive Funktionen haben Einfluss sowohl auf Alltagsaktivitäten als auch auf berufliche Fähigkeiten. Eine integrierte Behandlung, die neue Neuroleptika mit spezifischer kognitiver Therapie oder Instruktionsmaßnahmen kombiniert, könnte neben der Reduktion der schizophrenen Symptome auch eine Reduktion der psychosozialen Beeinträchtigungen bewirken.

Literatur

BELLACK AS, MUESER KT, MORRISON RL, TIERNEY A, PODELL K. Remediation of cognitive deficits in schizophrenia. American Journal of Psychiatry 1990; 147: 1650-1655.

BELLACK A, MUESER KT. Psychosocial treatment for schizophrenia. Schizophrenia Bulletin 1993; 19: 317.

BELLACK AS, SAYERS M, MUESER K, BENNETT M. Evaluation of social problem solving in schizophrenia. Journal of Abnormal Psychology 1994; 103: 371-378.

BELLACK AS, BLACHARD JJ, MURPHY P, PODELL K. Generalization effects of training on Wisconsin Card Sorting Test for schizophrenia patients. Schizophrenia Research 1996; 19: 189-194.

BENEDICT RHB, HARRIS AE, MAKKOW T, McCORMICK JA, NUECHTERLEIN KH, ASARNOW RF. The effects of attention training in information processing in schizophrenia. Schizophrenia Bulletin 1994; 20: 537-546.

BOWEN L, WALLACE CJ, GLYNN SM, NUECHTERLEIN KH, LUTZKER JR, KUEHNEL TG. Schizophrenic individuals's cognitive functioning and performance in interpersonal interactions and skills training procedures. Journal of Psychiatric Research 1994; 28: 289-301.

BRENNER HD, STRANKE WG, MEWES WG, LIESE J, SEEGER G. Erfahrungen mit einem spezifischen Therapieprogramm zum Training kognitiver und kommunikativer Fähigkeiten in der Rehabilitation chronisch schizophrener Patienten. Nervenarzt 1980, 51: 106-112.

BRENNER HD, HODEL B, VOLKER R, CORRIGAN R. Treatment of cognitive dysfunctions and behavioral deficits in schizophrenia. Schizophrenia Bulletin 1992; 18: 21-26.

CORRIGAN PW, GREEN MF, TOOMEY R. Cognitive correlates to social cue perception in schizophrenia. Psychiatry Research 1994a; 53: 141-151.

Corrigan PW, Wallace CJ, Schade ML, Green MF. Cognitive dysfunctions and psychosocial skill learning in schizophrenia. Behavior Therapy 1994b; 25: 5-15.

DELAHUNTY A, MORICE R, FROST B. Specific cognitive flexibility, rehabilitation in schizophrenia. Psychological Medicine 1993; 23: 221-227.

FUNKE B, REINECKER H, COMMICHAU. Grenzen kognitiver Trainingsmethoden bei schizophrenen Langzeitpatienten. Nervenarzt 1989; 60: 750-756.

GEIBEL-JAKOBS M, OLBRICH R. Computergestütztes kognitives Training bei schizophrenen Patienten. Psychiatrische Praxis 1998; 25: 111-116.

GOLDBERG TE, WEINBERGER DR, BERMAN KF, PLISKIN NH, PODD MH. Further evidence of dementia of the prefrontal type in schizophrenia? A controlled study of teaching the Wisconsin Card Sorting Test. Archives of General Psychiatry 1987; 44: 1008-1014.

GOLDMAN RS, AXELROD BN, TANDON R. Analysis of executive functioning in schizophrenics unsing the Wisconsin Card Sorting Test. Journal of Nervous and Mental Disease 1991; 179: 506-507.

GOLDMAN RS, AXELROD BN, TANDON R, RIBEIRO SCM, CRAIG K, BERENT S. Neuropsychological prediction of treatment efficacy and one-year outcome in schizophrenia. Psychopathology 1993; 126: 122-126.

GREEN MF, SATZ P, GANZELL S, VACLAV JF.

Wisconsin Card Sorting Test Performance in schizophrenia: Remediation of a stubborn deficit. American Journal of Psychiatry 1992; 149: 62-68.

GREEN MF. Cognitive remediation in schizophrenia: Is it time yet? American Journal of Psychiatry 1993; 150: 178-187.

GREEN MF. What are the functional consequences of neurocognitive deficits in schizophrenia. American Journal of Psychiatry 1996; 153: 321–330.

GREEN MF. Schizophrenia from a neurocognitive perspective. Probing the impenetrable darkness. Boston: Allyn & Bacon 1998.

HEIM M, WOLF S, GÖTHE U, KRETSCHMAR J. Kognitives Training bei schizophrenen Erkrankungen. Psychiatrie, Neurologie und medizinische Psychologie 1989; 41: 367-375.

HERMANUTZ M, GESTRICH J. Computer-assisted attention training in schizophrenics: A comparative study. European Archives of Psychiatry and Clinical Neurosciences 1991; 240: 282-287.

HOGARTY GE, FLESHER S. Cognitive remediation in schizophrenia: proceed... with caution! Schizophrenia Bulletin 1992; 18: 51-57.

KERN RS, GREEN MF, SATZ R. Neuropsychological predictors of skills training for chronic psychiatric patients. Psychiatry Research 1992; 42: 223- 230.

KERN RS, GREEN MF, GOLDSTEIN MJ. Modification of performance on the Span of Apprehension, a putative marker of vulnerability to schizophrenia. Journal of Abnormal Psychology 1995; 104: 385-409.

KERN RS, WALLACE CJ, HELLMAN SG, WOMACK LM, GREEN MF. A training procedure for remediating WCST deficits in chronic psychotic patients: An adaptation of errorless learning principles. Journal of Psychiatric Research 1996; 30: 283-294.

KRAEMER S, SULZ KHD, SCHMID R, LÄSSLE R. Kognitive Therapie bei standardversorgten schizophrenen Patienten. Nervenarzt 1987; 58: 84-90.

LIBERMANN RP, DE LISI WJ, MUESER KT. Social skills training for psychiatric patients. New York: Pergamon Press 1989.

LIBERMAN RP, GREEN MF. Whither cognitive-behavioral therapy for schizophrenia? Schizophrenia Bulletin 1992; 18: 27-35.

LYSAKER PH, BELL MD, ZITO WS, BIOTY SM. Social skills at work. Deficits and predictors of improvement in schizophrenia. Journal of Nervous and Mental Disease 1995; 183: 688-692.

MARKER K. COGPACK (Marker Software), Ladenburg.

MEDALIA A, ALUMA M, TRYON W, MERRIAM AE. Effectiveness of attention training in schizophrenia. Schizophrenia Bulletin 1998; 24: 147-52.

METZ JT, JOHNSON MD, PLISKIN NH. Maintenance of training effects on the Wisconsin Card Sorting Test by patients with schizophrenia and affective disorders. American Journal of Psychiatry 1994; 151: 120-122.

MUESER KT, BELLACK AS, DOUGLAS MS, WADE JH. Prediction of social skill acquisition in schizophrenic and major affective disorder patients from memory and symptomatology. Psychiatry Research 1991; 37: 281-296.

O'CARROLL RE, RUSELL HH, LAWRIE SM, JOHNSTONE EC. Errorless learning and the cognitive rehabilitation of memory-impaired schizophrenic patients. Psychological Medicine 1999; 29: 105-112.

OLBRICH R, MUSSGAY L. Reduction of schizophrenic deficits by cognitive training. An evaluative study. European Archives of Psychiatry and Neurological Science 1990; 239: 366-369.

OLBRICH R. Psychologische Verfahren zur Reduktion kognitiver Defizite. Erfahrungen mit einem computergestützten Trainingsprogramm. Fortschritte der Neurologie Psychiatrie 1999; 62: 74-76.

PENN DL, MUESER KT. Research update on the psychosocial treatment of schizophrenia. American Journal of Psychiatry 1996; 153: 607-617.

RODER V, BRENNER HD, KIENZLE N, HODEL B. Integriertes Psychologisches Therapieprogramm für schizophrene Patienten (IPT). 3. überarb. und ergänzte Aufl. Beltz: München, Weinheim 1995.

ROSELL S, DAVID A. Improving performance on the WCST: variations on the original procedure. Schizophrenia Research 1997; 28: 63-76.

STRATTA P, MANCINI F, MATTEI P, DANELUZZO E, BUSTINI M, CASACCHI M, ROSSI A. Remediation of Wisconsin Card Sorting Test performance in schizophrenia. Psychopathology 1997; 30: 59-66.

SUSLOW T, AROLT V. Effektivität eines computergestützten Aufmerksamkeitstrainings bei schizophrenen Patienten. Psychiatrische Praxis 1998; 25: 105-110.

VOLLEMA MG, GEURTSEN GJ, VAN VOORST AJP. Durable improvements in Wisconsin Card Sorting Test performance in schizophrenic patients. Schizophrenia Research 1995; 16: 209-215.

WIEDL KH, WIENÖBST J. Interindividual differences in cognitive remediation research with schizophrenic patients - indicators of rehabilitational potential? International Journal of Rehabilitation Research 1999; 22:1-5.

YOUNG DA, FREYSLINGER MA. Scaffolding instruction and the remediation of the Wisconsin Card Sorting Test deficits in chronic schizophrenia. Schizophrenia Research 1995; 16: 199-207.

5.2 Pharmakotherapie
- S. Kasper / H.-P. Volz -

5.2.1 Die Rolle der typischen Neuroleptika

Eine Beeinträchtigung der kognitiven Funktionen bei schizophrenen Patienten ist mit einer verminderten sozialen Rollenfunktion und einem schlechteren „Outcome" verbunden (GREEN und NUECHTERLEIN, 1999; ALEMAN et al., 1999). Die bei schizophrenen Patienten im Zusammenhang mit der Psychopharmakotherapie beobachteten kognitiven Einschränkungen wurden bereits ausführlich in Kapitel 2 dargestellt, besonders betroffen sind hierbei die Bereiche Gedächtnis, Aufmerksamkeit und Exekutivfunktionen (SAYKIN et al., 1991; BILDER, 1997). Dies ist vor allem deshalb von Interesse, weil neurokognitive Funktionen als besonders guter Prädiktor für den funktionellen „Outcome" angesehen werden (s.u.).

In diesem Zusammenhang spielen

die konventionellen Neuroleptika eine wichtige Rolle, und das nicht nur für die schizophrene Symptomatik im engeren Sinne, sondern auch für die neurokognitiven Defizite. Zum besseren Verständnis sei auf die Abb. 52 verwiesen.

Zunächst sollen die einzelnen Komponenten dieses stark vereinfachten Schemas kurz diskutiert werden:

a) Wirkung der konventionellen Neuroleptika auf psychotische Symptome

b) Wirkung der konventionellen Neuroleptika auf neurokognitive Leistungen

c) Auswirkung der neurokognitiven Leistungen auf den funktionellen „Outcome"

d) Auswirkung der psychotischen

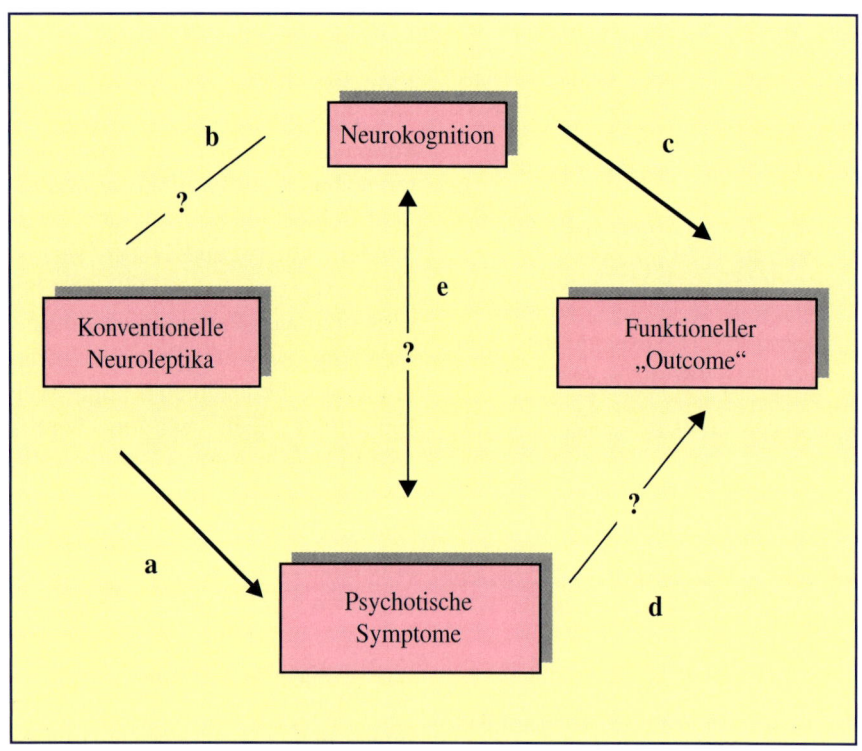

Abb. 52: Wirkung konventioneller Neuroleptika in Relation zum funktionellen „Outcome" (nach GREEN und NUECHTERLEIN, 1999)

Symptome auf den funktionellen „Outcome"

e) Zusammenhang zwischen neuro-kognitiven Leistungen und psychotischen Symptomen

ad a) Wirkung der konventionellen Neuroleptika auf psychotische Symptome

Die Wirkung von Neuroleptika auf psychotische Symptome wie Wahn und Halluzinationen ist gut bekannt und derjenigen von Plazebo deutlich überlegen (z.B. MÖLLER, 1999). Dies gilt insbesondere für mittel- und hochpotente Neuroleptika.

ad b) Wirkung der konventionellen Neuroleptika auf neurokognitive Leistungen

Die Wirkung konventioneller Neuroleptia auf kognitive Defizite schizophrener Patienten ist schwer zu beurteilen. In einer aktuellen Literaturübersicht (KING und GREEN, 1996) werden widersprüchliche Ergebnisse berichtet. So verbesserte sich die Leistung im CPT in vier Studien, verschlechterte sich aber in zweien. Andere Untersuchungsverfahren kamen zu ähnlichen Ergebnissen, wobei allenfalls Aufmerksamkeitsdefizite, nicht aber andere kognitive Leistungen durch konventionelle Neuroleptika verbessert zu werden scheinen.

Noch schwieriger war es in diesen Untersuchungen, die Abhängigkeit der Änderung kognitiver Leistungen unter typischen Neuroleptika von der häufig simultan einsetzenden klinischen Besserung zu trennen, also die Frage zu beantworten, ob konventionelle Neuroleptika isoliert auf kognitive Leistung wirken. In neun der eingeschlossenen Untersuchungen wurde ein von der klinischen Besserung unabhängiger Effekt beschrieben, in drei Studien war der positive Effekt allein durch die klinische Besserung erklärbar, in einer Untersuchung wurden widersprüchliche Ergebnisse berichtet.

Insgesamt bleibt somit festzuhalten, dass konventionelle Neuroleptika allenfalls einen schwachen positiven Effekt auf kognitive Funktionseinbußen besitzen, wobei vor allem Aufmerksamkeitsleistungen gebessert werden.

ad c) Auswirkung der neurokognitiven Leistungen auf den funktionellen „Outcome"

Neurokognitive Defizite gelten als guter Prädiktor für den funktionellen „Outcome" (GREEN and NUECHTERLEIN, 1999). Darüber hinaus konnte GREEN (1996) in einer Literaturübersicht, die alle relevanten Studien von 1990 bis 1995 umfasste, aufzeigen, dass bestimmte neurokognitive Leis-

191

tungen wie verbales Gedächtnis und Vigilanz gut den „Outcome" bei chronisch Schizophrenen voraussagten, vor allem was die soziale Integration, soziales Problemlöseverhalten und den Erwerb adäquater psychosozialer Verhaltensweisen betraf. Diese Schlussfolgerung wurde durch nachfolgende Studien (BELLACK et al., 1999; DICKERSON et al., 1996; HARVEY et al., 1997; VELLIGAN et al., 1997) bestätigt.

ad d) Auswirkung der psychotischen Symptome auf den funktionellen „Outcome"

Die Schwere akuter psychotischer Symptomatik gilt verglichen mit dem Ausprägungsgrad kognitver Defizite als wesentlich schlechterer Prädiktor für den funktionellen „Outcome" (GREEN, 1996; BELLACK et al., 1999; DICKERSON et al., 1996; BREKKE et al., 1997; HARVEY et al., 1997; VELLIGAN et al., 1997), zumindestens in dem Sinne, dass eine ausgeprägte psychotische Symptomatik nicht zwingend auf einen schlechten „Outcome" hinweist.

ad e) Zusammenhang zwischen neurokognitiven Leistungen und psychotischen Symptomen

Der Zusammenhang zwischen psychotischer Symptomatik und kognitiven Defiziten ist minimal (GREEN

und NUECHTERLEIN, 1999), insbesondere im Hinblick auf Halluzinationen und Wahn. Dies gilt für nahezu alle neurokognitiven Konstrukte, allenfalls 10 % der Varianz können so erklärt werden (GOLDBERG et al., 1993). Dennoch ist nicht auszuschließen, dass sehr spezifische Aspekte kognitiver Leistungen durch produktiv-psychotische Symptome beeinflusst werden. So haben FRITH und DONE (1988) und HEMSLEY (1994) komplexe Theorien über den Zusammenhang von Halluzinationen und Aufmerksamkeitsstörungen aufgestellt (siehe Kap. 4). SPITZER (1997) fand einen Zusammenhang zwischen formalen Denkstörungen und semantischen Priming-Aufgaben.

Somit bleibt zusammenzufassen: Während konventionelle Neuroleptika produktiv-psychotische Leistungen zweifelsohne sehr verbessern, ist ihr – von der Besserung der Akutsymptomatik unabhängiger – Effekt auf neurokognitive Defizite eher bescheiden. Neurokognitive Defizite können sehr viel besser Voraussagen zum funktionellen „Outcome" machen als der Ausprägungsgrad produktiv-psychotischer Symptome.

Aus diesem Grund überrascht es auch nicht, wenn Psychiater bei einem Patienten, dessen psychotische Symptome sie mit konventionellen

Neuroleptika sehr gut in den Griff bekommen haben, feststellen müssen, dass die soziale Reintegration misslingt, dagegen aber ein Patient mit persistierenden Halluzinationen durchaus wieder in den Arbeitsprozess integriert werden kann (GREEN und NUECHTERLEIN, 1999).

GREEN und NUECHTERLEIN (1999) führen aus, dass sich bei einer so engen Verknüpfung von kognitiven Defiziten mit dem funktionellen „Outcome" die Frage stellt, welche der neurokognitiven Defizite zum Behandlungsziel werden müssen. Dies ist ganz besonders für psychosoziale Interventionen wichtig, da diese immer ein bestimmtes Zielkonstrukt zugrunde legen. Aber auch bei psychopharmakologischen Interventionen ist es wahrscheinlich, dass sie nicht alle kognitiven Bereiche gleich gut beeinflussen, sondern durchaus einige stärker als andere (MELTZER und McGURK, 1999). Deshalb ist es wichtig zu wissen, welche kognitiven Bereiche eng mit dem „Outcome" zusammenhängen. Wenn das Ziel beispielsweise ist, den Erwerb von sozialen Fähigkeiten zu erhöhen, wären das verbale Gedächtnis und die Aufmerksamkeit ideale „Kandidaten". Als Alternative sind solche kognitiven Funktionen zu wählen, deren neuronales Korrelat oder deren wichtigster Neurotransmitter bekannt ist (ROBBINS und EVERITT, 1995; KEEFE et al., 1999).

5.2.2 Atypische Neuroleptika (ANL)

Atypische Neuroleptika (ANL), häufig auch als atypische Antipsychotika bezeichnet, haben eine signifikant geringere Affinität zu striatalen D_2-Rezeptoren und (mit Ausnahme von Amisulprid) eine erhöhte Affinität zu serotonergen 5-HT_2-Rezeptoren. Darüber hinaus weisen einige der atypischen Neuroleptika noch eine Affinität zu D_1- sowie zu D_4-Rezeptoren und außerdem anticholinerge Aktivitäten (Clozapin, Olanzapin und Zotepin) auf. Amisulprid entfaltet das typische Wirkprofil durch eine toposelektive dopaminerge Aktivität. Aufgrund dieser pharmakodynamischen Eigenschaften besteht eine geringere Wahrscheinlichkeit für das Auftreten von extrapyramidal-motorischen Symptomen (EPMS) und einer nachfolgenden tardiven Dyskinesie.

Die Neurotransmitter, die durch die zzt. verfügbaren atypischen Antipsychotika beeinflusst werden, betreffen die dopaminergen, serotonergen, adrenergen, glutamatergen und cholinergen Systeme. Da die verfügbaren atypischen Antipsychotika

(Amisulprid, Clozapin, Olanzapin, Quetiapin, Risperidon, Zotepin) diese pharmakodynamischen Profile in unterschiedlicher Ausprägung aufweisen, kann man davon ausgehen, dass sie sich auch unterschiedlich auf die Kognition auswirken. Änderungen des adrenergen, serotonergen oder histaminergen Neurotransmittersystems sind im Zusammenhang mit einer Verbesserung der Gedächtnisleistung diskutiert worden. Darüber hinaus wird spekuliert, ob die ANL spezifischer auf Gehirnregionen einwirken, die in der Pathophysiologie der schizophrenen Erkrankung eine Rolle spielen, während andere zentralnervöse Regionen, die z. B. für das Auftreten von EPMS verantwortlich sind, ausgespart werden. Dies konnte beispielsweise vor kurzem durch HONEY et al. (1999) gezeigt werden: Patienten, die von typischen Neuroleptika auf Risperidon umgestellt wurden, reagierten mit einer verbesserten zerebralen Durchblutung in den frontalen und parietalen Hirnregionen während einer kognitiven Aufgabe.

In einer Reihe von Studien konnte dargestellt werden, dass ANL im Vergleich zu typischen Neuroleptika eine signifikante Verbesserung der neurokognitiven Funktionsfähigkeit bewirken (KEEFE et. al., 1999; MELTZER und GURK, 1999; Sharma, 1999). Einzelne Untersuchungen zu Clozapin und Risperidon haben z.B. eine deutliche Zunahme der kognitiven Funktionsfähigkeit ergeben. Interessanterweise haben diese Untersuchungen auch gezeigt, dass die kognitiven Funktionen, die sich mit atypischen Antipsychotika verbessert hatten, dieselben waren, die im Zusammenhang mit einer positiven Prognose diskutiert wurden, nämlich verbale Gedächtnisleistung, Arbeitsgedächtnis und Exekutivfunktionen (GREEN, 1996; GREEN et al., 1997). Die kognitive Verbesserung durch ANL lässt sich bereits in Kurzzeituntersuchungen (6 Wochen Dauer) nachweisen, wenn der Vergleich mit typischen Neuroleptika unternommen wird. Durch die Verbesserung kognitiver Funktionen steigt die Wahrscheinlichkeit, dass psychosoziale Rehabilitationsprogramme besser durchgeführt werden können. Die Literaturübersicht von KEEFE et al. (1999) ergibt, dass mit ANL 13 Untersuchungen durchgeführt wurden, die eine Verbesserung der kognitiven Leistungsfähigkeit mit einer Reihe von Untersuchungsbatterien erkennen ließen.

Von den ANL liegen ausführliche Untersuchungen für Risperidon, Clozapin, Ziprasidon und Quetiapin sowie mit Einschränkungen für Olanzapin vor.

In einer Reihe von Untersuchungen konnte gezeigt werden, dass **Clozapin** die kognitive Leistung im Verbal-Fluency-Test (Redegewandtheit) sowie die psychomotorische Schnelligkeit und die Exekutivfunktionen verbessert und diese Verbesserungen auch über längere Zeit anhalten. Gleichzeitig konnte belegt werden, dass die Clozapin-Medikation mit einer geringfügigen Verschlechterung des visuellen Gedächtnisses einhergeht (für eine Übersicht siehe KEEFE et al., 1999). HAGGER et al. (1993) zeigten zudem, dass selbst bei therapieresistenten schizophrenen Patienten eine Besserung zahlreicher kognitiver Funktionen durch Clozapin erreicht werden kann.

Zu **Risperidon** liegen ebenfalls eine Reihe von Untersuchungen vor. So konnte z. B. in der Arbeitsgruppe um GALLHOFER (1996) eine verbesserte Exekutivfunktion dargestellt werden. In den Untersuchungen von GREEN et al. (1997) sowie von KERN et al. (1998) verbesserten sich die Leistungen schizophrener Patienten, die mit Risperidon behandelt wurden, im Digit-Span- und im Trail-Making-Test. Beide Testanordnungen zeigten bedeutsame Aspekte der kognitiven Funktionen. Die kanadische Gruppe um STIP und LUSSIER (1996) beschrieb, dass Risperidon eine verlängerte Reaktionszeit normalisiert und die Aufmerksamkeitsleistung verbessert. ROSSI et al. (1997) fanden im Wisconsin-Card-Sorting-Test signifikante Verbesserungen unter Risperidon für die dabei zu beurteilende Exekutivfunktion. KERN et al. (1999) untersuchten die Wirkung von Risperidon und Haloperidol auf Gedächtnisprozesse und kamen zu dem Schluss, dass Patienten unter Risperidon bei allgemeinen verbalen Lernaufgaben im Vergleich zu Patienten unter Haloperidol deutlich im Vorteil waren (s. Abb. 53).

Quetiapin ist ein weiterer Vertreter der atypischen Antipsychotika, der durch eine kombinierte $D_2/5\text{-}HT_2$-Aktivität gekennzeichnet ist. Die fehlende anticholinerge Wirkkomponente sowie die niedrige striatale D_2-Rezeptor-Okkupanz (KASPER et al., 1999) weisen es als ein viel versprechendes Medikament für die Behandlung schizophrener Erkrankungen aus. Die Effekte von Quetiapin auf die kognitive Funktion wurden in zwei Akutstudien und in einer 6-monatigen Langzeitstudie untersucht. SAX et al. (1998) konnten unter der Medikation von Quetiapin eine signifikante Verbesserung der Aufmerksamkeit finden, die durch den Continuous-Performance-Test (CPT) gemessen wurde, während FLEMING et al. (1997) eine signifikante Steigerung der Aufmerksamkeit und der

Lernfähigkeit sowie einen Trend zur Verbesserung der Exekutivfunktionen feststellten. Der günstige Einfluss von Quetiapin auf die Kognition bei schizophrenen Patienten wurde durch zwei doppelblind kontrollierte Langzeitstudien belegt, die beide sechs Monate andauerten. VELLIGAN et al. (1999) fanden in einer Gruppe von 58 Patienten, dass Quetiapin (600 mg/Tag) signifikant besser als Haloperidol (12 mg/Tag) bei der Exekutivfunktion (Redegewandtheit) und der Gedächtnisleistung abschnitt (s. Abb. 54).

Im Gegensatz zu Haloperidol verbesserte Quetiapin in dieser Untersuchung die Leistung bei einer Reihe von kognitiven Funktionen klinisch relevant. In dieser Untersuchung

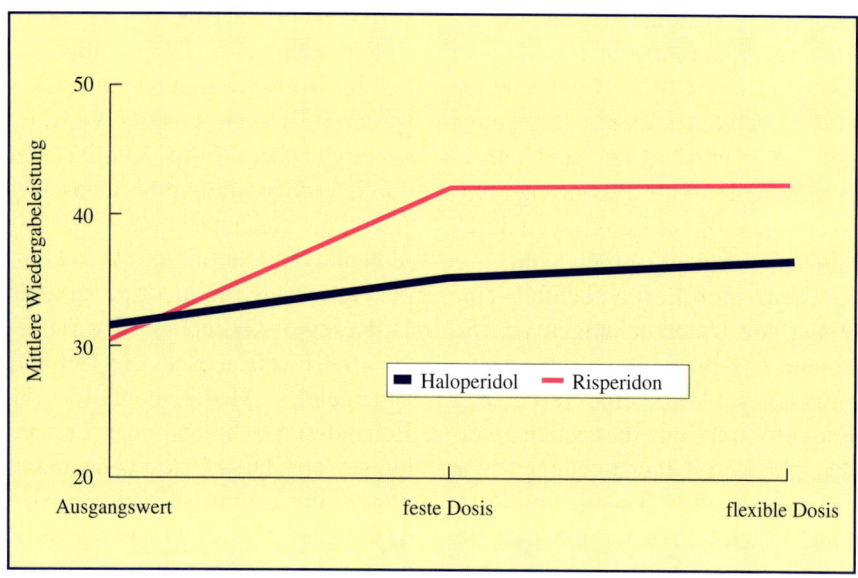

Abb. 53: Dargestellt ist die mittlere Wiedergabeleistung bei einer verbalen Gedächtnis-/Lernaufgabe aus dem California-Verbal-Learning-Test (CVLT). Unter Risperidon (Dosierung während der Phase mit fester Dosis 6 mg/Tag) wird die Lernleistung statistisch signifikant stärker gebessert als unter Haloperidol (feste Dosis 15 mg/Tag). Dieser Unterschied bleibt auch nach Anpassung der Dosis an die individuellen Belange der Patienten (flexible Dosis) erhalten (modifiziert nach KERN et al., 1999)

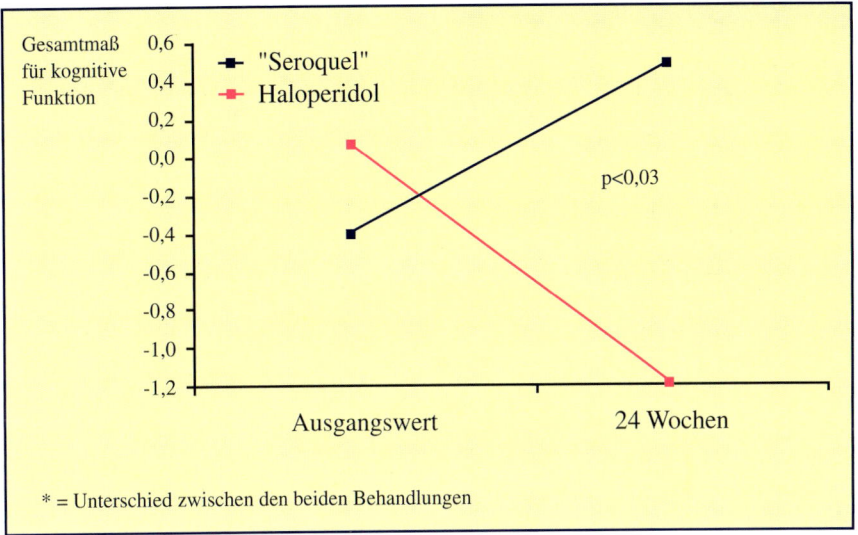

Gesamtmaß für kognitive Funktion

- "Seroquel"
- Haloperidol

p<0,03

Ausgangswert   24 Wochen

* = Unterschied zwischen den beiden Behandlungen

Abb. 54: Neurokognitive Funktion vor und nach 24-wöchiger Behandlung mit Quetiapin 300 mg/Tag bzw. 600mg/Tag oder Haloperidol 12mg/Tag (VELLIGAN et al., 1999)

wurde auch dargestellt, dass die Verbesserungen der kognitiven Leistungsfähigkeit nicht im Zusammenhang mit einer Besserung der Psychopathologie bzw. einer verminderten Nebenwirkungsrate bzw. dem Gebrauch von einer anticholinergen Medikation standen. Eine weitere Untersuchung, die von PURDON et al. (2000a) an einer Kohorte von 25 Patienten durchgeführt wurde, ergab eine Verbesserung der kognitiven Funktionen bei einer Reihe von kognitiven Maßeinheiten, wie z. B. der Exekutivfunktion bzw. bei visuomotorischen Aufgaben. Bei dieser

Untersuchung konnte in der Haloperidol-Vergleichsgruppe keine spezifische Verbesserung der kognitiven Leistungsfähigkeit gefunden werden.

Aufgrund dieser Untersuchungen kann davon ausgegangen werden, dass Quetiapin nicht nur frei von Nebenwirkungen auf die kognitive Funktion bei schizophrenen Erkrankungen ist, sondern diese Funktion sogar in einer Reihe von Parametern verbessert. Davon sind weit reichende Vorteile für die soziale sowie interpersonelle Rollenfunktion zu erwarten.

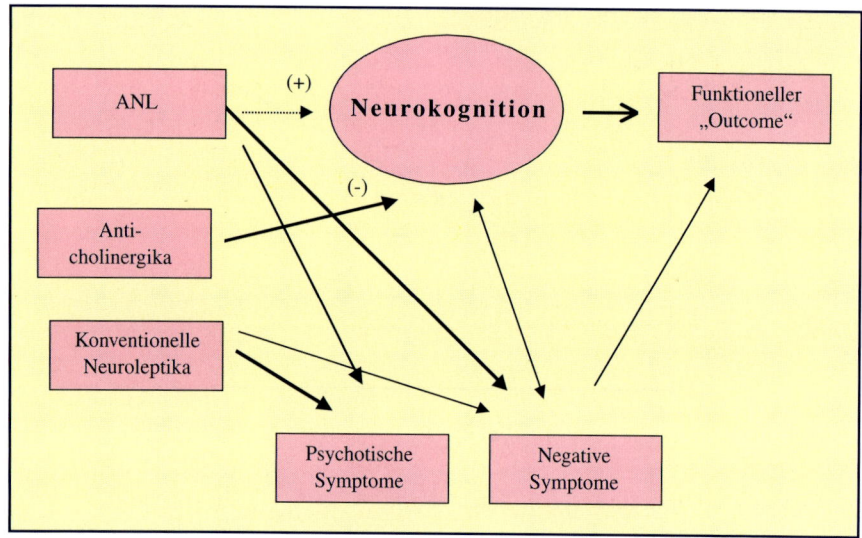

Abb. 55: Wirkung konventioneller Neuroleptika in Relation zu ANL, anticholinerger Medikation und funktionellem „Outcome" (nach GREEN und NUECHTERLEIN, 1999)

Zu *Olanzapin* liegt lediglich eine Untersuchung in einer geringen Fallzahl (n=21) vor. Daraus geht hervor, dass Olanzapin mit einer signifikanten Verbesserung der kognitiven Funktionsfähigkeit im Vergleich zu Risperidon einhergeht (PURDON et al., 2000b). Im Gegensatz dazu konnte an einer großen Kohorte von über 200 Patienten von HARVEY (1997) kein Unterschied zwischen Risperidon und Olanzapin gefunden werden. Zu *Ziprasidon* und *Aripiprazol* liegen vorläufige Ergebnisse vor, die im Continuous-Performance-Test (CPT) eine Verbesserung der Aufmerksamkeit sowie weiterer kognitiver Funktionen aufweisen (SERPER et al., 1997). *Zotepin* hat in der Untersuchung von GALLHOFER et al. (1996) Vorteile gegenüber typischen Neuroleptika erkennen lassen.

Aus den referierten Untersuchungen kann also gefolgert werden, dass ANL neurokognitive Defizite schizophrener Patienten wesentlich deutlicher bessern als typische Neuroleptika.

Somit kann das am Anfang dieses Kapitels gezeigte Übersichtsbild

(Abb. 52) um die Komponenten ANL, anticholinerge Medikation und Negativsymptomatik ergänzt werden, sodass sich die (z.T. hypothetischen) Zusammenhänge wie in Abb. 55 dargestellt ergeben.

Wenn also ANL neurokognitive Funktionen deutlich bessern, stellt sich die Frage, ob dies direkte oder indirekte Effekte sind.

Ein direkter Effekt bestünde, wenn eine Substanz eine bestimmte neurokognitive Funktion bessern würde. Ein möglicher indirekter Effekt ist in Abb. 55 durch die Rolle der anticholinergen Medikation dargestellt. So ist es bei der Behandlung eines schizophrenen Patienten mit einem (hochpotenten) Neuroleptikum häufig notwendig, z.T. hohe Dosen von Anticholinergika hinzuzugeben, um das Ausmaß extrapyramidal-motorischer Nebenwirkungen zu reduzieren. Bei Atypika ist dies in der Regel nicht der Fall oder die verwendeten Dosen sind wesentlich niedriger. Anticholinerge Medikamente verschlechtern aber neurokognitive Leistungen, insbesondere Gedächtnisleistungen (Spohn und Strauss, 1989). Daher ist es bei der Verwendung von Atypika zunächst unklar, ob der positive Effekt auf die Neurokognition das Ergebnis einer direkten Verbesserung oder das Fehlen eines über den Nichteinsatz von An-

ticholinergika vermittelten „schlechten" Effektes ist.

Ein weiterer indirekter Effekt auf die Verbesserung kognitiver Funktionen könnte durch die Verminderung negativer Symptomatik ausgelöst sein. Es ist gut belegt, dass Atypika wesentlich stärker als konventionelle Neuroleptika die Negativsymptomatik bessern, somit wäre also ein indirekt vermittelter Effekt durchaus plausibel. Nach Green und Nuechterlein (1999) wird allerdings durch die Betrachtung des Effektes auf Negativsymptomatik nur 10 bis 15% der Varianz aufgeklärt, daher sollte es auch einen direkten Effekt geben. Die Situation wird noch komplexer, wenn man in Betracht zieht, dass nach Nuechterlein (1986) Defizite in Vigilanz und perzeptiver Spanne als Vulnerabilitätsfaktoren für die Entwicklung von Negativsymptomatik identifiziert wurden, aus diesem Grunde ist der Pfeil zwischen Neurokognition und Negativsymptomatik auch in beide Richtungen gezeichnet. Es wäre auch denkbar, dass es einen gemeinsamen Mechanismus gibt, der sowohl Negativsymptomatik als auch neurokognitive Defizite bedingt, wie es Studien von Harvey et al. (1997) und Velligan et al. (1997) nahe legen. Dann wäre es auch nicht weiter verwunderlich, dass Atypika über die Beeinflussung dieses gemeinsamen Mechanismus beide Bereiche schizophrener Symptomatik simultan bessern.

Unter einem pharmakologischen Gesichtspunkt kommt auch der 5-HT_2-Blockade durch ANL (mit Ausnahme von Amisulprid) wahrscheinlich eine pathophysiologisch bedeutsame Rolle bei der Therapie kognitiver Störungen zu.

Literatur

ALEMAN A, HIJMAN R, DE HAAN EHF, KAHN RS. Memory impairment in schizophrenia: a meta-analysis. American Journal of Psychiatry 1999; 156: 1358-1366.

BELLACK AS, GOLD JM, BUCHANAN RW. Cognitive rehabilitation for schizophrenia: Problems, prospects, and strategies. Schizophrenia Bulletin 1999; 25: 257-274.

BILDER RM. Neurocognitive impairment in schizophrenia and how it affects treatment options. Canadian Journal of Psychiatry 1997; 42: 255-264.

BREKKE JS, RAINE A, ANSEL M, LENCZ T. Neuropsychological and psychophysiological correlates of psychosocial functioning in schizophrenia. Schizophrenia Bulletin 1997; 23: 19-28.

DICKERSON FB, BORONOW JJ, RINGEL N, PARENTE F. Lack of insight among outpatients with schizophrenia. Psychiatric Services 1996; 48: 195-198.

FLEMING K, KALALI A, YEH C, VARGO DL, THYRUM PT, POTKIN SG. The neurocognitive effects of quetiapine (Seroquel, ICI 204636). Schizophrenia Research 1997; 24: 197.

FRITH CD, DONE DJ. Towards a neuropsychology of schizophrenia. British Journal of Psychiatry 1988; 153: 437-443.

GALLHOFER B, BAUER U, LIS S, KRIEGER S, GRUPPE H. Cognitive dysfunction in schizophrenia: Comparison of treatment with atypical antipsychotic agents and conventional neuroleptic drugs. European Neuropsychopharmacology 1996; 6 (Suppl. 2): 13-20.

GOLDBERG TE, GOLD JM, GREENBERG R, GRIFFIN S. Contrasts between patients with affective disorders and patients with schizophrenia on a neuropsychological test battery. American Journal of Psychiatry 1993; 150: 321-330.

GREEN MF. What are the functional consequences of neurocognitive deficits in schizophrenia? American Journal of Psychiatry 1996; 153: 321-330.

GREEN MF, MARSHALL BD, WIRSHING WC, AMES D, MARDER SR, McGURK S, KERN RS, MINTZ J. Does risperidone improve verbal working memory in treatment-resistant schizophrenia? American Journal of Psychiatry 1997; 154: 799-804.

GREEN MF, NUECHTERLEIN KH. Should schizophrenia be treated as a neurocognitive disorder? Schizophrenia Bulletin 1999; 25: 309-318.

HAGGER C, BUCKLEY P, KENNY JT, FRIEDMAN L, UBOGY D, MELTZER HY. Improvement in cognitive functions and psychiatric symptoms in treatment-refractory schizophrenic patients receiving clozapine. Biological Psychiatry 1993; 34: 702-712.

HARVEY PD, DAVIDSON M, MUESER KT, PARRELLA M, WHITE L, POWCHIK P. A rating scale for geriatric psychiatric patients. Schizophrenia Bulletin 1997; 23: 131-139.

HARVEY PD. Long-term cognitive effects of risperidone in patients with schizophrenia and schizoaffective disorder. APA: Chicago 2000, 13.-18. Mai.

HEMSLEY DR. Perceptual and cognitive abnormalities as the bases for schizophrenic symptoms. In: ANTHONY DS, CUTTING JC (Hrsg.). The neuropsychology of schizophrenia. Hove, UK 1994; 97-116.

HONEY GD, BULLMORE ET, SONI W, VARATHEESAN M, WILLIAMS SCR, SHAMA T. Differences in frontal cortical activation by a working memory task following substitution of rispridone for typical antipsychotic drugs in patients with schizophrenia. Proceedings of the National Academy of Science of the United States of America 1999; 96: 13432-13437.

KASPER S, TAUSCHER J, KÜFFERLE B, BARNAS C, PEZAWAS L, QUINER S. Dopamine- and Serotonin-receptors in schizophrenia: Results of imaging-studies and implications for pharmacotherapy in schizophrenia. European Archives of Psychiatry and Clinical Neuroscience 1999; 249 (Suppl. 4): 83-89.

KEEFE RSE, SILVA S, PERKINS D, LEIBERMAN JA. The effects of atypical antipsychotic drugs on neurocognitive impairment in schizophrenia. Schizophrenia Bulletin 1999; 25: 201-222.

KERN RS, GREEN MF, MARSHALL BD, WIRSHING WC, WIRSHING D, McGURK S, MARDER SR, MINTZ J. Risperidone vs. Haloperidol on reaction time, manual dexterity, and motor learning in treatment-resistant schizophrenia patients. Biological Psychiatry 1998; 44: 726-732.

KERN RS, GREEN MF, MARSHALL BD, WIRSHING EC, WIRSHING D, MARDER SR, MINTZ J. Risperidone vs. haloperidol on secondary memory: Can newer anti-psychotic medications aid learning? Schizophrenia Bulletin 1999; 25: 223-232.

KING DJ, GREEN JF. Medication and cognitive functioning in schizophrenia. In: PANTELIS C, NELSON HE, BARNES TRE (Hrsg.). Schizophrenia. A neuropsychological perspective. Wiley: Chichester 1996; 419-444.

MEDALIA A, GOLD JM, MERRIAM A. The effects of neuroleptics on neuropsychological test results of schizophrenics. Archives of Clinical Neuropsychology 1988; 3: 249-271.

MELTZER HY, McGURK SR. The effects of clozapine, risperidone, and olanzapine on cognitive function in schizophrenia. Schizophrenia Bulletin 1999; 25: 233-255.

MÖLLER HJ. Besonderheiten bei bestimmten Subtypen schizophrener Erkrankungen. In: MÖLLER HJ (Hrsg.). Therapie psychiatrischer Erkrankungen. Thieme: Stuttgart 1999; 235-241.

NUECHTERLEIN KH, EDELL WS, NORRIS M, DAWSON ME. Attentional vulnerability indicators, thought disorder, and negative symptoms. Schizophrenia Bulletin 1986; 12: 408-426.

PURDON S, MALLA A, LABELLE A, LITT W. Neuropsychological change in schizophrenia after 6 months of double-blind treatment with quetiapine or haloperidol. Schizophrenia Research 2000a ; 41: B82.

PURDON S, BARRY DW, JONES W, STIP E, LABELLE A, ADDINGTON D, STACY RD, BREIER A, TOPLLEFSON GD for the Canadian Collaborative Group for Research on Cognition in Schizophrenia. Neurophysiological change in early phase schizophrenia during 12 months of treatment with olanzapine, risperidone, or haloperidol. Archives of General Psychiatry 2000b; 57: 249-258.

ROBBINS TW, EVERITT BJ. Arousal systems and attention. In: GAZZANIGA MS (Hrsg.). The cognitive neurosciences. MIT Press: Cambridge, MA 1995; 703-720.

ROSSI A, MANCHINI F, STRATTA P, MATTEL P, GISMONDI R, POZZI F, CASACCHIA M. Risperidone, negative symptoms and cognitive deficit in schizophrenia: An open study. Acta Psychiatrica Scandinavica 1997; 95: 40-43.

SAX KW, STRAKOWSKI SM, KECK PR. Attentional improvement following quetiapine fumarate treatment in schizophrenia. Schizophrenia Research 1998; 33: 151-155.

SAYKIN JA, GUR RC, GUR RE, MOZLEY LH, RESNICK SM, KESTER DB, STAFINIAK P. Neuropsychological function in schizophrenia: selective impairment in memory and learning. Archives of General Psychiatry 1991; 48: 618-624.

SERPER MR, CHOU JCY. Noval neuroleptics improve attentional functioning in schizophrenic patients: Ziprasidone and aripiprazole. CNS Spectrums 1997; 2: 56-59.

SHARMA T. The cognitive effects of conventional and atypical antipsychotics in schizophrenia. British Journal of Psychiatry 1999; 174 (Suppl. 38): 23-30.

SPITZER M. A cognitive neuroscience view of schizophrenic thought disorder. Schizophrenia Bulletin 1997; 23: 29-50.

SPOHN HE, STRAUSS ME. Relation of neuroleptic and anticholinergic medication to cognitive functions in schizophrenia. Journal of Abnormal Psychology 1989; 98: 367-380.

SPOHN HE, STRAUSS ME. Relation of neuroleptic and anticholinergic medication to cognitive functions in schizophrenia. Journal of Abnormal Psychology 1989; 98: 478-486.

STIP E, LUSSIER I. The effect of risperidone on cognition in patients with schizophrenia. Canadian Journal of Psychiatry 1996; 41: 35-40.

VELLIGAN DI, MAHURIN RK, DIAMOND PL, HAZELTON BC, ECKERT SL, MILLER AL. The functional significance of symptomatology and cognitive function in schizophrenia. Schizophrenia Research 1997; 25: 21-31.

VELLIGAN DI, NEWCOMER J, PULTZ J et al. Changes in cognitive functioning with quetiapine fumarate versus haloperidol. Presented at the American College of Neuropsychopharmacology Annual Meeting, Acapulco, Mexico, 12.-16. Dezember 1999.

6. Resümee

Kognitive Prozesse müssen zuerst unterteilt und definiert werden, bevor man ihre Erfassungsmöglichkeiten, Entstehungsursachen, ihre Bedeutung für die schizophrene Symptomatik und ihre Beeinflussungsmöglichkeiten durch Therapieinterventionen erörtern kann.

Folgende Komponenten kognitiver Prozesse können unterschieden werden:

- Wahrnehmung
- Aufmerksamkeit
- Gedächtnis
- Exekutivfunktionen
- Denken und Intelligenz

All diese Vorgänge laufen im Gehirn ab, wobei Denken und Intelligenz als höchster integrativer kognitiver Prozess spezifisch menschlich ist.

Kognitive Prozesse setzen einen geordneten Informationsaustausch großer Neuronenpopulationen voraus, auf den Umweltreize sinnvoll modifizierend einwirken. Hierbei vollziehen umschriebene Gehirnregionen schwerpunktmäßig bestimmte kognitive Leistungen, beispielsweise der Präfrontalkortex Exeku-

tivfunktionen, der mediale Temporallappen, hier besonders der Hippocampus, Gedächtnisleistungen.

Schizophrene Patienten weisen eine Beeinträchtigung sämtlicher kognitiver Teilbereiche auf, besonders betroffen sind die Aufmerksamkeit, das Gedächtnis und die Exekutivfunktionen.

Diese Beeinträchtigungen sind schon bei der Erstmanifestation der Erkrankung präsent, sie werden nicht erst durch die dann meist einsetzende neuroleptische Behandlung hervorgerufen. Auch enge Verwandte schizophrener Patienten zeigen - wenn auch in quantitativ geringerer Ausprägung - diese Defizite.

Die genannten Kognitionsstörungen besitzen vielfältige Ursachen. Die Ergebnisse neuropathologischer, hirnstruktureller und funktionell bildgebender Untersuchungen deuten auf eine Störung in zahlreichen Hirnarealen bei schizophrenen Patienten hin, wobei vor allem der Temporal- und der Frontallappen betroffen sind. Als Auslöser wird die so genannte frühe Entwicklungsstörung vermutet. Hierbei tritt bereits intrauterin eine Alteration der Gehirnentwicklung ein, die neben der Störung der neuronalen Knotenpunkte (beispielsweise im Frontal- und Temporallappen) eine dysfunktionale Verschaltung (auch als Dyskonnektion bezeichnet) dieser Knoten zur Folge hat.

Schizophrene Kognitionsstörungen sind ursächlich an der Entstehung der Symptomatik beteiligt und beeinträchtigen gravierend den Langzeitverlauf der Erkrankung. Ganz besonders eng stellen sich die Zusammenhänge mit der Negativsymptomatik dar. Aber nicht nur die Symptomatik wird durch die Kognitionsstörungen in weiten Bereichen ausgelöst, vielmehr sind die Patienten darüber hinaus auch in ihren Alltagsfunktionen durch kognitive Defizite massiv beeinträchtigt. Zudem existiert ein direkter Zusammenhang zwischen Kognitionsstörungen und der Prognose der Erkrankung: je ausgeprägter die Kognitionsstörungen, desto ungünstiger die Prognose.

Besonders dieser letzte Punkt macht deutlich, wie überaus wichtig die Therapie von Kognitionsstörungen ist. Mittels psychologischer Behandlungsstrategien wie z. B. der kognitiven Remediation und mit Hilfe atypischer Neuroleptika können heute schizophrene Kognitionsstörungen vermindert werden, was sich positiv auf die Symptomatik und außerordentlich günstig auf die Prognose der Erkrankung auswirkt.

7. Stichwortverzeichnis